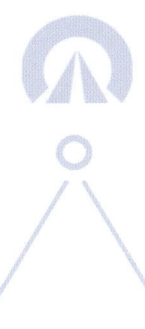

软土盾构隧道
上方加卸载影响分析及控制技术

王如路 梁发云 李家平 袁 钊

编著

上海科学技术出版社

内 容 提 要

本书针对软土盾构隧道上方加卸载的工程问题，采用理论分析、模型试验、数值模拟与现场观测分析相结合的方法，以上海典型地层为研究背景，系统介绍了加卸载对盾构隧道纵向变形和横向变形的影响机理，通过对典型加载和卸载工程案例的长期监测和检查分析，提出相应的盾构隧道变形整治措施，形成加卸载设计施工管理控制标准，对指导隧道上方加卸载处置以及对保障隧道安全具有重要的工程实践意义。

本书既适合从事地铁建设、管理和运营维护的技术人员借鉴参考，也可作为高等学校相关专业研究生的教学参考书。

图书在版编目（CIP）数据

软土盾构隧道上方加卸载影响分析及控制技术 / 王如路等编著． -- 上海：上海科学技术出版社，2022.9
 ISBN 978-7-5478-5827-1

Ⅰ．①软… Ⅱ．①王… Ⅲ．①软土地区－地铁隧道－盾构法－建筑结构－结构安全度－研究 Ⅳ．①U231.3

中国版本图书馆CIP数据核字(2022)第157941号

软土盾构隧道上方加卸载影响分析及控制技术
王如路　梁发云　李家平　袁　钊　编著

上海世纪出版(集团)有限公司
上海科学技术出版社　出版、发行
(上海市闵行区号景路159弄A座9F-10F)
邮政编码 201101　www.sstp.cn
上海中华商务联合印刷有限公司印刷
开本 787×1092　1/16　印张 12.25
字数 250千字
2022年9月第1版　2022年9月第1次印刷
ISBN 978-7-5478-5827-1/U·130
定价：115.00元

本书如有缺页、错装或坏损等严重质量问题，请向印刷厂联系调换

序

自 20 世纪 50 年代初,我国就开始尝试采用盾构法建造隧道的探索研究,直到 1968 年、1970 年上海地铁试验段和跨越黄浦江的打浦路隧道的建成,标志着我国初步掌握了盾构机制造和盾构施工技术。进入 20 世纪 90 年代以来,上海和广州等城市首先大量使用盾构法建造地铁隧道,特别是 21 世纪以来,全国有超过 40 座城市开始大规模建设轨道交通,其中占有很大比例的隧道都是使用盾构法建成的。随着经济社会和城市快速发展,近年来各类中小直径的管线工程及大口径穿越江河湖海的市政道路、铁路隧道工程发展迅猛,有力促进了盾构隧道建设发展。截至 2021 年 9 月,全国开通城市轨道交通的城市已达 49 座,运营线路里程已超过 8 500 km,在建线路规模超 7 000 km。

20 世纪国外某城市曾经发生因建设过快而导致运营期隧道维护和治理工作量激增情况。客观上讲,高强度建设容易产生建设质量上的瑕疵,重建设轻管理的现象依然普遍存在,相关从业者经常忽略外部环境变化对地铁隧道结构带来的影响,缺乏隧道维修养护管理经验,缺乏地面加卸载的危害性认识,也缺乏病害处置的后续手段,致使多个城市的多条地铁隧道受损,不得不采取应急处置。因此,探究加卸载施工对地铁隧道影响,加深软土地区加卸载对盾构隧道危害性认识,控制加卸载工程对隧道影响,保障地铁隧道安全,成为亟待解决的问题。

基于这样的背景,《软土盾构隧道上方加卸载影响分析及控制技术》一书应运而生,本书采用理论分析、模型试验、数值模拟与现场观测分析相结合的方法,以上海典型地层为研究背景,结合上海 20 多年来建设运营管理中大量工程经验,系统研究了加卸载对盾构隧道纵向变形和横向变形的影响,形成加卸载设计施工管理控制标准,对指导隧道上方加卸载处置、保障隧道安全极富工程实践意义。

该书的编撰团队为具有 20 多年从事地铁建设、隧道运营维护与治理隧道、理论研究工作者，积累了丰富的理论技术和工程实践经验，获得许多优秀的研究成果，并在书中毫无保留展现出来。甚为欣慰，感谢你们。希望本书的出版对保障软土隧道结构安全发挥更大作用。

朱合华

2022年6月

前 言

随着城市化进程的加快和城市人口的不断导入,城市规模日渐扩大,市区地面交通拥堵,空气污染严重,出行效率大为降低,这类"大城市病"到了不得不解决的地步,轨道交通成为解决此类问题的最有效途径之一。截至2021年9月,全国开通轨道交通运营的城市已达49座,在建城市超过50座,建设强度之高、建设速度之快前所未有。像北京、上海、广州、深圳、成都、武汉、南京等城市运营规模都达到了400～800 km,轨道交通客流量占公共交通的占比达到40%～70%,轨道交通在城市运行中正发挥着越来越重要的作用。

轨道交通高强度建设的同时也给运营管理带来莫大挑战。这些挑战主要源于对隧道检修技术、装备及经验等积累不足,从标准制订到检修养护作业等具体事项开展,普遍缺乏综合管理能力。另外,对影响隧道结构安全的因素也缺乏认知。客观上讲,影响隧道结构安全的因素很多,有地层因素、环境条件、结构施工初始质量、列车运行过程中产生的振动与通过的荷载大小、地面绿化造景、填埋河道与开挖等加卸载、邻近地铁的大量工程作业以及养护质量等影响因素,其中隧道上方大规模的加卸载对隧道变形和损害影响尤为明显。

近年来,全国发生了多起对隧道结构安全危害较为严重的工程案例,大规模的弃土、填土、建造房屋等工程对隧道形成了实质上的压载,对原有地层及隧道带来很大影响,轻者引起隧道变形和渗漏水,严重者甚至到了必须停运进行隧道加固治理的程度。在隧道上方的压载造成的危害可能非常严重。一般来讲,沉积地层多具有"上软下硬"的特点,不同地层加载引起的隧道变形特征也存在很大差异。如隧道穿越断面及以下地层都为相同或力学性质相似的地层,隧道变形特征主要以纵向沉降为主;如隧道穿越断面对应的地层的力学性能远差于隧道底部及以下地层的力学性能,则隧道变形特征以横向收敛变形为主。早在21世纪初,在对上海地铁1号线某段隧道检查检测时就发现某一地段存在较大变形,地面曾经反复进行过加卸载工程施工,经研究,制订了一整套"外控内治"治理方案,即"上卸载、内加固钢环"的方案,经过对隧道内外的工程治理,改善并最终稳定了隧道结构状态。

同样，隧道上方卸载也会对隧道结构安全带来威胁。无论开挖河道还是基坑施工等卸载都会对稳定的地层和隧道产生扰动，引起隧道受力状态发生改变，导致隧道结构管片产生变形。施工扰动程度不同隧道的影响也不同，一般来讲，同等开挖规模和施工条件下，在软土地层进行基坑开挖施工带来的影响尤为显著，必须采取措施加以控制。虽然与隧道上方的加载形式不同，但隧道上方的卸载同样亦会给隧道带来严重危害。

若能及时发现加卸载对隧道结构带来的危害，通过及时制止和纠正，能避免事故的发生，但这样做带来的问题是：经济方面和时间成本都很高，隧道安全风险很高。鉴于众多惨痛经验教训，为避免类似风险的发生，需要建立从理论分析到工程实践的研究，以便及早发现、及时预警和及早处置。基于此，本书采用理论分析、模型试验和数值模拟方法，以上海典型地层为研究背景，分析了地面加载和邻近地铁区域卸载对盾构隧道的纵向变形和横向变形的影响。通过铁摩辛柯梁理论和Pasternak地基模型，建立了地面加载作用下隧道的纵向变形计算模型，考虑了加载尺寸、偏心距、地层特性等因素对隧道纵向变形和内力分析的影响；通过室内模型试验，系统地介绍了模型试验的制备过程，着重分析了不同穿越层条件下隧道横向变形的规律；采用数值模拟方式，进一步探明了堆载作用下上海地区三种隧道赋存地层条件下隧道结构的横向变形规律以及卸载作用下隧道变形的时间效应，为相应施工条件下隧道结构的安全提供理论指导；系统地阐述了加卸工况下软土地区隧道的变形规律和变形整治措施的现场工程案例，并结合工程案例，得到一些珍贵的工程数据，进而为发现隧道风险及处置风险提供坚实的理论基础和处置思路，可以为相关领域的研究与实践者学习借鉴。

本书成书过程中得到同济大学、上海勘察设计研究院（集团）有限公司等众多同志的大力帮助，袁强和方衍其同志在计算分析过程中的帮助尤甚，感谢王庭博博士、尹骥博士，感谢闫静雅博士、唐涛、陈颖、王鲁杰等同志在成文过程中大力帮助。

衷心感谢朱合华院士为本书写序，并在编写过程中给以诸多指导和帮助。本书还引用了申通地铁和其他兄弟城市的大量设计、施工、科研研究成果及实测结果，引用了地下工程和隧道方面的专业会议及论文数据在此表示感谢。

虽历经三年多时间努力成稿，但限于作者水平，书中难免存有欠妥之处，真诚欢迎读者提出批评意见和建议。

作　者

2022年6月于上海

目 录

第1章 绪论 ··· 1
  1.1 研究背景与意义 ··· 1
  1.2 国内外研究现状 ··· 6
    1.2.1 加卸载引起的附加应力场和位移场 ··· 6
    1.2.2 土体与隧道结构的相互作用分析 ·· 8
    1.2.3 数值分析方法 ·· 9
    1.2.4 模型试验方法 ·· 11
  1.3 研究内容 ·· 14

第2章 地面加载作用下隧道纵向变形理论计算研究 ···································· 15
  2.1 引言 ·· 15
  2.2 隧道纵向变形理论计算模型 ··· 15
    2.2.1 地基模型 ·· 15
    2.2.2 隧道模型 ·· 17
    2.2.3 隧道变形计算模型 ·· 20
    2.2.4 地面加载作用下隧道附加应力计算 ······································· 22
    2.2.5 模型正确性验证 ·· 28
  2.3 参数分析 ·· 29
    2.3.1 隧道埋深 ·· 30
    2.3.2 加载大小 ·· 33
    2.3.3 加载范围 ·· 35
    2.3.4 加载偏心距 ··· 37
    2.3.5 土体模量 ·· 39
    2.3.6 土体性质对隧道纵向变形的影响 ·· 41
    2.3.7 堆载作用下隧道纵向变形安全系数评估 ································ 46
  2.4 小结 ·· 48

第3章　地面加载作用下隧道横向变形分析与模型试验 … 49

3.1　引言 … 49
3.2　隧道横向变形分析模型 … 49
3.2.1　有限元模型 … 49
3.2.2　参数分析 … 53
3.2.3　变形规律总结 … 66
3.3　模型试验分析 … 66
3.3.1　模型试验原理简介 … 66
3.3.2　模型试验设计 … 67
3.3.3　试验过程 … 71
3.3.4　试验结果分析 … 73
3.4　小结 … 79

第4章　上方卸载作用下盾构隧道变形数值分析 … 81

4.1　引言 … 81
4.2　土体本构模型及计算参数的选取 … 81
4.2.1　土体本构模型 … 82
4.2.2　上海典型土层 HSS 模型参数试验研究 … 88
4.3　数值计算模型及工况设定 … 104
4.3.1　有限元模型 … 104
4.3.2　分析计算工况 … 107
4.3.3　计算参数 … 108
4.4　影响因素分析 … 109
4.4.1　开挖尺寸 … 109
4.4.2　土体加固 … 114
4.4.3　抗拔桩 … 120
4.4.4　开挖时间 … 122
4.5　小结 … 125

第5章　隧道上方加/卸载案例与控制治理技术 … 127

5.1　引言 … 127
5.2　加载案例与控制治理 … 127
5.2.1　案例一：某地铁隧道 A 区间上方堆载案例 … 127
5.2.2　案例二：某地铁隧道 B 区间上方道路加载案例 … 138
5.3　卸载案例与控制治理 … 149

  5.3.1 案例一：中漕路 106 号地块发展项目 ········· 149
  5.3.2 案例二：大中里地块综合发展项目 ········· 156
  5.3.3 案例三：东方路下立交工程 ········· 162
 5.4 小结 ········· 169

第6章 结语与治理对策 171
 6.1 结语 ········· 171
  6.1.1 地面压载对地层和隧道的影响 ········· 171
  6.1.2 地面卸载对地铁隧道的影响 ········· 174
 6.2 治理对策 ········· 175

参考文献 ········· 177

第 1 章 绪　论

1.1　研究背景与意义

自改革开放以来,城市建设得到了快速发展,城市交通运输矛盾日益突出。与此同时,轨道交通因其安全、准时、大容量和快速的优点,在拓宽城市空间、打造城市快速立体交通网络和改善城市交通环境方面开始发挥越来越重要的作用。

截至 2020 年底,全球共有 77 个国家和地区的 538 座城市开通了城市轨道交通,总运营里程达到 3.334 6 万 km,车站数超过 34 220 个。其中,我国(港澳特区、台湾地区数据未统计在内)以 7 978.2 km 的总运营里程排名全球第一,占全球总里程的 23.9%,而上海市则以 834.2 km 的运营里程位居世界各大城市之首。

从建设历程来看,我国城市轨道交通建设速度呈越来越快的趋势,图 1-1 所示为我国历年轨道交通建成里程。2010 年以来,我国轨道交通行业蓬勃发展,每年新建里程屡创新高,城市轨道交通的"生长速度"惊人,从 2017 年突破 5 000 km 大关开始,轨道交通总里程就以每年新增 700~1 000 km 的速度攀升。2020 年新增里程突破 1 000 km,达到 1 241.99 km,创下历史新高。从规划来看,今后一段时间内我国轨道交通建设仍将处于高速发展期,截至 2021 年底①,上海已建成 831 km 的城市轨道交通网,客流量占公共交通占比已超过 67%,并将陆续启动建成 19 号线、20 号线一期、21 号线一期、23 号线一期等项目,在"十四五"末将建成运营里程超过 1 000 km 的轨道交通线网;北京轨道交通运营里程达到 783 km,轨道交通占公共交通出行比例提升至 56%;广州现有轨道交通运营里程为 590 km,计划于 2023 年开工建设总长度 258.1 km 的 10 个轨道交通项目;深圳现有轨道交通运营里程为 431 km,将于 2022 年建成 15 条线路、总长约 570 km 的轨道交通网络;成都轨道交通发展迅速,在 2020 年 12 月一次集中开通了 5 条地铁线路,运营总里程达到了 558 km,计划到 2024 年底,成都市将形成总长超 700 km 的轨道交通网络;武汉现有轨道交通总运营里程 435 km,按规划到 2024 年将形成 14 条线路、总长 606 km 的地

---

① 本书的现有运营里程均指 2021 年底。

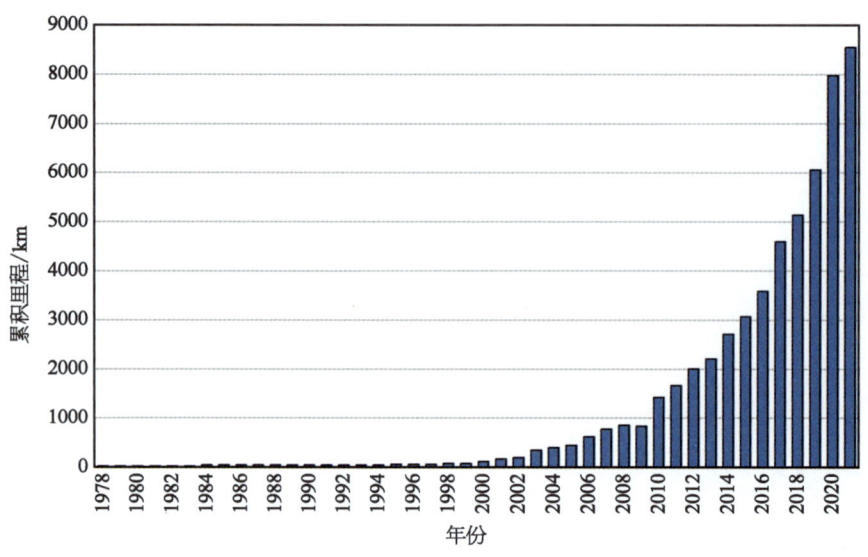

图 1‑1　1978—2021 年我国内地建成轨道交通总里程

铁网络。

地下轨道交通网络因运载量大、准时、速度快,已成为现代化城市重点建设推进的项目,由于地铁具有吸聚人流的先天优势,地铁沿线土地也纷纷成为商用住宅、综合体等各类设施开发的黄金地段。然而,对于已建成并处于稳定状态的地铁隧道而言,在其邻近范围内的各类工程开发活动必然会对其安全运营构成一定威胁。地铁隧道一旦发生安全事故,其抢修难度大、成本高,甚至会出现无法修复而只能废弃的情况。因此,对于邻近地铁的各类工程活动影响必须予以严格管控。

对于运营期地铁隧道而言,常见的周边施工干扰有基坑开挖、新建楼房、新建盾构隧道、桩基施工、地面绿化堆载或开挖河道卸载等工程作业。工程施工扰动会破坏盾构结构的原有平衡状态,引起隧道应力重分布,导致隧道产生一定的纵向和横向变形,情况严重时会引发接缝张开、管片开裂和螺栓失效等病害,引发地铁隧道大面积渗漏水,甚至引起隧道结构失稳,威胁隧道的正常运营。因此,有必要对地铁隧道周边的工程活动实施严格管控,并对相关工程活动的影响机理与变形控制技术进行深入研究。

(1) 地面加载事故案例。

林永国等[1]报道了上海打浦路越江隧道 2#井以东第 70 环衬砌管片因地面堆载而发生沉降的案例。该隧道段自 1970 年通车后,在 1973—1987 年间对该洼地进行了填平处理,其间进行四次土方填筑和混凝土层铺筑的工程,每次地表单位面积的荷载增量为 10~20 kPa,四次总共约 70 kPa,实测显示每次加荷后沉降量增加 20~40 mm,四次加荷后总沉降增量为 110 mm。

2013 年 1 月 18 日,由于邻近地块土方施工,将大量弃土堆积在华南某盾构隧道上方及周边两侧,此次突发堆土高度平均为 4 m,最高为 6 m,此次堆土诱发隧道最大不均匀沉降 22.84 mm。2018 年 12 月 8 日，由于地块进行场地平整，再次发生高达 6 m 的违规弃土，此次堆土导致隧道累计沉降高达 27.8 mm，椭圆度达到 17‰，管片出现较多的纵向贯通性裂缝，同时也发现大量湿渍、裂缝以及明显错台（图 1-2）[2]。

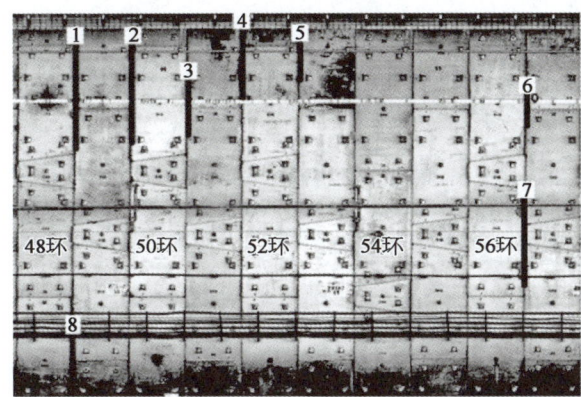 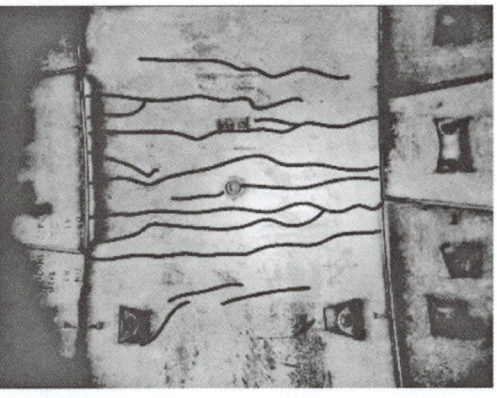

图 1-2　因堆载引起的隧道渗漏水（左）与结构裂缝（右）

2009 年 9 月 26 日，因小涞港河道回填施工，导致上海地铁 9 号线中春路—九亭区间盾构隧道产生持续不均匀下沉，到 2010 年 4 月 21 日，7 个月时间内的沉降量最大达 28 mm，地铁差异沉降曲率半径达到 10 000 m 左右（图 1-3）。在河道清理前，隧道上方覆土厚度为 9.5 m，2010 年 4 月 17 日河道开始逐步开挖，至 2010 年 5 月 16 日，挖深达 5.5 m，卸荷比（卸荷量与总荷载量的比）达 0.58。由于短期内隧道上方土方卸荷量太大，导致卸载部位的隧道大幅上抬，在 1 个月的时间内地铁隧道隆起量最大达 21.3 mm[3]。

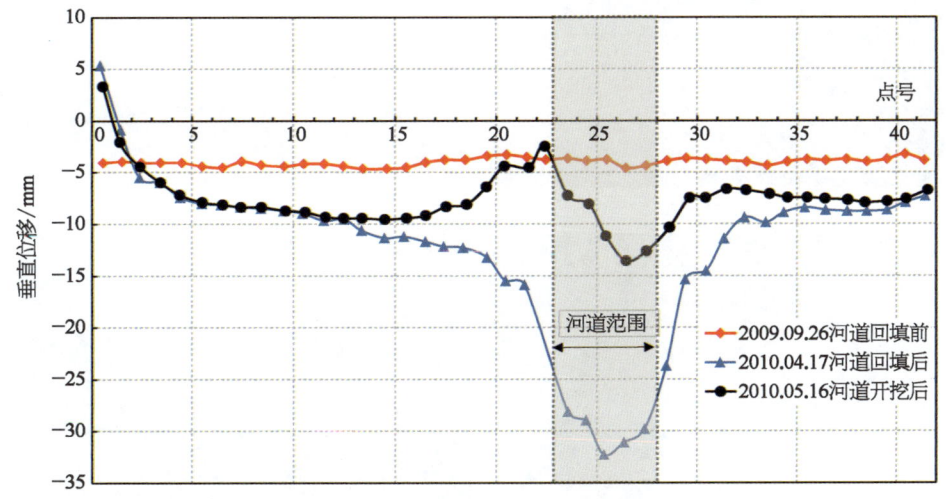

图 1-3　河道回填与开挖引起某下卧盾构隧道纵向变形情况

2008 年 12 月，上海某地铁区间盾构隧道地面突发大量堆土，引起了隧道渗漏水及结构损伤病害，部分衬砌环甚至出现顶部混凝土块状脱落及螺栓断裂现象，严重威胁到结构及运营安全。图 1-4 所示[4]为该事故案例的纵剖面图,堆土范围从 280 环至 600 环,平均堆高为 4 m,局部最大堆高为 7 m。堆载区域内隧道水平直径变化值达到 14.5 cm,变形最大的 576 环,其水平直径与设计值相比超过 15 cm。后经及时卸载和纠偏治理及结构加固,终于稳定了隧道结构,该隧道的结构受损及渗漏水的现场照片如图 1-5 所示[4]。

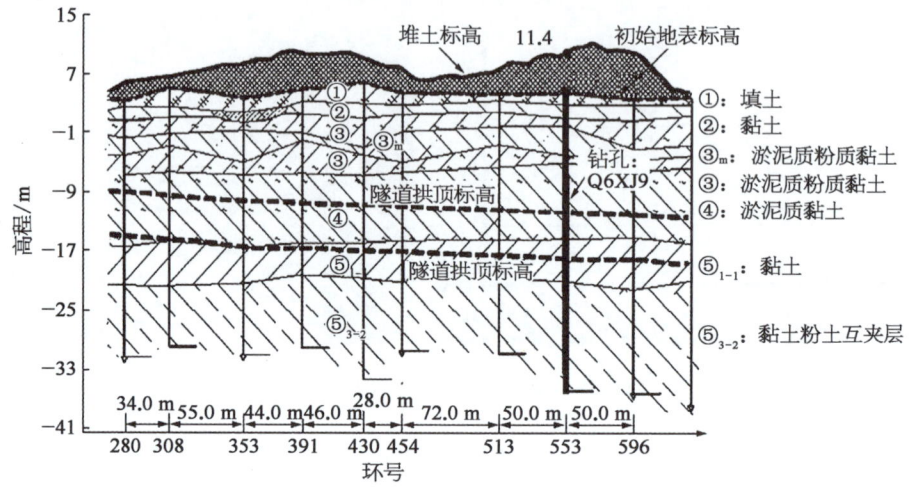

图 1-4 隧道上方堆载纵剖面示意图

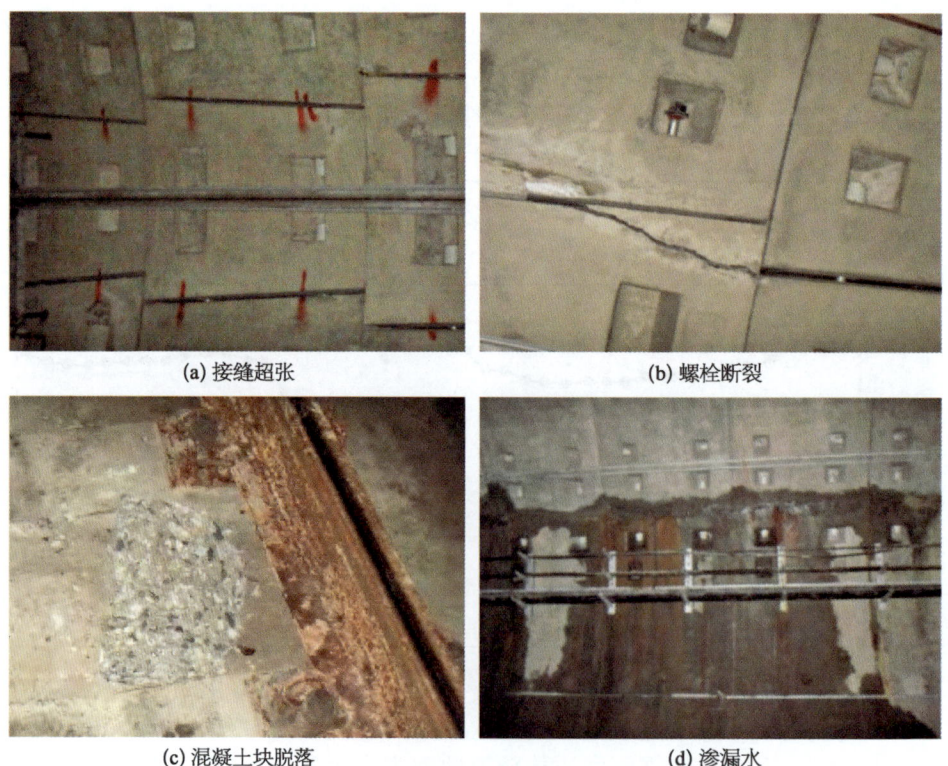

(a) 接缝超张　　(b) 螺栓断裂

(c) 混凝土块脱落　　(d) 渗漏水

图 1-5 堆载引起隧道结构病害现场图

据不完全统计,仅 2014 年,全国各地地铁沿线突发堆土多达数十起。2004—2013 年,邻近工程导致的上海地铁隧道事故中有报道的,因地表超载导致隧道产生明显病害的就达 8 起之多。

(2) 卸载事故案例。

Hwang 等[5]报道了台北某盾构隧道由于邻近基坑开挖引起的变形破坏案例。既有隧道附近进行了基坑开挖作业,以建造一个 15 层建筑的 4 层地下室,开挖分 6 个阶段进行,深度为 15.9 m。基坑由厚度为 800 mm、长度为 32.5 m 的地下连续墙支撑,并由 5 层钢支撑。为最大限度地减少墙体变形,采用地下连续墙技术,在场地的跨中附近设置了 600 mm 厚的隔墙。基坑开挖过程中由于隧道的收敛变形已经超过了有关监测标准,因此停止了基坑的挖掘作业以保证隧道安全,并开始长期监测 R134 裂缝宽度的变化。图 1-6 所示为 2009 年 9 月 9 日至 12 月 25 日之间测量的隧道收敛,可以注意到 R55 和 R150 之间的隧道变形显著,隧道的水平向最大收敛变形达到 25 mm。

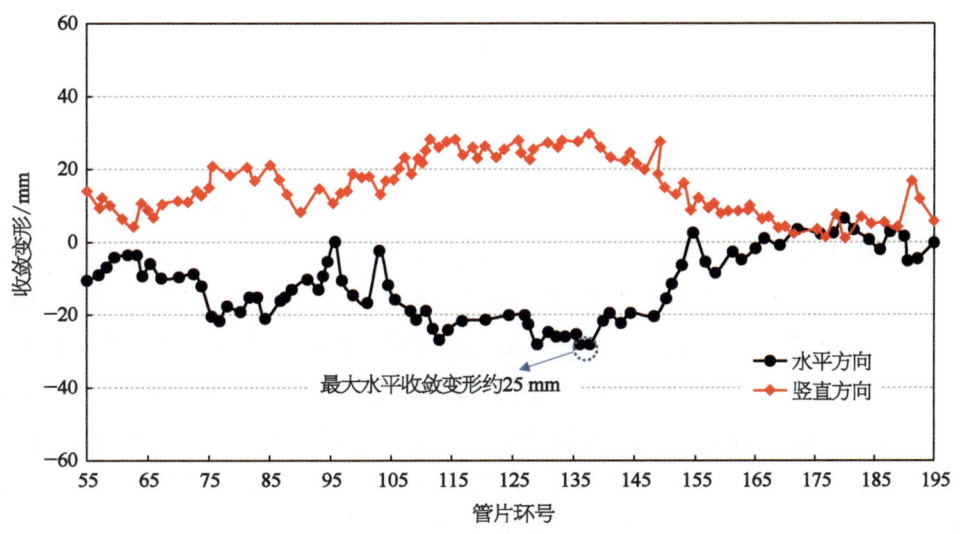

图 1-6 55～195 环管片收敛变形监测数据

林平等[6]报道了宁波轨道 1 号线某区间邻近基坑开挖引起隧道变形位移的案例,邻近基坑的区间隧道 60～260 环,最小间距为 7.15 m。施工后不久出现区间隧道发生渗漏水问题,并出现多处纵向裂缝,同时纵向拼装缝明显变大,有张开现象。之后发现隧道结构底部出现纵向裂缝,隧道整体水平位移达到 33.6 mm,远超过±10 mm 控制标准,且持续增大。图 1-7 所示为典型区间隧道管片的沉降历时曲线,由图 1-7 可知隧道整体沉降及水平位移主要发生在土方开挖阶段,其间沉降最大变化量为-30.49 mm,速率为-2.18 mm/d;水平位移最大变化量为 49.5 mm,速率为 4.13 mm/d。

陈仁朋等[7]介绍了宁波地铁 1 号线某区段隧道的管片由于邻近基坑开挖卸载作用导致的变形与破坏情况。宁波地铁 1 号线是连接宁波东西主城区的主要线路,区间双线隧

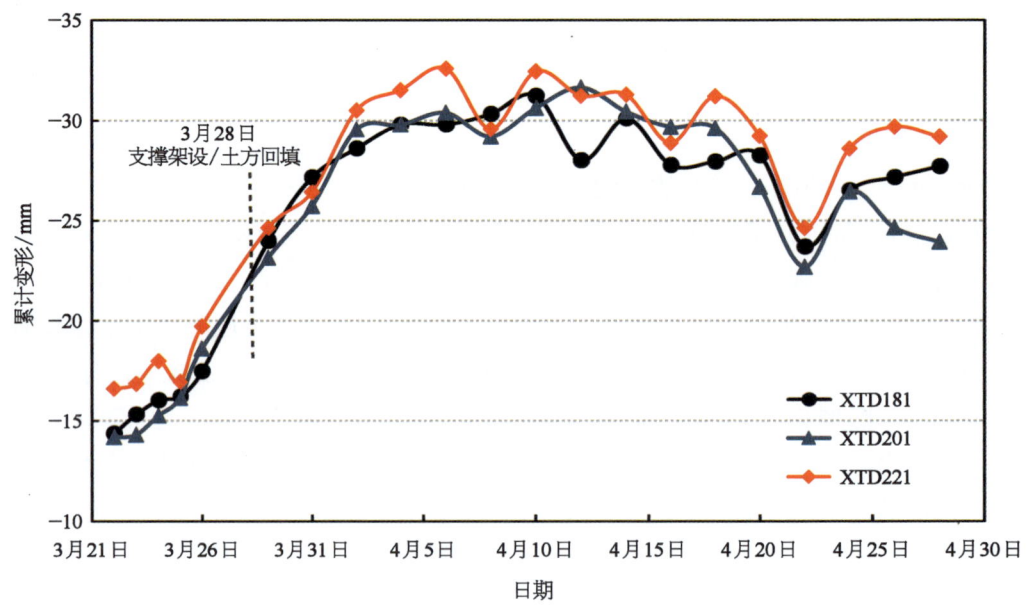

图 1-7 区间隧道左线沉降历时曲线(2012 年)

道总长约 46.5 m,双线隧道轴线间水平距离为 12~15 m,拱顶埋深为 9~15 m,平均埋深为 11.9 m。隧道衬砌内外径分别为 ϕ5.5 m 和 ϕ6.2 m,衬砌环宽为 1.2 m,厚 35 cm,每环管片由 6 块管片通过弯螺栓连接而成,管片混凝土强度等级 C50。邻近基坑位于双线隧道北侧,基坑围护结构由钻孔灌注桩结合两道钢筋混凝土内支撑组成,混凝土强度等级 C30。当基坑开挖第 3 步期间(至—11.4 m),左线隧道底部出现纵向裂纹并伴有渗漏水。左线隧道 40~414 环管片均不同程度出现受损,包括错台加大、渗漏水、管片开裂、盾尾充填油脂渗出等现象。同时,现场监测数据也表明左线隧道发生了较大变形和位移。左线隧道 163 环处水平位移增量最大值大小为 33.5 mm,第 221 环处监测到的水平收敛、竖向收敛和沉降增量分别为 21.9 mm、16 mm 和 25.3 mm。

以上这些工程案例说明,隧道顶部堆载以及顶部的基坑开挖(卸载)等工程行为可能引起邻近隧道结构过大的变形,严重时甚至导致对其产生不同程度破坏,在软土地区这种作用尤其明显。因此,研究软土地区盾构隧道在堆卸载作用下的变形机理,对于保证施工期间地铁的稳定安全有着极其重要的工程意义。

1.2 国内外研究现状

1.2.1 加卸载引起的附加应力场和位移场

土体与隧道的相互作用分析一般采用两阶段法。两阶段法主要分为两个步骤:一是计算堆载作用下土体的附加应力场和位移场;二是以附加应力场或位移场为输入条件,计算土与结构的相互作用。

土体中附加应力与位移的计算是一个十分重要而又复杂的问题。为了准确、合理地进行地基沉降计算，国内外众多学者进行了深入的研究。

在早期的研究中通常假设"地基中某一点的沉降仅取决于作用于该点的压力，而和邻近的地基不发生联系"来计算加卸载作用下地表的沉降，这就是经典的 Winkler 地基模型。Winkler 地基模型忽略了地基中的剪应力，认为地基变形只发生在基底范围内，并且采用该模型无法计算土体中的附加应力场。

随后，Boussinesq 假设土体为连续均匀各向同性半无限弹性体，得到了集中力荷载作用下土体中任意一点的附加应力和位移，这就是经典的 Boussinesq 解。在 Boussinesq 解的基础上，Mindlin 得到了半无限空间内部荷载作用下土体中的附加应力和位移解，在计算桩基沉降中得到了广泛应用。

Zhang 等[8]、Liang 等[9]将 Boussinesq 解引入地下管线和隧道领域，得到了地面堆载作用下地下管线和盾构隧道的附加应力场；Liang 等[10]、魏纲等[11]借助于 Mindlin 解，提出基坑开挖引起隧道周围附加应力场的计算方法；Verruijt and Booker[12]、Loganathan and Poulos[13]基于弹性力学理论得到了隧道开挖下土体位移场的解析算法；Cheng 等[14]基于汇源法得到了基坑开挖卸载在周围土体中引起的位移场。

实际上，自然沉积而成的地基土，在形成过程中具有明显的取向性，水平和竖直方向的性质存在差异，呈现各向异性。在水平方向可以近似地看成各向同性，但在垂直方向其性态与水平方向相比差异比较大，类似这样沉积形成的天然地基，其应力、应变关系采用层状地基模型来描述其受力状态更为合理。上述都是基于均质半无限空间土体这一假设，无法考虑土体的成层特性，一旦隧道处于分层土体，且土体性质差别比较大时，采用 Boussinesq 解或 Mindlin 解均会产生较大的误差。因此，有必要对地面堆载作用下分层土体中的附加应力场和位移场进行研究。

在我国地基基础设计规范中，提出了工程实践中便于应用的分层总和法，将地基的成层性和非均质性考虑到沉降计算中去。它在计算某分层的竖向变形量时，将非均质地基中的附加应力分布用均质弹性半空间的理论解答来代替。但是，该方法主要是为了计算基础中心点的沉降，一旦涉及比较多的计算点，沉降计算将会变得十分繁琐，不适合大面积堆载下土体中的位移场计算。

Bufler[15]和 Bahar[16]各自独立地提出了传递矩阵法，他们利用 Cayley-Hamilton 定理，分别对二维和三维的各向同性弹性层推出了传递矩阵，但由于当时的计算条件有限，他们并没有给出应力和位移的数值解。

Booker 和 Small[17]在比奥固结理论的基础上，采用有限元方法，得到了堆载作用下两层土体中的附加应力和位移。

王凯[18]根据弹性力学基本方程，运用逐步"递推回带法"求解了 N 层弹性连续体系各层应力和位移积分公式中积分常数的表达式。通过对表达式的分析及相应的数学运算，得出适应于 N 层体系的应力、位移积分计算的一系列公式。但是,该法比较繁琐,不易于推广应用。钟阳等[19,20]则从静力平衡方程、物理方程及几何方程出发,构造出应力位移关于竖向及径向坐标偏微分之间的矩阵传递关系式,再对该关系式进行关于径向坐标的 Hankel 变换,得到任意层的状态向量与初始状态向量之间的关系式。任意层的状态向量可运用相应层的传递矩阵与初始状态向量的乘积表示,最后只要求解二元一次方程组就可以得到任意层关于 Hankel 变换的解析解,再对其进行 Hankel 反变换,得出该层的位移和应力解,用该法求解多层弹性半空间问题,概念清晰,公式简洁,易于应用。

钟阳和张永山[21]直接从弹性力学及矩阵理论出发,利用 Hankel 积分变换推导出了单层弹性半空间轴对称问题的刚度矩阵,然后按传统的有限元法组成总体刚度矩阵。通过求解由总体刚度矩阵所构成的代数方程就可求出荷载作用下多层弹性半空间轴对称问题的精确解。艾智勇等[22]提出了基于"解析层元"的分层土体总刚度矩阵构造方法。由于刚度矩阵的元素只含有负指数项,计算时不会出现溢出或病态矩阵现象。

张治国等[23]、梁发云等[24]利用弹性层状半空间理论分别研究了隧道开挖卸载和地面堆载下层状地基的附加应力。

1.2.2 土体与隧道结构的相互作用分析

在得到隧道的附加应力或位移输入后,为了得到隧道结构的内力分布与位移响应,合理反映土体中隧道受力与变形特点,诸多学者对土体—隧道结构的相互作用关系进行了大量研究。

地基软土常采用 Winkler 模型、双参数 Pasternak 模型、三参数 Kerr 模型等。Winkler 地基中将土体视为一系列相互独立的土弹簧,概念清晰计算便捷,因此应用最为广泛,但是计算结果与实际偏差往往较大;Pasternak 模型在此基础上考虑了土体的剪切刚度,结果大为提高;三参数 Kerr 模型计算精度最高,但是计算过程较为复杂。隧道结构常采用 Euler – Bernoulli 梁假设以及 Timoshenko 梁假设,Euler – Bernoulli 梁只考虑弯曲的影响,Timoshenko 梁则引入了剪切变形,可以计算隧道的错台量大小。

姜启元等[25]较早做了因地面堆载引起隧道纵向变形的力学分析,提出利用 Boussinesq 公式计算隧道顶面受到的附加应力,基于弹性地基梁理论求得隧道纵向各断面的受力,但没有具体展开研究。戴宏伟等[26]利用 Boussinesq 解计算地面荷载引起的隧道下卧土层中的附加应力,假设隧道纵向弯曲符合欧拉-伯努利梁,但他们的研究并没有涉及隧道的错台研究。

王涛等[27]把隧道结构等效为土层中的弹性地基梁,利用 Boussinesq 解计算加(卸)载引起的隧道下卧土层中的附加应力,利用 Winkler 地基模型计算隧道结构的变形。李春良等[28]基于弹性地基梁理论,建立了地面荷载作用下的盾构隧道结构的纵向内力模型,可计算隧道产生的附加沉降和内力,计算时考虑了接头导致的抗弯刚度降低问题。

黄栩、黄宏伟等[29]分别采用 Winkler、Pasternak 与 Kerr 三种地基模型计算了卸荷引起的隧道响应,研究表明相比于 Winkler、Pasternak 模型,Kerr 模型的计算结果更准确。璩继立等[30]把深埋盾构隧道等效为双面弹性地基梁,利用 Boussinesq 解求出隧道上部的附加应力,最后采用有限差分法求出隧道的纵向位移和内力,并与 Winkler 地基模型的计算值进行对比。结果表明,双面弹性地基梁的计算结果明显小于 Winkler 地基的结果。

Liang 等[10]采用 Timoshenko 梁假设,基于 Mindlin 解研究了基坑开挖对下卧隧道的变形影响。高继锦[31]基于 Boussinesq 解和 Mindlin 解,提出交叉穿越隧道竖向位移的解析公式,继而分析了地面堆载作用下交叉隧道的变形响应。魏纲等[32]基于能量变分法和"剪切错台模型",具体研究了堆载大小和偏压距离对隧道错台大小、竖向沉降和水平变形的影响。康成等[33]利用 Boussinesq 解求出隧道上部的附加应力,基于 Shiba 隧道模型,研究了不同堆载大小、隧道埋置深度下地铁隧道的纵向变形响应。Zhang 等[34]假设地基满足 Kerr 模型,利用 Timoshenko 梁模拟隧道,研究了新建隧道对已有隧道的影响。Zhang 等[8]基于 Boussinesq 解详细分析了这两种输入条件下管线的弯矩和竖向位移,并将计算结果与有限元结果进行对比,结果表明采用位移场输入得到的结果更加合理。魏纲等[11]采用 Mindlin 解得到了基坑开挖条件下隧道横向的附加荷载分布情况,考虑了隧道位移协调过程中的内力重新分布,讨论了基坑侧壁应力释放系数以及隧道埋深随隧道横向受力变形的影响。

1.2.3 数值分析方法

国内外学者在数值模拟上通常采用两种方法:一种是将堆卸载以及隧道结构简化为简单的平面应变模型,采用这种方法计算建模较为简便,但相应的计算结果比较粗略;另一种方法是建立三维的数值模型,在精细化的模型中需要考虑结构的细部构造以及土体—隧道之间的相互作用关系,采用这种方法建模过程较为复杂,但计算结果往往更能反映工程实际。

戚科骏等[35]将 Mohr-Coulomb 弹塑性本构模型应用于基坑开挖的二维有限元分析中,并将计算结果与实测数据对比,分析表明数值模拟与工程监测数据吻合程度较好,验证了数值方法的合理性。叶耀东[36]采用 ABAQUS 软件建立二维模型,模拟了既有盾构隧道在 5 kPa、10 kPa、20 kPa、40 kPa 四种地面堆载作用下的沉降,研究结果表明:隧道沉降量与堆载量近似呈线性关系;隧道沉降量与下卧土层的压缩模量关系密切,压缩模量越大则沉降量越小。

郑刚等[37]基于 PLAXIS 有限元软件,使用小应变硬化模型(HSS)模拟土体,建立了二维平面应变模型,计算了不同支护形式以及最大水平位移对隧道变形影响区的影响,但过程中未考虑隧道的细部构造以及土层性质的变化。张治国等[38]建立三维有限元模型并利用生死单元技术模拟基坑开挖的卸荷效应,采用简单的梁单元模拟隧道,考虑了埋深、土质、隧道外径等因素对隧道纵向变形的影响。结果表明有限元计算结果与采用 Mindlin 基本解以及 Winkler 模型得到的理论解基本一致。伍尚勇等[39]以广州某邻近地铁基坑工程为背景,建立 MIDAS/GTS 三维模型,分析了已运营地铁隧道受双侧深基坑开挖的影响,设置不同顺序开挖工况,并与监测数据进行对比。结果表明:相比较于非对称开挖,两基坑对称开挖引起的横向隧道水平位移响应更小,但对竖向位移控制不利。

葛世平等[40]采用局部刚度修正法考虑了管片接头处的刚度衰减,为隧道的精细化建模提供了简化模拟方法。彭益成等[41]采用壳－接头模型模拟地铁管片纵向和环向之间的连接,由于壳－接头模型参数需要根据试验结果确定,并且涉及子程序的编写,导致这种模型不方便工程使用。苏宗贤和何川[42]采用壳单元模拟隧道管片、弹簧单元模拟管片与管片之间的接触以及螺栓的拉应力,建立了隧道纵向变形分析的三维数值计算模拟。

卢岱岳等[43]用全周单向受压弹簧模拟地层反力,建立了二维管片—接缝不连续模型和三维精细化管片—接缝不连续模型,总结了加卸载作用对三种土质条件下盾构隧道管片变形以及材料损伤变化的影响规律,给出了中等程度黏性土、固结黏性土、硬质黏性土中盾构隧道的上方安全堆载限制范围。孙文波[44]采用杭州地铁 1 号线结构参数,利用 MIDAS/GTS 建立了三维有限元模型,研究了不同堆载位置以及埋深对隧道结构变形的影响。研究显示:相同堆载条件下,相比较于拱腰,拱顶附加位移响应随埋深增加减小更为明显;堆载偏移会引起隧道位移变形减小。

张冬梅等[45]利用数值模拟研究了环向接缝顺剪、逆剪和切向剪切时的错台现象和破坏特征,分析了斜螺栓、凹凸榫对环缝抗剪特性的影响,并基于试验与数值模拟结果提出了环缝变形的安全性指标。桑运龙等[46]的研究阐明了盾构隧道不同环缝受力阶段其抗拉和抗剪刚度的非线性规律,并在此基础上采用三维实体—非线性弹簧模型研究了地面堆载对隧道变形参数的影响。应宏伟等[47]利用数值分析方法考虑不同基坑开挖工况对隧道变形影响,研究结果表明:隧道与基坑平行工况下的隧道最大位移是垂直工况下的 1.60 倍;提高隧道纵向抗弯刚度可以有效减小隧道的最大位移,但这种"削弱作用"会随隧道—基坑间距的增大而减小;基坑的"长开挖"会影响隧道的位移和隧道隆起范围,而"短开挖"则主要影响隧道的位移。

对于因地表加卸载而出现收敛超量、接头破坏、混凝土剥落等病害而威胁结构安全或影响正常使用的情况,有必要通过加固修复方法修复结构损伤,通过变形整治手段进行纠偏改造。目前常用的方法有内张钢圈加固、注浆纠偏等。

张冬梅等[48]采用数值模拟方法分析了侧向注浆对盾构隧道横向变形的影响规律。结果表明对于注浆量较少时隧道接头张开量显著减小但收敛减小并不显著;注浆量较大时隧道横向收敛显著减小,但会因注浆引起一定接头错台和隧道侧移。周书杨[49]通过建立隧道纵缝的三维数值模型,研究了钢板加固前后纵缝接头的承载能力和破坏机理差异。

Zhao 等[50]通过数值模型研究了钢板加固时机、环氧树脂粘贴强度和钢板尺寸对于盾构隧道衬砌整体结构性能的影响。结果表明提高环氧树脂黏结强度对于增强复合衬砌极限承载能力的效果最为显著;在隧道管片已发生变形而塑性变形较小的时候进行加固效果较好。并建议钢板厚度宜大于 20 mm。郭健[51]用有限元方法研究了隧道注浆抬升工艺对于整治软土盾构隧道不均匀沉降的作用,研究发现注浆法对上软下硬地层隧道的抬升效果最为显著,而对于上硬下软底层隧道的抬升效果较差。

Qiu 等[52]用有限元法研究了利用竖向高压旋喷桩改善隧道不均匀沉降的方法,此方法大大提高了运营隧道的稳定性。Zhang 等[53]结合现场实测与数值模拟,研究了注浆处理对于减小隧道变形的效果,结果表明通过两侧注浆法可将隧道收敛量减小 25%,显著减小接头张开量,提高隧道的防水性能,同时建议应严格控制注浆孔间距和注浆顺序。

Zhang 等[54]提出了盾构隧道管片衬砌钢板加固设计方法的总体框架,然后通过二维有限元模型对变形管片衬砌钢板加固法进行模拟,证明基于此方法进行隧道钢板加固设计能够在确保加固效果的基础上有效降低成本。

数值模拟以及理论的计算结果具有一定的指导意义,能在一定程度上反映堆卸载条件对隧道结构的影响规律,但是为了使得它们的结果更加符合工程实际,还需要通过现场或室内试验的方法来验证其合理性。

1.2.4　模型试验方法

在已有邻近隧道的周边进行堆卸载作业时,一般都需要进行周围环境影响评估和现场监测。在既有在运营隧道中布设位移监测点,并通过现场获取数据,而现场监测受限于费用和客观条件则更是难以获得隧道结构所受的附加弯矩及土压力变化。因此,在室内进行模型试验成为研究堆卸载作用对邻近隧道影响规律的一条重要途径。

Byun 等[55]通过缩尺模型试验模拟基坑开挖对既有隧道的影响,测量了开挖引起的衬砌管片的受力以及隆起变形。吴庆等[56]通过室内模型试验设研究了隧道埋深和堆载位置条件下隧道的变形特征,埋深设置 $1D$、$2D$、$3D$ 三种(D 为隧道直径),堆载位置设置中心堆载、$1D$、$2D$、$3D$ 四种。试验结果表明:相同堆载作用下,埋深 $2D$ 以内、堆载偏移隧道距离 $1D$ 以内的隧道受到的影响较大。

黄大维等[57]采用开槽模型模拟接头处抗弯刚度的削弱,并建立了完整的隧道开槽模型的设计方法。在此基础上张明告等[58]为研究地表超载引起隧道周围土压力的变化规律,进行了 1∶10 比例的室内相似模型试验,试验模型箱与隧道开槽模型如图 1-8 所示,试验中用堆载厚度来控制荷载大小。图 1-9 为试验得到的堆载下隧道的变形曲线,试验结果表明:地面堆载下,隧道管片水平向土压力相比于正上方更小,隧道的垂直与水平收敛随堆载厚度(隧道直径 D 的倍数)的增加逐渐变大。同时通过对土压力数据的分析,得到了在软土地区地表堆载引起的隧道竖向土压力要大于按土柱理论计算所得的隧道竖向土压力的结论。

李占峰等[59]以西安地铁 4 号线某区间附近基坑开挖工程为背景,开展了离心机试验,对深基坑开挖对隧道结构的影响进行了分析。研究表明:基坑开挖过程中,隧道竖向受力影响要大于水平向受力影响,整体表现为卸载作用;基坑开挖会导致隧道反弯点产生

(a) 模型试验装置

(b) 开槽隧道管片模型

图1-8 模型试验装置及开槽隧道管片模型

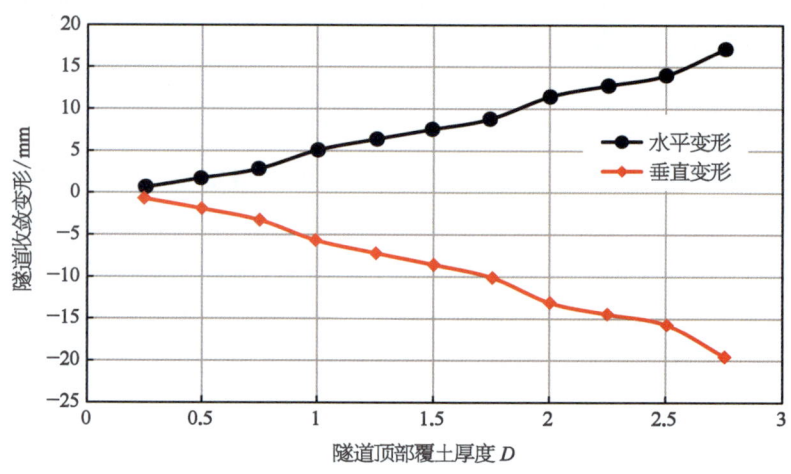

图1-9 试验结果

沿纵轴线逆时针旋转的趋势。高继锦等[60]通过室内模型试验与数值模拟结果相互印证，采用PVC管模拟隧道，研究了交叉穿越隧道在堆载作用下的变形响应，试验结果与数值模拟结果相吻合。研究表明：堆载作用下隧道交叉穿越作用会使得上部隧道位移减小，下部隧道位移增大，在小角度交叉穿越的隧道中两隧道的相互影响更加明显，应该予以重视。

张玉伟等[61]着眼于非对称基坑开挖引起的卸载—再加载作用对下方已建地铁隧道的不利影响，开展了土工离心机试验，分析了不同开挖步骤和荷载下既有隧道位移和受力情况。试验相似比采用1∶60，共分三次开挖，测量了开挖过程中隧道弯矩以及周边土压力大小，基坑开挖与断面测点分布示意如图1-10所示，基坑开挖相关的离心机试验布置基本类似。试验结果表明：基坑非对称卸载作用导致隧道发生上浮和偏移，二次开挖扰动加强；距离基坑中心线近的隧道扰动作用更加明显，基坑临空面影响明显。

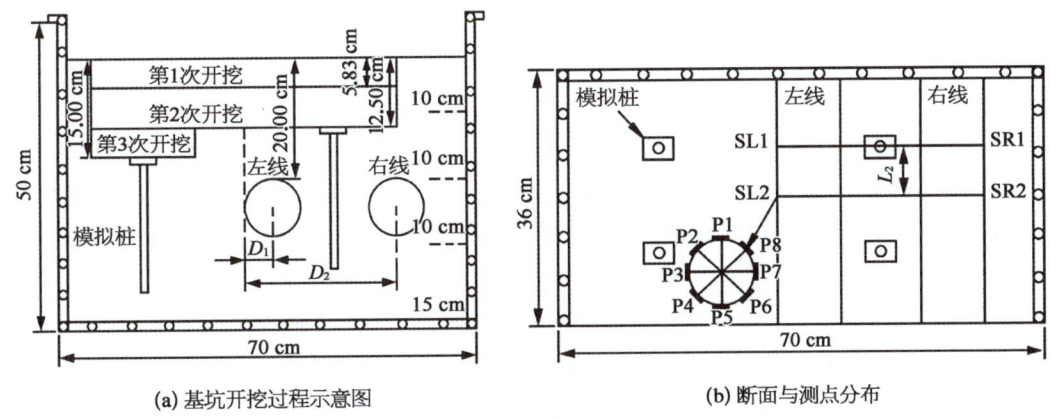

图 1-10 离心机试验开挖示意图与测点布置

梁发云等[62]采用缩尺模型试验,研究了隧道穿越土层软硬情况以及堆载位置对管片横向变形性状的影响,完整测量了分级加—卸载中椭圆度、接头张开量和附加土压力的变化曲线。试验结果表明硬土层相较于软土层隧道附加土压力分布更为均匀,隧道在软土层中的附加土压力主要分布于水平方向,同时附加土压力随堆载与隧道距离增加逐渐减小。

针对加卸载引起隧道结构的收敛超量、接头破坏等病害,众多学者同样通过试验进行了隧道加固方面的研究。

毕湘利等[63]以受上部堆载作用的通缝隧道为对象开展了内张钢圈加固试验,对比了整环加固与半环加固的受力特点。结果表明内张钢圈加固法可有效提高盾构隧道的刚度和承载力,整环加固与半环加固效果接近,两者加固后的破坏模式均是由于钢圈局部黏结失效导致。柳献等[64]用足尺试验研究了内张钢圈整环加固盾构隧道的变形性能、破坏模式。结果表明在钢圈与衬砌混凝土黏结失效之前,盾构隧道的强度与刚度均大幅提高;黏结失效后结构刚度迅速降低,且封顶块与邻接块附近是黏结薄弱部位。

刘庭金等[65]基于足尺试验建立了内张钢圈加固盾构隧道的精细有限元模型,通过对某病害错缝隧道进行钢板粘贴,将其承载力提升了59%,同时作者指出粘贴钢板与衬砌混凝土间环氧树脂的黏结失效呈现显著的脆性破坏特征,实际工程中应予以着重关注。

柳献等[66]采用具有轻型和快速加固特点的新型加固材料复合腔体对盾构隧道纵缝接头进行加固,研究了复合腔体加固接头的破坏机理和加固效果。结果表明受负弯矩作用接头的加固效果比正弯矩作用下接头的加固效果显著,同时指出应对作为结构薄弱点的黏结面引起足够重视。任天宇等[67]通过足尺试验研究了波纹钢板对盾构隧道衬砌管片的加固效果,发现波纹钢加固法可将衬砌管片刚度提高10%~36%,承载力提高163%~201%。

1.3 研究内容

无论是地表大面积加载还是卸载，均会引起一定范围内土体的应力场和位移场发生变化，从而打破盾构隧道原有的平衡状态。一旦加载和卸载引起的附加应力场或位移场过大，隧道将会产生过大的横向收敛和纵向沉降，当变形量达到一定程度时就会对结构产生破坏，影响隧道的正常运营。因此，本书从以下几个方面进行介绍。

（1）基于弹性理论建立大面积加载下地铁隧道纵向变形分析方法。

对于均质土体，基于竖向荷载作用下的布西奈斯克解，通过对地面堆载作用效应进行二重积分，求解得到堆载作用下土体应力位移场的解析表达式，给出相应的理论分析方法和理论解；对于分层土体，基于弹性半无限空间理论，求解得到堆载作用下分层土体中的应力和位移数值解；基于两阶段法，采用 Pasternak 地基模型，利用有限差分法求得地面堆载作用下隧道结构的纵向变形响应。

（2）基于数值模型和室内试验研究隧道上方加载作用下隧道的横向变形响应。

利用 ABAQUS 有限元软件，建立大面积加载下隧道横向变形响应的数值模型，重点分析土层性质对隧道横向变形的影响；进一步采用室内模型试验，研究偏心加载作用下隧道变形响应以及隧道周围附加应力的分布特征。

（3）上方卸载作用下盾构隧道变形规律的数值分析。

针对地铁隧道正上方基坑开挖卸载对隧道变形的影响展开研究，按照基坑开挖尺寸、土体加固效果和抗拔桩影响等因素，通过有限元数值分析，讨论基坑开挖对隧道变形影响的时空效应。结合邻近地铁隧道的工程控制作业具体措施情况，总结上方基坑开挖引发隧道变形的规律性认识。

（4）现场工程案例。

通过对典型压载和卸载工程案例的长期监测和检查分析，对压载变形特征和变形量有了定量的认识和总结，对隧道上方有计划地限时卸载，通过地基加固、增设桩基等施工并形成结构体等抗隆起手段，辅以工程中的限时施工措施，可有效控制隧道地层的隆起量，浅部卸载的隆起量可控制在 $1‰H$（H 为卸载土层的厚度）以内。

第 2 章
地面加载作用下隧道纵向变形理论计算研究

2.1 引言

地面加载作用引起的附加应力会打破地铁隧道原有的受力平衡状态,引起地层和隧道结构应力重分布,从而导致隧道产生一定的纵向和横向变形。已有不少工程案例表明,隧道上方地面加载导致隧道结构的内力和变形超过允许量值后,给地铁安全运营带来一系列的负面影响。因此,需要对地面加载作用下隧道的纵向变形响应进行研究。

目前,已有学者从理论上对地铁隧道的纵向变形进行了研究,他们的研究多集中在:隧道环缝接头力学性能的响应、邻近卸载效应下隧道的变形响应。关于地面加载作用下隧道的纵向变形响应,虽有所涉及,但在土体分层特性、地面加载对隧道变形的定量评估等方面的研究还不够充分。

本章基于弹性半无限空间理论,求解得到地面加载作用下分层土体中的应力和位移解答,而后结合等效刚度模型和有限差分法,提出隧道纵向变形的理论计算模型,并详细分析地面加载作用下隧道埋深、加载大小、加载范围、土层性质等参数对隧道纵向变形的影响,探索地面加载下隧道纵向变形影响的规律性,以期为后续工程提供借鉴。

2.2 隧道纵向变形理论计算模型

2.2.1 地基模型

在土与结构相互作用分析中,地基软土通常采用 Winkler 地基模型[68-69]、Pasternak 地基模型[70]、Kerr 地基模型[34,71]以及连续弹性体模型[72]进行模拟。Winkler 地基模型将土体简化成一系列相互独立的土弹簧,不考虑土体之间的剪切力作用,采用 Winkler 地基模型会低估外部荷载作用下结构的变形[10];与 Winkler 地基模型相比,Kerr 地基模型包含三个待定参数,但参数的正确取值比较困难;连续弹性体模型虽然能够反映土体应力的扩散特性、结果相对精确,但是计算过程过于复杂,不便于工程应用。与上述三种计算模型相比,Pasternak 模型属于双参数地基模型,在 Winkler 地基模型中的各个独立弹簧之间通过增加约束来反映土体的连续特性,从而较好地考虑土体与结构之间的相互作用,由于相关参数已经被学者广泛研究和应用,本书采用 Pasternak 地基模型来模拟隧道与土体之间的相互作用。

外荷载作用下,Pasternak 地基模型中地基反力 p 与土体位移 $w(x)$ 之间的关系可以表示成:

$$p = k_s w(x) - G_s \frac{\partial^2 w(x)}{\partial x^2} \tag{2-1}$$

式中:k_s 为地基反力系数;G_s 为地基剪切刚度。

Vesic[73]在 Biot 的研究基础上,通过分析外荷载作用下置于地表上的一根梁的变形特性,得到了地基反力系数的经验公式 k_{vesic},并被大量学者应用于土与结构相互作用分析中:

$$k_{vesic} = \frac{0.65 E_s}{D_t(1-v_s^2)} \sqrt[12]{\frac{E_s D_t^4}{EI}} \tag{2-2}$$

式中:E_s 为土体弹性模量;v_s 为土体弹性模量泊松比;D_t 为地基梁的宽度;EI 为梁的抗弯刚度。

然而,对于具有一定埋置深度的梁而言,忽略土体对梁的约束作用使得 Vesic 经验公式在一定程度上会低估土体的地基反力系数[74-75],从而过大地估计结构的变形。基于此,Liang 等[76]、Zhang 等[8]各自给出了考虑深度修正的地基反力系数经验公式。Liang 等[9]分别采用这两种经验公式计算了堆载下隧道的变形响应,结果表明虽然他们的表达式有所不同,但计算结果基本一致。因此,为反映隧道的埋深,本书采用 Zhang 等[8]提出的经验公式来确定地基反力系数:

$$k_s = \frac{4-5v_s}{\eta_1} \frac{0.65 E_s}{D_t(1-v_s^2)} \sqrt[12]{\frac{E_s D_t^4}{EI}}, \text{其中 } \eta_1 = \begin{cases} 4-5v_s & z_0/D_t \leqslant 0.5 \\ 1+D_t/z_0 & z_0/D_t > 0.5 \end{cases} \tag{2-3}$$

式中:η_1 为地基梁埋置深度修正系数;z_0 为埋置深度。

实际工程中,上海地区隧道的埋深与隧道直径之比通常会大于 0.5,因此需要考虑对地基反力系数进行修正。

关于地基土体剪切刚度 G_p 的取值,大量学者已经进行过研究[71,77-78],本书采用 Tanahashi[77]的研究成果:

$$G_p = \frac{E_s H}{6(1+v_s)} \tag{2-4}$$

式中：H 为土体有效压缩层的厚度。徐凌[79]采用 Mindlin 解对外荷载作用下土体的附加应力沿深度的变形进行了详细的研究，结果表明位于基底 2.5 倍地基梁宽度处的附加应力已经衰减为外荷载的 20%，而实际工程中基底 2.5 倍地基梁宽度以下土体的弹性模量一般明显大于直接位于基地下土体的弹性模量，因此建议有效压缩层的深度取为 $H = 2.5D_t$。

2.2.2 隧道模型

常用的经典梁模型有两种：一是 Euler - Bernoulli 梁，二是 Timoshenko 梁模型。这两种模型最大的区别在是否考虑了梁截面的剪切变形，可以说 Euler - Bernoulli 梁是 Timoshenko 梁的一种特殊形式如图 2 - 1 所示。

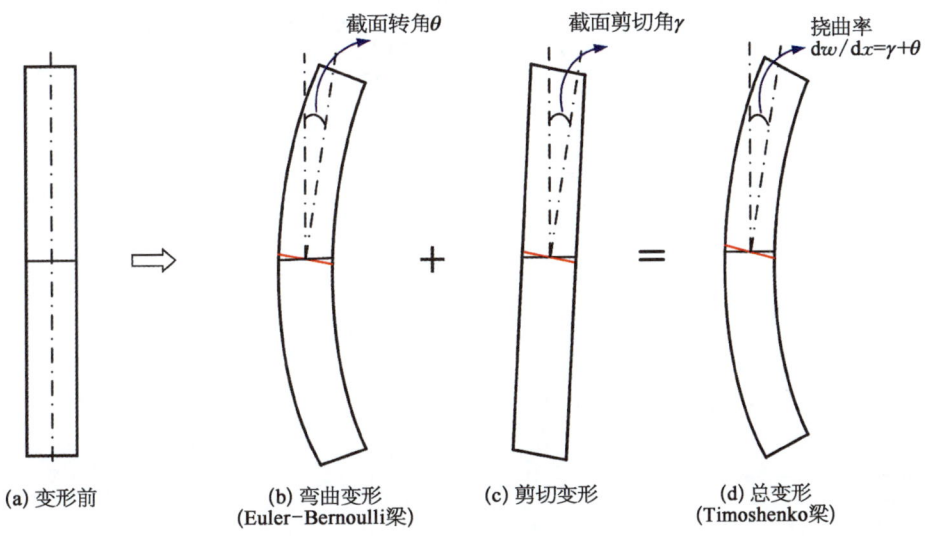

图 2 - 1 梁的变形模式

城市地铁隧道通常由预制管片组成，管片与管片之间通过螺栓连成一个整体。一般来讲，管片接头的存在会削弱隧道结构的整体刚度。而现场工程大量监测数据表明，隧道沿轴线方向的变形可以分解为两部分（图 2 - 2）：一是弯曲引发管片的弯曲变形，造成管片的张开；二是不均匀沉降诱发的剪切应力引发管片之间的错台[80-82]。戴宏伟等[26]、李俊昱等[83]采用 Euler - Bernoulli 梁分别计算了隧道和管线的纵向变形，但 Euler - Bernoulli 梁只能考虑弯曲变形，无法得到管片之间的错台量大小，因此本书采用 Timoshenko 梁来模拟盾构隧道。

为了考虑管片之间接头的存在引起隧道纵向刚度的衰减，学者们进行了大量的研究[84-85]，其中日本学者 Shiba 提出的刚度等效方法由于概念清楚、计算方便，在工程中得到了大量应用，如图 2 - 3 所示。隧道纵向刚度等效包括抗弯刚度等效和抗剪刚度等效，其推导过程简述如下[79,85]。

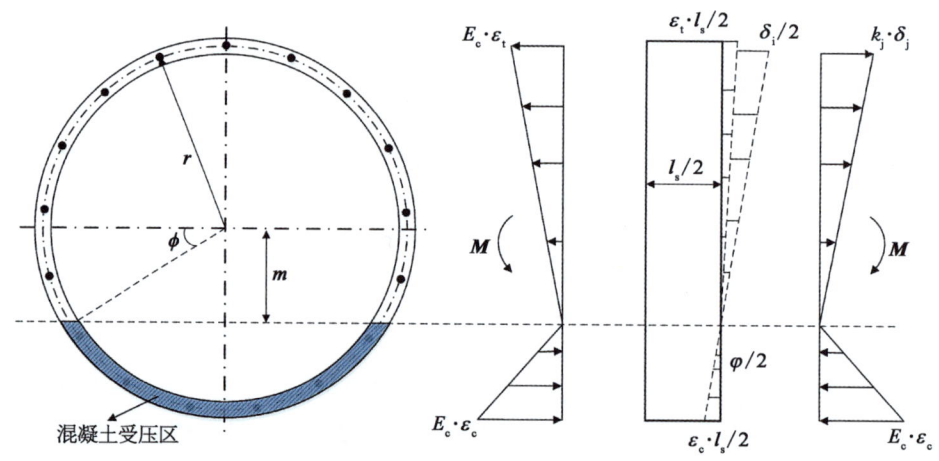

图 2-2　隧道变形模式

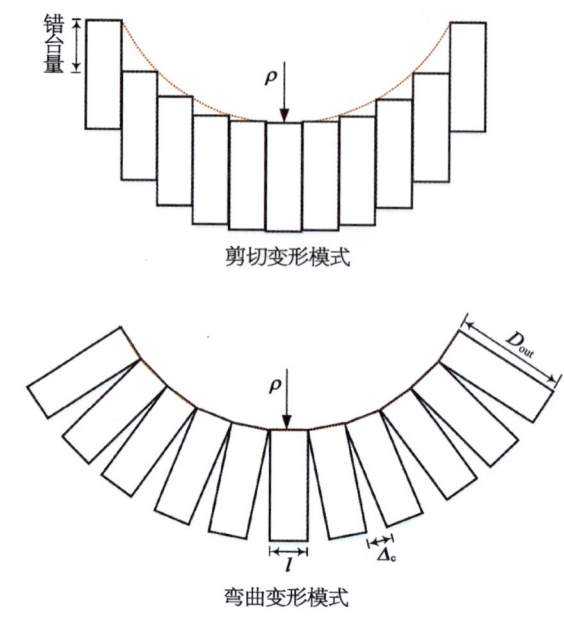

图 2-3　管片环的应力应变图

（1）抗弯刚度等效。

为得到盾构隧道的纵向抗弯刚度，Shiba[85]做出了如下基本假设：

① 平截面假设，即假定隧道横截面上每一处的变形量与离中性轴的距离成正比。

② 弯矩荷载作用下，环缝处管片环受拉侧的拉力全部由螺栓承担，而受压侧的压力由管片单独承担。

③ 从安全性角度出发，认为环缝的影响范围为 $l_s/2$，且忽略轴力对环缝抗弯刚度的影响。

④ 将不均匀分布的纵向螺栓等效成沿环向连续分布，螺栓的平均线刚度为：$k_j = \dfrac{n_b E_b A_b}{l_b 2\pi r}$，$n_b$、$E_b$、$l_b$ 和 A_b 分别为环缝处纵向螺栓的个数、螺栓的弹性模量、长度和横截面积。

根据变形协调条件，有：

$$\frac{r+m}{D_t/2+m} \cdot \varepsilon_t \cdot \frac{l_s}{2} + \frac{\delta_j}{2} = (r+m)\frac{\varphi}{2} \quad (2-5)$$

$$\varepsilon_c \cdot \frac{l_s}{2} = \left(\frac{D_t}{2} - m\right)\frac{\varphi}{2} \quad (2-6)$$

根据轴力平衡条件，有：

$$2\frac{E_c \varepsilon_c}{D_t/2-m}\int_0^{\pi/2-\phi}(r\cos\alpha - m)rt\,d\alpha = 2\frac{E_c \varepsilon_t}{D_t/2+m}\int_0^{\pi/2+\phi}(r\cos\alpha + m)rt\,d\alpha \quad (2-7)$$

$$2\frac{E_c \varepsilon_c}{D_t/2-m}\int_0^{\pi/2-\phi}(r\cos\alpha - m)rt\,d\alpha = 2\frac{k_j \delta_j}{r+m}\int_0^{\pi/2+\phi}(r\cos\alpha + m)r\,d\alpha \quad (2-8)$$

式中：E_c 为管片的弹性模量；ε_c 为管片的压应变；ε_t 为管片的拉应变；$m = r\sin\phi$ 为中性轴的高度；ϕ 为中性轴对应的角度；φ 为环缝接头的转角；l_s 为管片环的长度；δ_j 为螺栓的张拉变形；t 为管片的厚度；r 为螺栓距隧道轴线的距离。

根据弯矩平衡条件有：

$$2\frac{E_c \varepsilon_c}{D_t/2-m}\int_0^{\pi/2-\phi}(r\cos\alpha - m)^2 rt\,d\alpha + 2\frac{E_c \varepsilon_t}{D_t/2+m}\int_0^{\pi/2+\phi}(r\cos\alpha + m)^2 rt\,d\alpha = M \quad (2-9)$$

结合变形协调条件和轴力平衡条件可以解得中性轴位置：

$$\phi + \cot\phi = \pi\left(\frac{1}{2} + \frac{k_j l_s}{E_c t}\right) \quad (2-10)$$

结合变形协调条件和弯矩平衡条件有：

$$\varphi = \frac{l_s}{E_c I_c} \cdot \frac{\cos\phi + (\phi + \pi/2)\sin\phi}{\cos^3\phi} M \quad (2-11)$$

式中：$I_c = \pi(D_t^4 - D_i^4)/64$ 为管片环横截面对于隧道轴线的惯性矩。

因此，弹性状态下考虑环缝的隧道等效抗弯刚度为：

$$(EI)_{eq} = \frac{M l_s}{\varphi} = E_c I_c \cdot \frac{\cos^3\phi}{\cos\phi + (\phi + \pi/2)\sin\phi} \quad (2-12)$$

值得注意的是,Shiba 给出的计算模型存在两方面的缺陷:一是未考虑轴向荷载对管片抗弯刚度的影响,在某种程度上会低估隧道结构的抗弯刚度;二是未考虑管片和螺栓的屈服造成抗弯刚度的衰减。这两方面对隧道纵向抗弯刚度的影响值得进一步研究。

由弯矩引起管片环之间最大张开量可以表示为:

$$\Delta = \varphi(r+m) = \frac{Mr}{EI_{eq}}(1+\sin\phi)l_b \quad (2-13)$$

(2) 等效抗剪刚度。

Wu 等[82]认为,在忽略环缝处管片与管片之间摩擦力的情况下,剪切荷载 Q 作用下管片环总的剪切变形 u 为接缝处螺栓的剪切变形 u_j 和管片的剪切变形 u_s 之和:

$$u = u_j + u_s \quad (2-14a)$$

根据剪切变形的定义,u、u_j 和 u_s 可以分别表示成:

$$u = l_s \tan\left(\frac{Q}{(GA)_{eq}}\right) \quad (2-14b)$$

$$u_j = l_b \tan\left(\frac{Q}{n_b \kappa_b G_b A_b}\right) \quad (2-14c)$$

$$u_s = (l_s - l_b)\tan\left(\frac{Q}{\kappa_c G_c A_c}\right) \quad (2-14d)$$

式中:κ_b 和 κ_c 分别为螺栓和管片的剪切系数,对于圆形截面,$\kappa_b = 0.9$,对于圆环状截面,$\kappa_c = 0.5$;G_b 和 G_c 分别为螺栓和管片的剪切模量。

联立式(2-14),Wu 等[82]得到了隧道的等效剪切刚度,对隧道的等效剪切刚度提出的计算公式更为全面地反映了相关影响因素,更为符合工程实际:

$$(GA)_{eq} = l_s \left(\frac{l_b}{n_b \kappa_b G_b A_b} + \frac{l_s - l_b}{\kappa_c G_c A_c}\right)^{-1} \quad (2-15)$$

由剪切引起管片之间的错台量可以表示为:

$$\delta = l_s \frac{Q}{G_{eq}} \quad (2-16)$$

2.2.3 隧道变形计算模型

为简化计算,假设地表荷载作用前隧道变形已经稳定、隧道与周围土体始终保持接触,并且不考虑土体固结、蠕变以及荷载随时间的变化。取隧道微元体单元进行受力分析(图 2-4),可以得

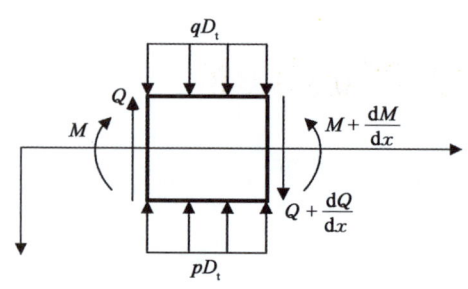

图 2-4 隧道微元体单元受力分析

到如下两个平衡方程：

力平衡方程：$Q + pD_t \mathrm{d}x = qD_t \mathrm{d}x + Q + \mathrm{d}Q$

力矩平衡方程：$-M - Q\mathrm{d}x - pD_t \mathrm{d}x \mathrm{d}x/2 + qD_t \mathrm{d}x \mathrm{d}x/2 + M + \mathrm{d}M = 0$

(2-17)

式中：Q 和 M 分别为作用在隧道上的剪力和弯矩；q 为堆载引起的附加应力；D_t 为隧道外径；p 为地基反力，由式(2-1)确定；$w(x)$ 为堆载引起的隧道沉降。

根据 Timoshenko 梁理论，内力与变形之间的关系为：

$$M = -EI_{eq}\frac{\mathrm{d}\theta}{\mathrm{d}x}, \quad Q = G_{eq}\left(\frac{\mathrm{d}w}{\mathrm{d}x} - \theta\right) \quad (2-18)$$

式中：θ 为梁截面中性面的转动角度。

联立各式，可以得到地表竖向荷载下盾构隧道竖向位移 $w(x)$ 的微分控制方程：

$$\frac{\mathrm{d}^4 w(x)}{\mathrm{d}x^4} + \alpha \frac{\mathrm{d}^2 w(x)}{\mathrm{d}x^2} + \beta w(x) = \alpha_1 \frac{\mathrm{d}^2 q(x)}{\mathrm{d}x^2} + \beta_1 q(x) \quad (2-19)$$

其中：$\alpha = -\dfrac{k_s D_t EI_{eq} + D_t G_s G_{eq}}{(G_{eq} + D_t G_s)EI_{eq}}$；$\beta = \dfrac{G_{eq} k_s D_t}{(G_{eq} + D_t G_s)EI_{eq}}$；$\alpha_1 = -\dfrac{D_t}{G_{eq} + D_t G_s}$；$\beta_1 = \dfrac{D_t G_{eq}}{EI_{eq}(G_{eq} + D_t G_s)}$。

式(2-19)为 4 阶常微分方程，很难直接得到其显式解析解，故采用有限差分法将微分方程转换为代数形式的差分方程，通过编程求其数值解。先将隧道离散成 $n+5$ 个微单元体，每个单元体的长度为 l，如图 2-5 所示，-2、-1、$n+1$ 和 $n+2$ 均为虚节点。假设隧道两端均自由，即无弯矩和剪力作用。因此，对于 0 节点和 n 节点，分别满足边界条件：$Q_0 = Q_n = 0$，$M_0 = M_n = 0$。根据差分原理，结合边界条件，式(2-19)可以改写为以挠度 $w(x)$ 为未知数的向量—矩阵表达式：

$$KW = Dq \quad (2-20)$$

式中，$W = [w_0 \ w_1 \ \ldots\ldots \ w_{n-1} \ w_n]^T$；$S = [q_0 \ q_1 \ \ldots\ldots \ q_{n-1} \ q_n]^T$；

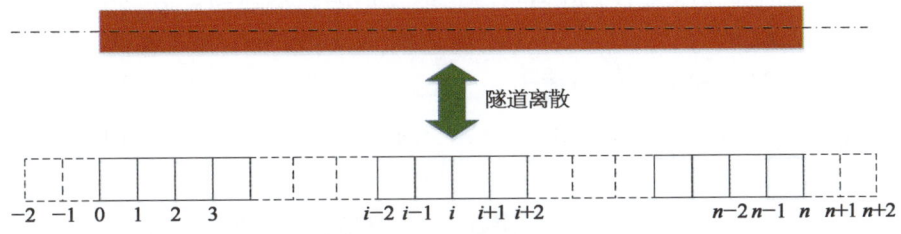

图 2-5　隧道离散分析

$$K = \begin{bmatrix} \frac{2+l^4\beta}{l^4} & \frac{-4+2l^2\alpha}{l^4} & \frac{2}{l^4} & & & & & \\ \frac{-2}{l^4} & \frac{5-2l^2\alpha+l^4\beta}{l^4} & \frac{-4+l^2\alpha}{l^4} & \frac{1}{l^4} & & & & \\ \frac{1}{l^4} & \frac{-4+l^2\alpha}{l^4} & \frac{6}{l^4}-\frac{2\alpha}{l^2}+\beta & \frac{-4+l^2\alpha}{l^4} & \frac{1}{l^4} & & & \\ & & \ddots & \ddots & \ddots & & & \\ & & & \frac{1}{l^4} & \frac{-4+l^2\alpha}{l^4} & \frac{6}{l^4}-\frac{2\alpha}{l^2}+\beta & \frac{-4+l^2\alpha}{l^4} & \frac{1}{l^4} \\ & & & & \frac{1}{l^4} & \frac{-4+l^2\alpha}{l^4} & \frac{5-2l^2\alpha+l^4\beta}{l^4} & \frac{-2}{l^4} \\ & & & & & \frac{2}{l^4} & \frac{-4+2l^2\alpha}{l^4} & \frac{2+l^4\beta}{l^4} \end{bmatrix}_{(n+1)\times(n+1)}$$

$$D = \begin{bmatrix} \beta_1 & \frac{2\alpha_1}{l^2} & & & & & \\ 0 & \beta_1-\frac{2\alpha_1}{l^2} & \frac{\alpha_1}{l^2} & & & & \\ & \frac{\alpha_1}{l^2} & \beta_1-\frac{2\alpha_1}{l^2} & \frac{\alpha_1}{l^2} & & & \\ & & \ddots & \ddots & \ddots & & \\ & & & \frac{\alpha_1}{l^2} & \beta_1-\frac{2\alpha_1}{l^2} & \frac{\alpha_1}{l^2} & \\ & & & & \frac{\alpha}{l^2} & \beta_1-\frac{2\alpha_1}{l^2} & 0 \\ & & & & & \frac{2\alpha_1}{l^2} & \beta_1 \end{bmatrix}_{(n+1)\times(n+1)}$$

求解式(2-20)就可以得到地表荷载作用下隧道的纵向变形,然后联立式(2-13)、式(2-16),可以进一步得到隧道承受的弯矩、剪力、张开量和错台量[24]。

2.2.4 地面加载作用下隧道附加应力计算

图 2-6 为地面加载作用下下卧运营隧道的变形响应示意图。假设地面堆载均匀分布,堆载大小为 p,范围为 $L_1 \times L_2$(L_2 为沿隧道轴向,L_1 垂直于隧道轴向)。地铁隧道的外直径为 D_t,隧道轴线到地表的距离为 $z_0 = 10$ m。根据上文分析,土体采用 Pasternak 地基模型,隧道采用 Timoshenko 梁模型[24]。为了得到外荷载作用下隧道纵向变形响应,本书做出如下假定:

① 外荷载施加前,隧道已经处于稳定状态,且忽略已经产生的变形。

② 不考虑土体的塑性变形,即认为外荷载作用下隧道周围土体始终处于弹性状态。

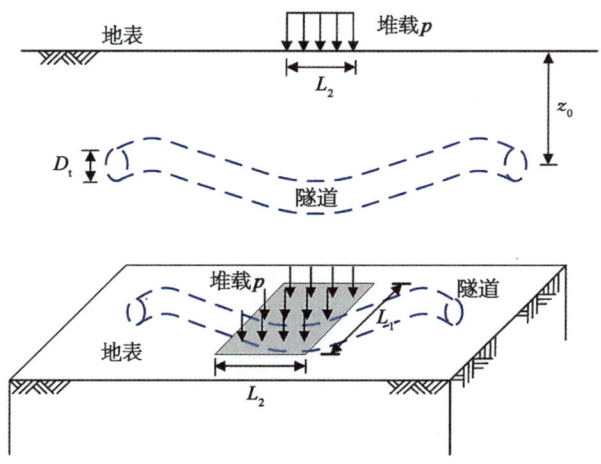

图 2-6 地面加载作用下隧道变形计算示意图

③ 隧道变形过程中始终与周围土体保持接触。
④ 隧道的存在不影响地面堆载在土体中引起的自由应力场。

(1) 均质地基。

均质土层中,堆载作用下土体附加自由应力场属于半无限弹性空间问题,可以采用经典的 Boussinesq 解进行计算:

$$q(x,y,z)=\int_{-\frac{L_1}{2}}^{\frac{L_1}{2}}\int_{-\frac{L_2}{2}}^{\frac{L_2}{2}}\frac{3z_0^3 p}{2\pi R^5}\mathrm{d}\eta\mathrm{d}\xi \quad (2-21)$$

式中:$R=\sqrt{(X-\xi)^2+(Y-\eta)^2+z_0^2}$,$X$ 和 Y 分别为 ξ-η 坐标系下的横、纵坐标,如图 2-7 所示。

坐标系 x-y(隧道坐标系)和坐标系 ξ-η(荷载坐标系)的关系可以采用坐标转换矩阵得到:

$$\begin{cases}X=x\cos\theta+y\sin\theta-d\cos\alpha\\Y=-x\sin\theta+y\cos\theta-d\sin\alpha\end{cases} \quad (2-22)$$

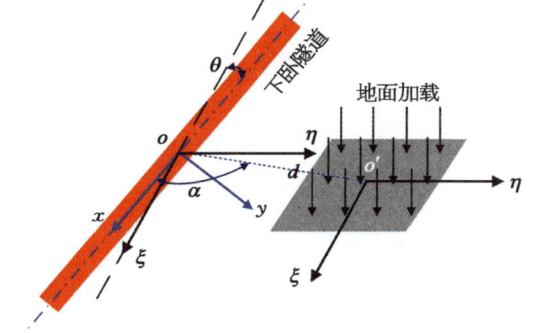

图 2-7 坐标变换

式中:α 为 oo' 的连线与 x 轴的夹角;θ 为隧道轴线(x 轴)与 ξ 轴的夹角。

由于本书采用 Timoshenko 梁模拟隧道,因此为了得到堆载作用在隧道上的附加荷载,还需要在式(2-21)的基础上乘以隧道直径。

(2) 分层土体。

基于弹性半无限体理论,有一些学者[22]分别提出了分层土体中地基应力求解方法,具体推导过程简述如下。

矩形荷载作用下,土体微单元体的平衡方程为:

$$\frac{\partial \sigma_x}{\partial x} + \frac{\partial \tau_{xy}}{\partial y} + \frac{\partial \tau_{xz}}{\partial z} = 0 \quad (2-23\text{a})$$

$$\frac{\partial \tau_{yx}}{\partial x} + \frac{\partial \sigma_y}{\partial y} + \frac{\partial \tau_{yz}}{\partial z} = 0 \quad (2-23\text{b})$$

$$\frac{\partial \tau_{zx}}{\partial x} + \frac{\partial \tau_{zy}}{\partial y} + \frac{\partial \sigma_z}{\partial z} = 0 \quad (2-23\text{c})$$

$$\sigma_{ij,i} = 0 \quad (2-23\text{d})$$

假设土颗粒不可压缩,土体变形为线弹性,基于广义胡克定律,有:

$$\sigma_{ij} = 2G\left(\varepsilon_{ij} + \frac{\mu}{1-2\mu}\varepsilon_v \delta_{ij}\right) \quad (2-24\text{a})$$

$$\varepsilon_{ij} = \frac{1}{E}\left[(1+\mu)\sigma_{ij} - \mu\sigma_{kk}\delta_{ij}\right] \quad (2-24\text{b})$$

几何方程为:

$$\varepsilon_{ij} = \frac{1}{2}(u_{i,j} + u_{j,i}) \quad (2-25)$$

将式(2-24)和式(2-25)代入式(2-23)中,可以得到:

$$\left.\begin{aligned}
\frac{\partial \sigma_z}{\partial z} &= -\frac{\partial \tau_{xz}}{\partial x} - \frac{\partial \tau_{yz}}{\partial y} \\
\frac{\partial \tau_{xz}}{\partial z} &= -\frac{E}{1-\mu^2}\frac{\partial^2 u_x}{\partial x^2} - \frac{E}{2(1-\mu)}\frac{\partial^2 u_y}{\partial x \partial y} - \frac{E}{2(1+\mu)}\frac{\partial^2 u_x}{\partial y^2} - \frac{\mu}{1-\mu}\frac{\partial \sigma_z}{\partial x} \\
\frac{\partial \tau_{yz}}{\partial z} &= -\frac{E}{1-\mu^2}\frac{\partial^2 u_y}{\partial y^2} - \frac{E}{2(1-\mu)}\frac{\partial^2 u_x}{\partial x \partial y} - \frac{E}{2(1+\mu)}\frac{\partial^2 u_y}{\partial x^2} - \frac{\mu}{1-\mu}\frac{\partial \sigma_z}{\partial y} \\
\frac{\partial u_x}{\partial z} &= \frac{2(1+\mu)}{E}\tau_{xz} - \frac{\partial u_z}{\partial x} \\
\frac{\partial u_y}{\partial z} &= \frac{2(1+\mu)}{E}\tau_{yz} - \frac{\partial u_z}{\partial y} \\
\frac{\partial u_z}{\partial z} &= \frac{(1+\mu)(1-2\mu)}{(1-\mu)E}\sigma_z - \frac{\mu}{1-\mu}\frac{\partial u_x}{\partial x} - \frac{\mu}{1-\mu}\frac{\partial u_y}{\partial y}
\end{aligned}\right\} \quad (2-26)$$

采用如下变换：

$$\chi_1 = \frac{\partial \tau_{xz}}{\partial x} + \frac{\partial \tau_{yz}}{\partial y}, \; \Gamma_1 = \frac{\partial u_x}{\partial x} + \frac{\partial u_y}{\partial y}, \; \chi_2 = \frac{\partial \tau_{xz}}{\partial y} - \frac{\partial \tau_{yz}}{\partial x}, \; \Gamma_2 = \frac{\partial u_x}{\partial y} - \frac{\partial u_y}{\partial x}$$

结合式(2-25)，有：

$$\left. \begin{aligned} \frac{\partial \chi_1}{\partial z} &= -\frac{E}{1-\mu^2} \nabla^2 \Gamma_1 - \frac{\mu}{1-\mu} \nabla^2 \sigma_z \\ \frac{\partial \sigma_z}{\partial z} &= -\chi_1 \\ \frac{\partial \Gamma_1}{\partial z} &= \frac{2(1+\mu)}{E} \chi_1 - \nabla^2 u_z \\ \frac{\partial u_z}{\partial z} &= \frac{(1+\mu)(1-2\mu)}{(1-\mu)E} \sigma_z - \frac{\mu}{1-\mu} \Gamma_1 \end{aligned} \right\} \quad (2-27\text{a})$$

$$\left. \begin{aligned} \frac{\partial \chi_2}{\partial z} &= -\frac{E}{2(1+\mu)} \nabla^2 \Gamma_2 \\ \frac{\partial \Gamma_2}{\partial z} &= \frac{2(1+\mu)}{E} \chi_2 \end{aligned} \right\} \quad (2-27\text{b})$$

双重 Fourier 变换与逆变换采用如下形式进行：

$$(\bar{\chi}_1, \bar{\Gamma}_1, \bar{\sigma}_z, \bar{u}_z, \bar{\chi}_2, \bar{\Gamma}_2) = \frac{1}{4\pi^2} \int_{-\infty}^{\infty} \int_{-\infty}^{\infty} (\chi_1, \Gamma_1, \sigma_z, u_z, \chi_2, \Gamma_2) e^{i(f_x x + f_y y)} \mathrm{d}x \mathrm{d}y$$

(2-28a)

$$(\chi_1, \Gamma_1, \sigma_z, u_z, \chi_2, \Gamma_2) = \int_{-\infty}^{\infty} \int_{-\infty}^{\infty} (\bar{\chi}_1, \bar{\Gamma}_1, \bar{\sigma}_z, \bar{u}_z, \bar{\chi}_2, \bar{\Gamma}_2) e^{-i(f_x x + f_y y)} \mathrm{d}f_x \mathrm{d}f_x$$

(2-28b)

对式(2-27)进行 Fourier 变换，并用矩阵形式表示，有：

$$\frac{\mathrm{d}}{\mathrm{d}z} \begin{bmatrix} \Gamma_1 \\ u_z \\ \chi_1 \\ \sigma_z \end{bmatrix} = \begin{bmatrix} 0 & f^2 & \dfrac{2(1+\mu)}{E} & 0 \\ -\dfrac{\mu}{1-\mu} & 0 & 0 & \dfrac{(1+\mu)(1-2\mu)}{(1-\mu)E} \\ \dfrac{E}{1-\mu^2} f^2 & 0 & 0 & \dfrac{\mu}{1-\mu} f^2 \\ 0 & 0 & -1 & 0 \end{bmatrix} \begin{bmatrix} \Gamma_1 \\ u_z \\ \chi_1 \\ \sigma_z \end{bmatrix} \quad (2-29\text{a})$$

$$\frac{\mathrm{d}}{\mathrm{d}z}\begin{bmatrix}\Gamma_2\\\chi_2\end{bmatrix}=\begin{bmatrix}0 & \dfrac{2(1+\mu)}{E}\\\dfrac{E}{2(1+\mu)}f^2 & \end{bmatrix}\begin{bmatrix}\Gamma_2\\\chi_2\end{bmatrix} \qquad (2-29\mathrm{b})$$

式(2-29)可以简化表示为：

$$\frac{\mathrm{d}\bar{U}_{\mathrm{I1}}}{\mathrm{d}z}=A_{\mathrm{I1}}\bar{U}_{\mathrm{I1}} \qquad (2-30\mathrm{a})$$

$$\frac{\mathrm{d}\bar{U}_{\mathrm{I2}}}{\mathrm{d}z}=A_{\mathrm{I2}}\bar{U}_{\mathrm{I2}} \qquad (2-30\mathrm{b})$$

其中：$\bar{U}_{\mathrm{I1}}=[\bar{\Gamma}_1\ \ \bar{u}_z\ \ \bar{\chi}_1\ \ \bar{\sigma}_z]^{\mathrm{T}}$，$\bar{U}_{\mathrm{I2}}=[\bar{\Gamma}_2\ \ \bar{\chi}_2]^{\mathrm{T}}$

$$A_{\mathrm{I1}}=\begin{bmatrix}0 & f^2 & \dfrac{2(1+\mu)}{E} & 0\\-\dfrac{\mu}{1-\mu} & 0 & 0 & \dfrac{(1+\mu)(1-2\mu)}{(1-\mu)E}\\\dfrac{E}{1-\mu^2}f^2 & 0 & 0 & \dfrac{1}{1-\mu^2}f^2\\0 & 0 & -1 & 0\end{bmatrix}\begin{bmatrix}\Gamma_1\\u_z\\\chi_1\\\sigma_z\end{bmatrix},$$

$$A_{\mathrm{I2}}=\begin{bmatrix}0 & \dfrac{2(1+\mu)}{E}\\\dfrac{E}{2(1+\mu)}f^2 & \end{bmatrix}$$

基于常微分方程理论，式(2-30)的解为：

$$\bar{U}_{\mathrm{I1}}(f,z)=e^{A_{\mathrm{I1}}z}\bar{U}_{\mathrm{I1}}(f,0)=Q(f,z)\bar{U}_{\mathrm{I1}}(f,0) \qquad (2-31\mathrm{a})$$

$$\bar{U}_{\mathrm{I2}}(f,z)=e^{A_{\mathrm{I2}}z}\bar{U}_{\mathrm{I2}}(f,0)=M(f,z)\bar{U}_{\mathrm{I2}}(f,0) \qquad (2-31\mathrm{b})$$

依据 Cayley-Hamilton 定理，可以求得矩阵 Q 和 M。

式(2-30)的矩阵形式为：

$$\begin{bmatrix}\bar{\Gamma}_1(f,z)\\\bar{u}_z(f,z)\\\bar{\chi}_1(f,z)\\\bar{\sigma}_z(f,z)\end{bmatrix}=\begin{bmatrix}Q_{11} & Q_{12} & Q_{13} & Q_{14}\\Q_{21} & Q_{22} & Q_{23} & Q_{24}\\Q_{31} & Q_{32} & Q_{33} & Q_{34}\\Q_{41} & Q_{42} & Q_{43} & Q_{44}\end{bmatrix}\begin{bmatrix}\bar{\Gamma}_1(f,0)\\\bar{u}_z(f,0)\\\bar{\chi}_1(f,0)\\\bar{\sigma}_z(f,0)\end{bmatrix} \qquad (2-32\mathrm{a})$$

$$\begin{bmatrix}\bar{\Gamma}_2(f,z)\\\bar{\chi}_2(f,z)\end{bmatrix}=\begin{bmatrix}s_{11} & s_{12}\\s_{21} & s_{22}\end{bmatrix}\begin{bmatrix}\bar{\Gamma}_2(f,0)\\\bar{\chi}_2(f,0)\end{bmatrix} \qquad (2-32\mathrm{b})$$

将式(2-32)进行变换,可以得到与有限元类似的刚度矩阵:

$$\begin{bmatrix} -\bar{\chi}_1(f,0) \\ -\bar{\sigma}_z(f,0) \\ \bar{\chi}_1(f,z) \\ \bar{\sigma}_z(f,z) \end{bmatrix} = \begin{bmatrix} K_1 & K_2 \\ K_3 & K_4 \end{bmatrix} \begin{bmatrix} \bar{\Gamma}_1(f,0) \\ \bar{u}_z(f,0) \\ \bar{\Gamma}_1(f,z) \\ \bar{u}_z(f,z) \end{bmatrix} \qquad (2-33a)$$

$$\begin{bmatrix} -\bar{\chi}_2(f,0) \\ \bar{\chi}_2(f,z) \end{bmatrix} = \begin{bmatrix} \dfrac{s_{11}}{s_{12}} & -\dfrac{1}{s_{12}} \\ s_{21} - \dfrac{s_{22}s_{11}}{s_{12}} & \dfrac{s_{22}}{s_{12}} \end{bmatrix} \begin{bmatrix} \bar{\Gamma}_2(f,0) \\ \bar{\Gamma}_2(f,z) \end{bmatrix} \qquad (2-33b)$$

式中: $K_1 = \begin{bmatrix} Q_{13} & Q_{14} \\ Q_{23} & Q_{24} \end{bmatrix}^{-1} \begin{bmatrix} Q_{11} & Q_{12} \\ Q_{21} & Q_{22} \end{bmatrix}$; $K_2 = -\begin{bmatrix} Q_{13} & Q_{14} \\ Q_{23} & Q_{24} \end{bmatrix}^{-1}$; $K_3 = \begin{bmatrix} Q_{31} & Q_{32} \\ Q_{41} & Q_{42} \end{bmatrix} - \begin{bmatrix} Q_{33} & Q_{34} \\ Q_{43} & Q_{44} \end{bmatrix} \begin{bmatrix} Q_{13} & Q_{14} \\ Q_{23} & Q_{24} \end{bmatrix}^{-1} \begin{bmatrix} Q_{11} & Q_{12} \\ Q_{21} & Q_{22} \end{bmatrix}$; $K_4 = \begin{bmatrix} Q_{33} & Q_{34} \\ Q_{43} & Q_{44} \end{bmatrix} \begin{bmatrix} Q_{13} & Q_{14} \\ Q_{23} & Q_{24} \end{bmatrix}^{-1}$。

对于多层弹性空间问题(图 2-8),基于式(2-33),任意一层(第 j 层)的应力位移的关系可以表示为:

$$\begin{bmatrix} -\bar{\chi}_1(f,h_{j-1}) \\ -\bar{\sigma}_z(f,h_{j-1}) \\ \bar{\chi}_1(f,h_j) \\ \bar{\sigma}_z(f,h_j) \end{bmatrix} = \boldsymbol{K}^j \begin{bmatrix} \bar{\Gamma}_1(f,h_{j-1}) \\ \bar{u}_z(f,h_{j-1}) \\ \bar{\Gamma}_1(f,h_j) \\ \bar{u}_z(f,h_j) \end{bmatrix} \qquad (2-34)$$

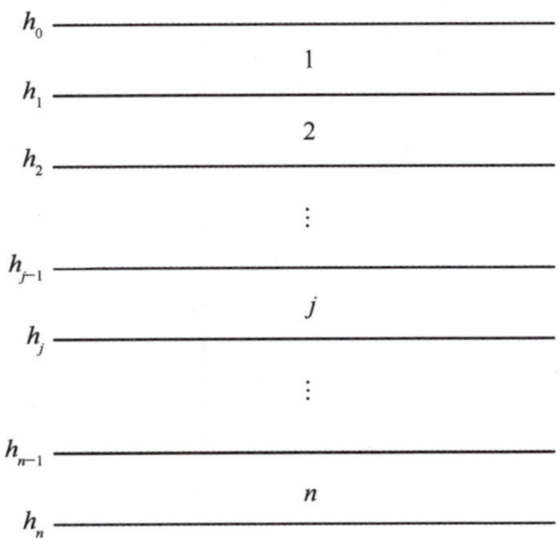

图 2-8 多层弹性空间问题

对于多层弹性空间问题,底层为弹性半无限空间时,在弹性半空间无限体内,当 $z \to \infty$ 时,所有位移和应力分量都趋于零。$\boldsymbol{Q}$ 中每个元素中均含有 e^{-kz} 和 e^{2kz} 项,这与半空间无限体的边界条件不符合,因此去掉元素中的 e^{2kz} 项,并令 $z=0$,可以求得半无限空间体顶部的应力位移关系为:

$$\begin{bmatrix} -\bar{\chi}_1(f,h_{n-1}) \\ -\bar{\sigma}_z(f,h_{n-1}) \end{bmatrix} = \boldsymbol{K}^n \begin{bmatrix} \bar{\Gamma}_1(f,h_{n-1}) \\ \bar{u}_z(f,h_{n-1}) \end{bmatrix} \qquad (2-35)$$

结合式(2-34)和式(2-35),就可以得到分层土体的应力位移关系:

$$\begin{bmatrix} -\bar{\chi}_1(f,0) \\ -\bar{\sigma}_z(f,0) \\ 0 \\ \cdot \\ \cdot \\ \cdot \\ 0 \\ 0 \end{bmatrix} = \begin{bmatrix} \boxed{K^1} & & & & \\ & \boxed{K^2} & & & \\ & & \cdot & & \\ & & & \boxed{K^j} & & \\ & & & & \cdot & \\ & & & & & \boxed{K^{n-1}} & \\ & & & & & & \boxed{K^n} \end{bmatrix} \begin{bmatrix} \bar{\Gamma}_1(f,0) \\ \bar{u}_z(f,0) \\ \cdot \\ \bar{\Gamma}_1(f,h_{j-1}) \\ \bar{u}_z(f,h_{j-1}) \\ \cdot \\ \bar{\Gamma}_1(f,h_{n-1}) \\ \bar{u}_z(f,h_{n-1}) \end{bmatrix} \quad (2-36)$$

对式(2-36)采用双重 Fourier 逆变换,就可以得到地表堆载作用下土层内部各个分量在真实空间域上的解,详细推导过程可以参见艾智勇等[22]的研究成果。

基于式(2-28),采用双重 Fourier 逆变换和高斯积分法,可以得到分层地基中地表堆载引起的附加应力,通过与经典的 Boussinesq 解进行对比,来验证分层地基应力计算模型以及数值变换的正确性。假设地表作用 100 kN 的荷载,荷载作用范围为 4×10 m,地基土为弹性半空间无限体,弹性模量为 10 MPa,泊松比为 0.33。分别采用 Boussinesq 解和本书解(其中土体分层数取为二层和四层)计算 10 m 处的附加应力,计算结果如图 2-9 所示,对比结果表明,本书计算结果与 Boussinesq 解一致,从而验证了本书分层土体附加应力计算模型的可靠性。

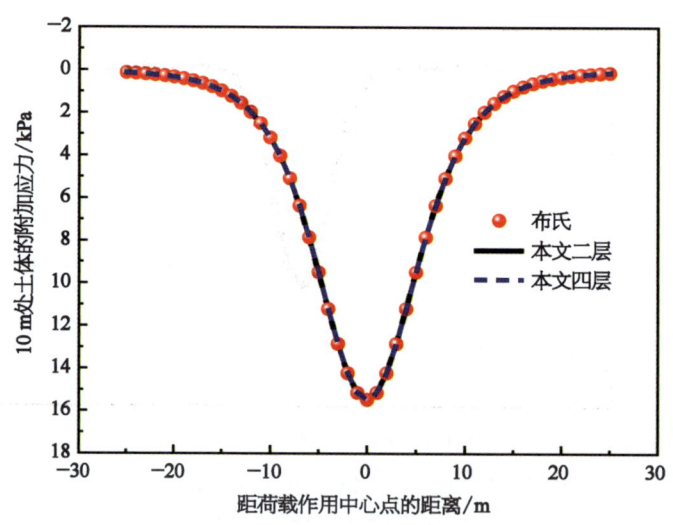

图 2-9 附加应力计算结果对比

2.2.5 模型正确性验证

上海地区某河道深度为 3 m,沿隧道轴线宽度为 24 m,下卧运营地铁轴线埋深为

8.1 m,隧道结构外径为 ϕ6.2 m,内径为 ϕ5.5 m,管片采用 C50 的混凝土浇筑而成,混凝土弹性模量为 34.5 GPa,隧道的等效抗弯刚度为 7.8×10^7 kN·m²,等效抗剪刚度为 2.4×10^6 kN,土体弹性模量取为 15 MPa,泊松比为 0.3。为方便邻近某高架桥的施工,将河道作为其存料场,如图 2-10 所示。现场监测数据表明,河道回填后会引起下卧隧道出现显著的不均匀沉降,并且隧道内部出现漏水现象[3]。

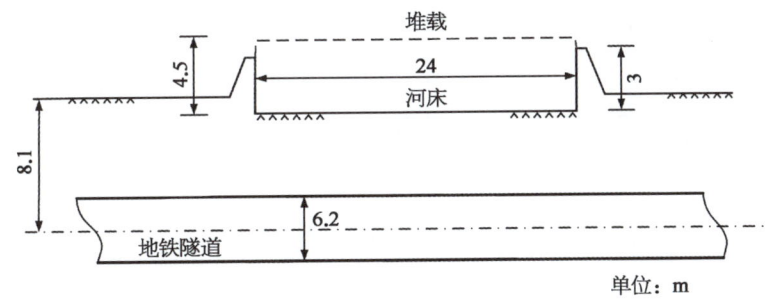

图 2-10 河道回填对隧道的影响

采用 Boussinesq 理论求解河道回填后引起隧道轴线处的附加应力场,而后采用本书 Timoshenko 梁+Pasternak 地基模型计算堆载引起的隧道不均匀沉降,计算结果如图 2-11 所示。对比图 2-11 中理论值和现场实测数据可以知道,理论值和实测值比较一致,且整体趋势吻合。因此,验证了本书计算模型的正确性和有效性。

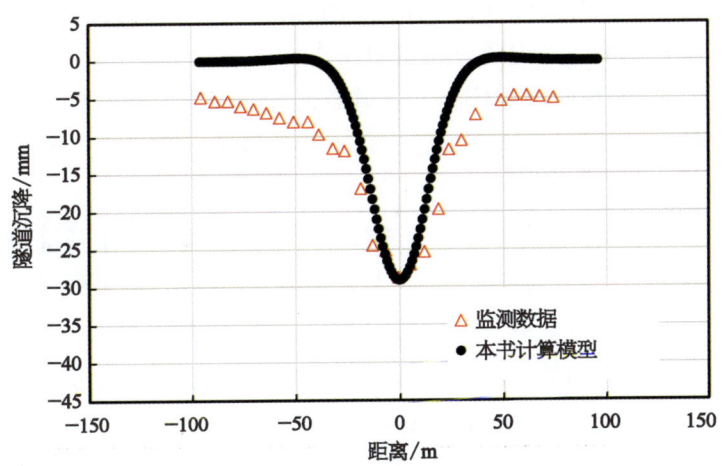

图 2-11 计算结果与现场实测数据对比

2.3 参数分析

利用 2.2 节提出的隧道纵向变形计算模型进行参数分析,具体分析隧道埋深、堆载大小、堆载偏心距、隧道剪切刚度、土体性质等因素对下卧运营隧道的纵向变形影响。隧道取为上海地区典型盾构隧道，隧道参数见表 2-1。采用 2.2.2 节的计算方法，可以得到隧道的等效抗弯刚度为 7.8×10^7 kN·m^2，等效抗剪刚度为 2.4×10^6 kN。

表 2-1 隧道参数

参数	D_t/mm	D_i/mm	t/mm	l_s/mm	E_c/MPa	D_b/mm	l_b/mm	E_b/MPa	n_b
隧道	6 200	5 500	350	1.2	3.45×10^4	30	400	2.06×10^5	17

注：D_t 和 D_i 分别为隧道的外径和内径；t 为隧道管片的厚度；l_s 管片的环宽；E_c 和 E_b 分别为管片和螺栓的弹性模量；D_b 和 l_b 分别为螺栓的直径和长度。

2.3.1 隧道埋深

上海地区地铁盾构隧道大多敷设不深，以中埋居多。取隧道轴线埋深 10 m、15 m、20 m、25 m，研究不同埋深下地面加载对隧道纵向变形的影响，土体弹性模量取为 15 MPa，堆载大小为 80 kPa（对应于高度为 4 m 左右的堆土），加载范围为 20 m×40 m（沿隧道轴线方向×垂直于隧道轴线方向）。

图 2-12 为地面加载作用下地铁隧道在不同隧道埋深下的变形和内力响应。从图 2-12(a)中可以看出，距堆载中心 40 m 附近，隧道沉降几乎为零，因此隧道沉降槽宽度约为 80 m，是荷载作用宽度（沿隧道轴线方向）的 4 倍，也就是说，一旦地面出现加载，需要加强对应沉降盆宽度范围内隧道的监测工作。从图 2-12(b)中可以看出，随着隧道埋深从 25 m 减至 10 m，地面加载作用下隧道最大沉降值从 8 mm 增大至 21 mm，沉降最大值增幅约为 2 倍。也就是说，地面加载作用下浅埋隧道的变形响应十分明显，需要引起相关人员的重视。

图 2-12(c)(d)为地面加载作用下隧道管片的弯矩和管片环张开量的响应，由于管片环张开量是采用式(2-13)计算得到，因此弯矩和张开量沿隧道轴线的分布形式完全一致。正弯矩最大值出现在荷载中心对应的管片截面处，负弯矩最大值出现在距荷载中心 1.25 倍荷载宽度的管片截面处。图 2-12(e)(f)为地面加载作用下隧道管片的剪力和错台量的响应，由于管片错台量是采用式(2-16)计算得到，因此剪力和错台量沿隧道轴线的分布形式完全一致。地面加载作用下，管片剪力最大值出现在荷载边缘对应的管片截面处，由此导致管片的最大错台量也出现在这个截面。

隧道管片环在弯矩和剪切荷载作用下，会产生一定大小的张开量和错台量。当管片接头量张开量大于 6 mm 或者是错台量大于 10 mm 后，隧道环缝的密封垫将面临失效，隧道会面临漏水、漏泥以及管片损坏等威胁。因此，当地铁隧道上方出现加载时，需要加强这些截面的检测和监测工作，防止隧道结构受损，影响隧道的正常运营。

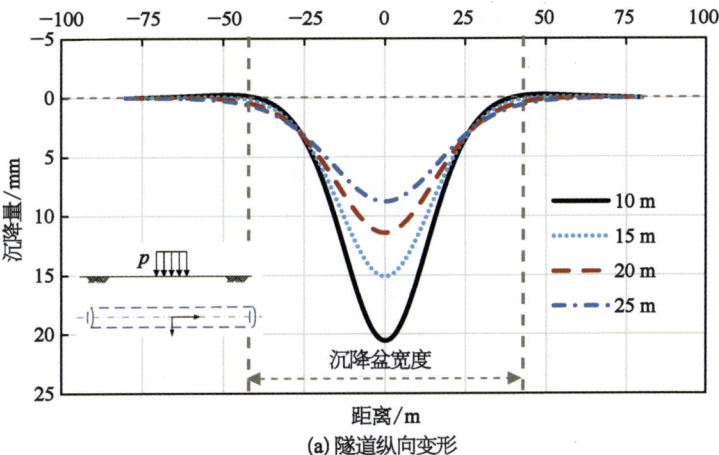
(a) 隧道纵向变形

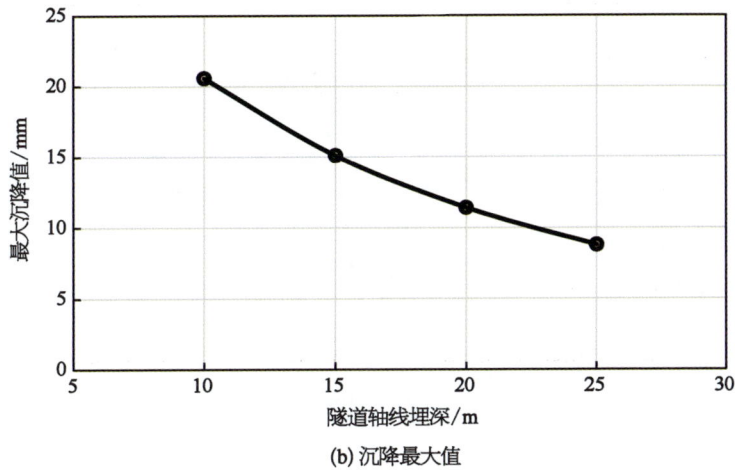
(b) 沉降最大值

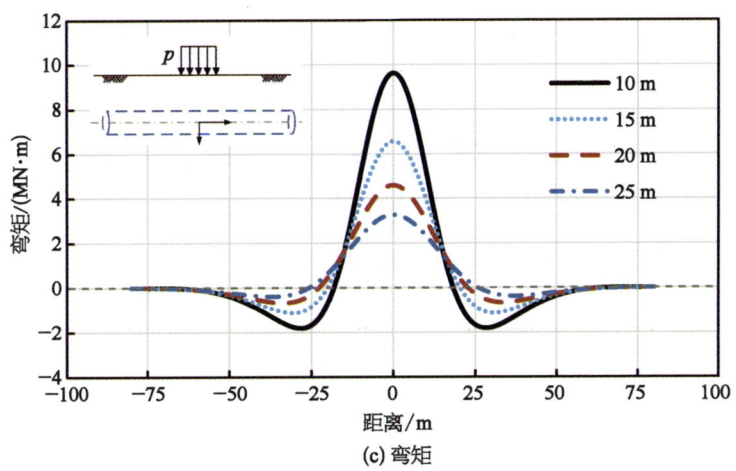
(c) 弯矩

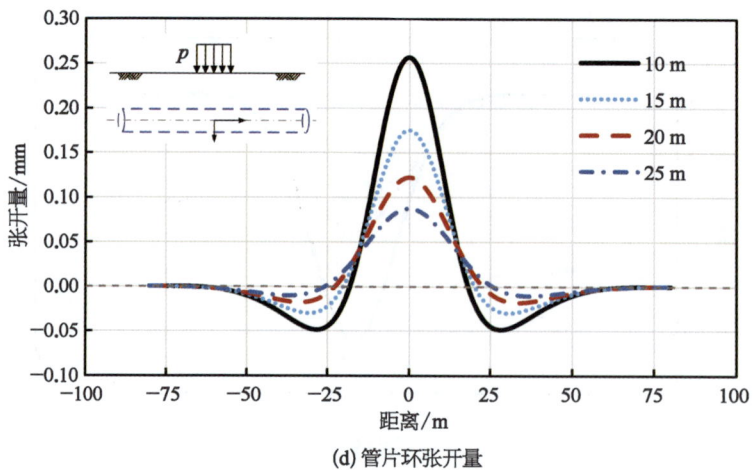

(d) 管片环张开量

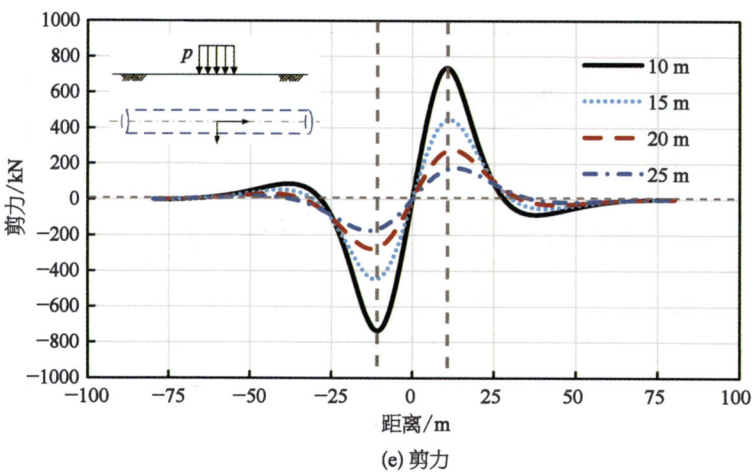

(e) 剪力

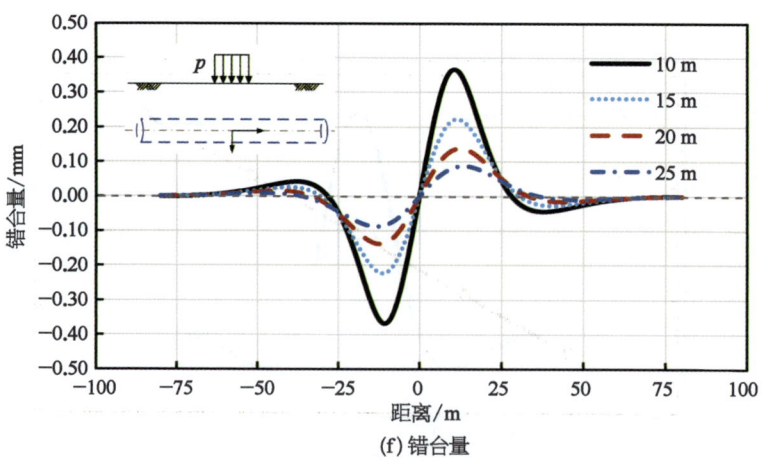

(f) 错台量

图 2-12 不同埋深下隧道变形和内力响应

综上,在堆载中心处和边缘处,隧道会因承受较大的弯矩和剪力而出现较大的张开量和错台量,情况严重时甚至导致隧道出现道床脱开、管片混凝土挤碎、螺栓剪断、渗漏水以及纵缝张开等病害,影响隧道的安全运营。所以,一旦隧道正上方出现堆载,需要立即组织卸载并加强这些隧道截面的监测工作,以防更严重的病害发生。

2.3.2 加载大小

取地面加载大小为 20 kPa、40 kPa、60 kPa、80 kPa、100 kPa,研究不同地面加载大小对隧道纵向变形的影响,隧道轴线埋深取为 10 m,其他参数与 2.3.1 节所述相同。

不同地面加载大小下隧道纵向变形如图 2-13(a)(b)所示,当加载大小从 20 kPa 增加至 100 kPa 时,隧道最大沉降量从 5 mm 增大至 26 mm,也就是说 4 倍的加载量增幅会导致 4 倍的隧道沉降量增幅。由于土体采用的是弹性本构,隧道最大沉降量随隧道加载大小呈线性增大,一旦地面加载量大于 80 kPa 后,隧道最大沉降量将会超过规范给定的限值(20 mm)。如果考虑隧道环缝接头和土体刚度的非线性特性,隧道沉降值势必大于图中给出的计算值。

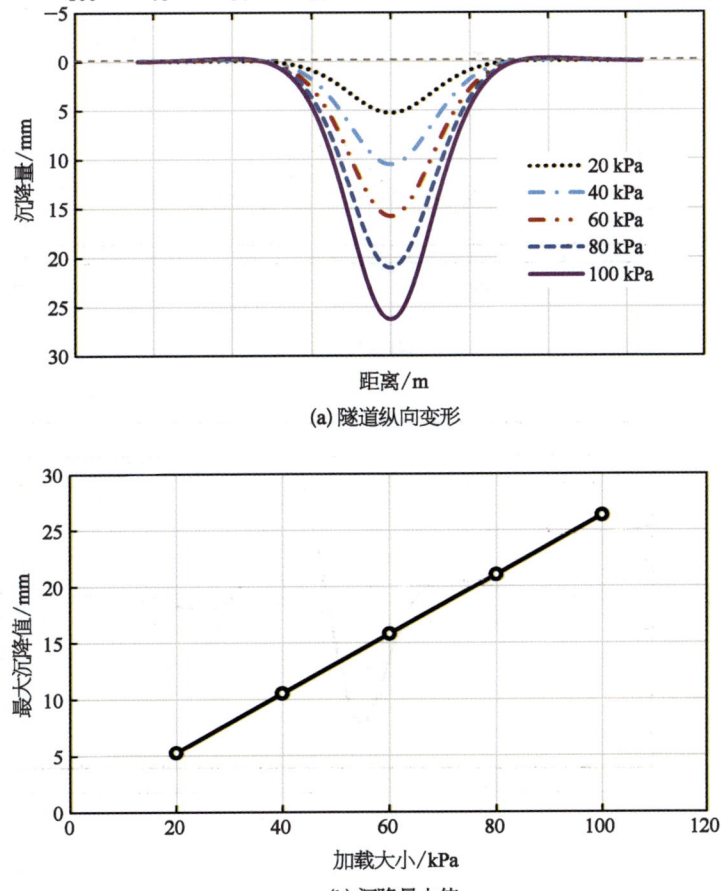

(a) 隧道纵向变形

(b) 沉降最大值

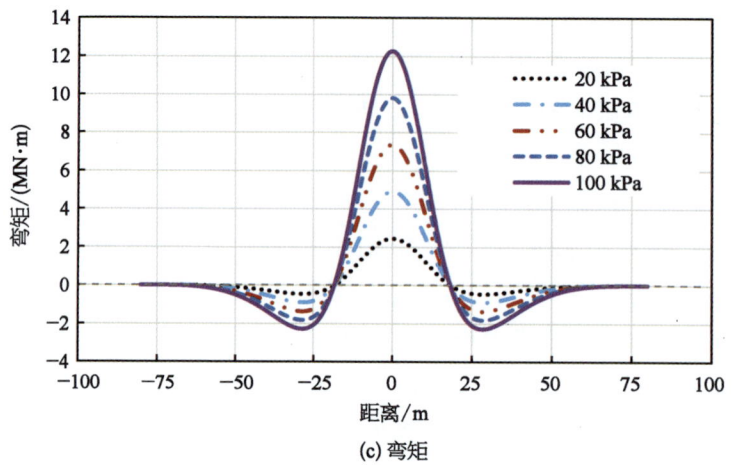

(c) 弯矩

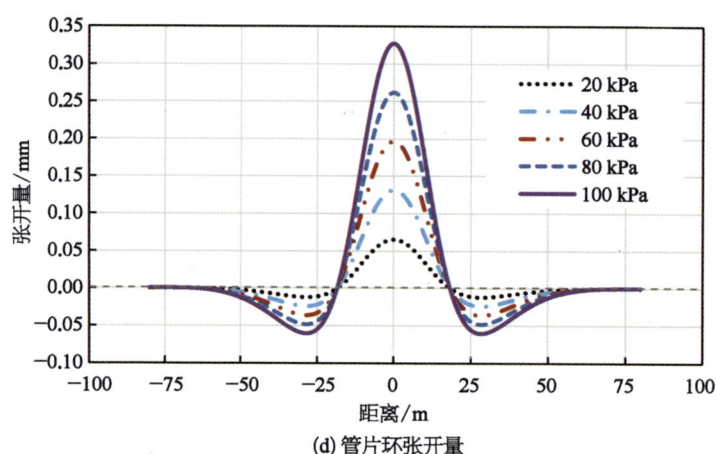

(d) 管片环张开量

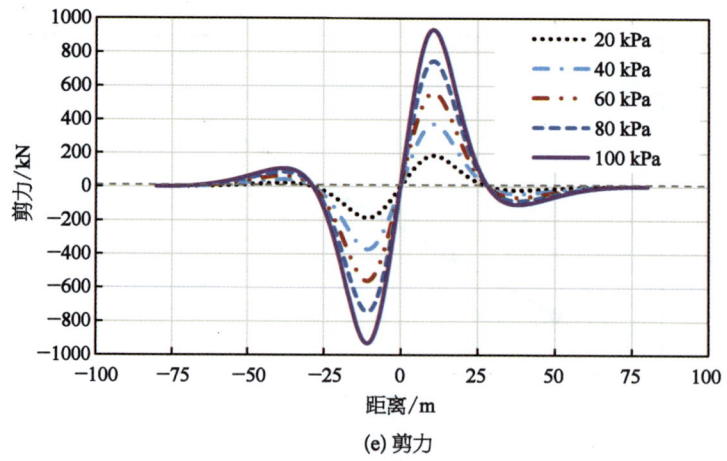

(e) 剪力

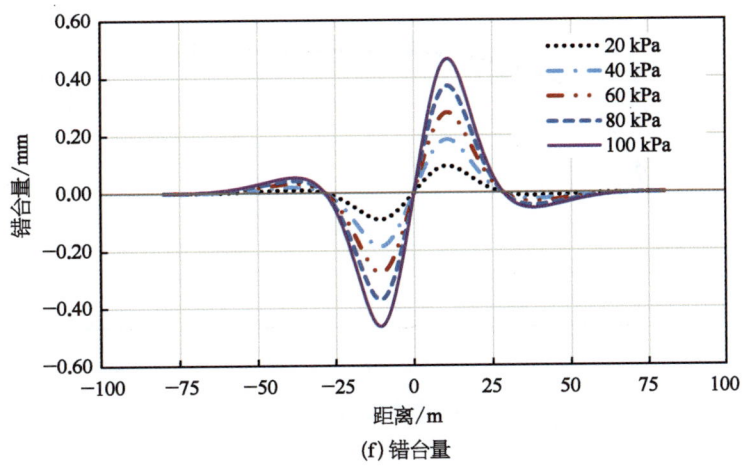

(f) 错台量

图 2-13 不同加载大小下隧道变形和内力响应

不同加载大小下,隧道内力响应如图 2-13(c)~(f)所示。随着加载量的增加,管片内力也随之增加,其变化趋势与 2.3.1 节所述类似,此处不再赘述。

2.3.3 加载范围

假定地面加载沿隧道轴线方向的长度(L_2)为 20 m 保持不变,取垂直于隧道轴线方向的长度(L_1)分别为 5 m、10 m、20 m、40 m 和 80 m(即 L_1/L_2 分别为 0.25、0.5、1、2、4),研究加载范围对隧道纵向变形的影响。其他参数的取值与 2.3.1 节所述一致。

不同加载范围下,隧道纵向变形的响应如图 2-14(a)(b)所示。随着加载范围的增加,隧道纵向沉降也随之增加,与 2.3.2 节和 2.3.3 节不同的是,当堆载范围 L_1/L_2 大于 2 后,继续增加加载垂直于隧道轴线的长度(L_1)对隧道纵向不均匀沉降影响趋小。加载作用下管片受到的最大弯矩、最大剪力以及最大张开量和错台量随加载范围的变化关系与最大沉降量类似。

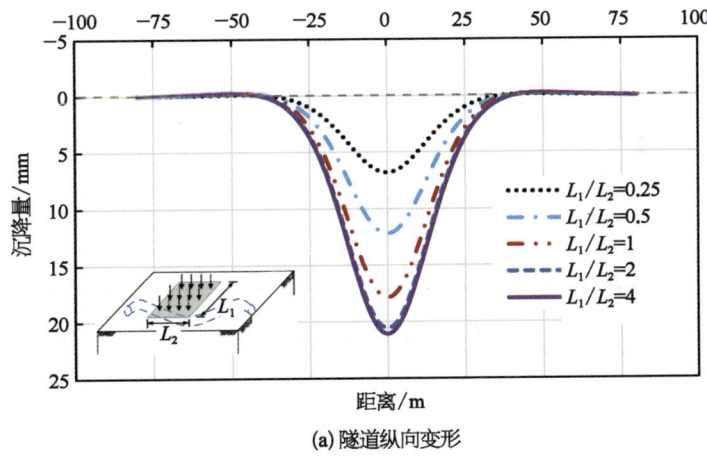

(a) 隧道纵向变形

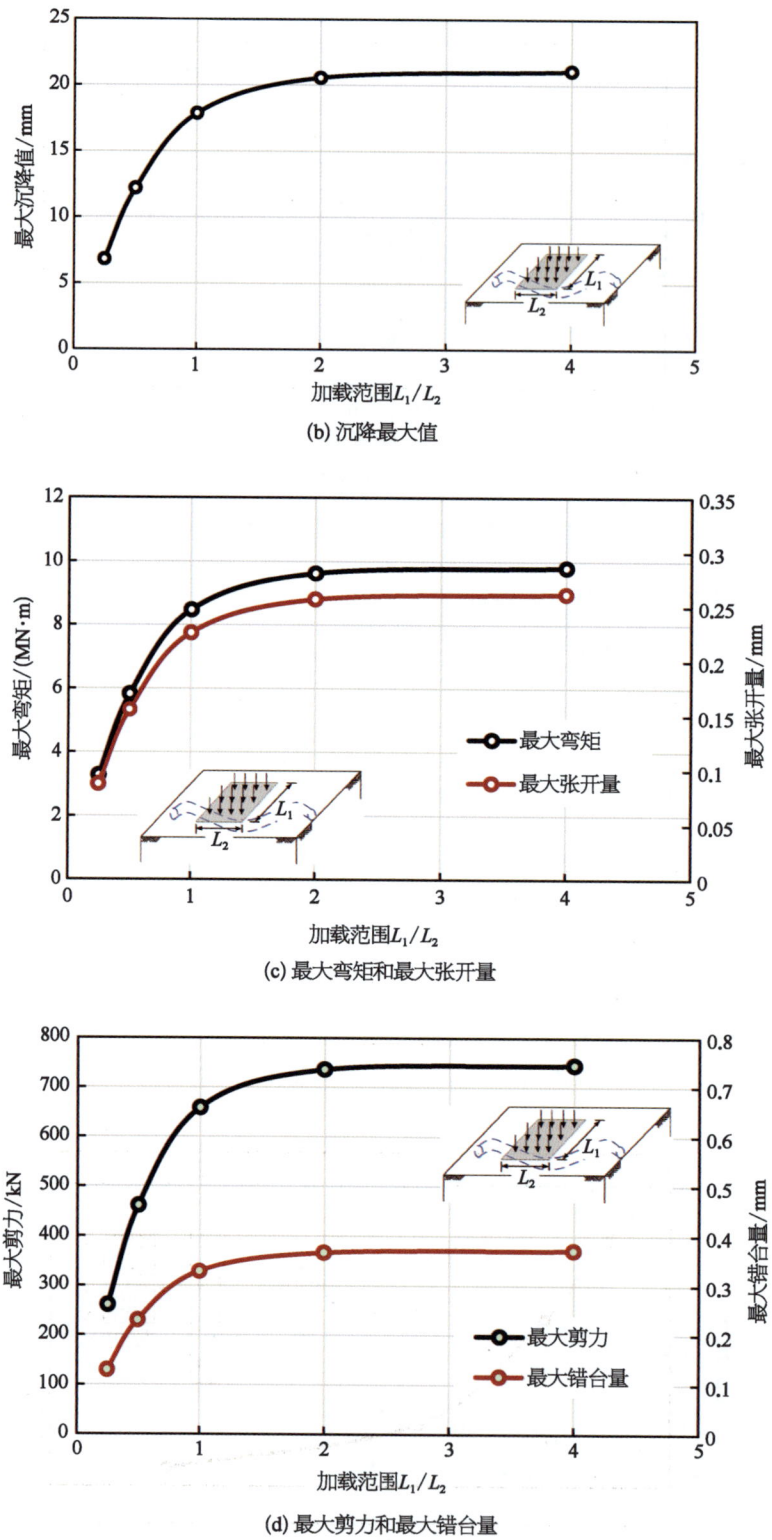

图 2-14 不同加载范围下隧道变形和内力响应

2.3.4 加载偏心距

本章中地面荷载偏心距指的是荷载边缘到隧道轴线的距离,即加载与隧道的相对空间位置关系。取地面荷载偏心距为$-3.2D_t$、$-1.2D_t$、$-0.2D_t$、$0.7D_t$、$1.8D_t$,研究不同偏心距下地面加载对隧道纵向变形的影响,隧道轴线埋深取为 10 m,其他参数与 2.3.1 节所述相同。

从图 2-15 中可以看出,随着偏心距的增加,无论是隧道的变形还是管片的内力,均会呈现明显减小的趋势,具体表现为:

① 当偏心距小于 2 倍的隧道外径时,地面加载对隧道纵向沉降的影响比较明显。

② 当偏心距大于 2 倍且小于 4 倍的隧道外径时,地面加载对隧道纵向沉降的影响比较有限。

③ 当偏心距大于 4 倍的隧道外径后,地面加载对隧道纵向沉降的影响较小。

对应实际隧道埋深情况,2 倍隧道外径的偏心距也表明堆载处于主破坏面以外。因此,为避免地面加载对隧道的影响,尽可能控制加载偏心距位于主破坏面以外的区域。

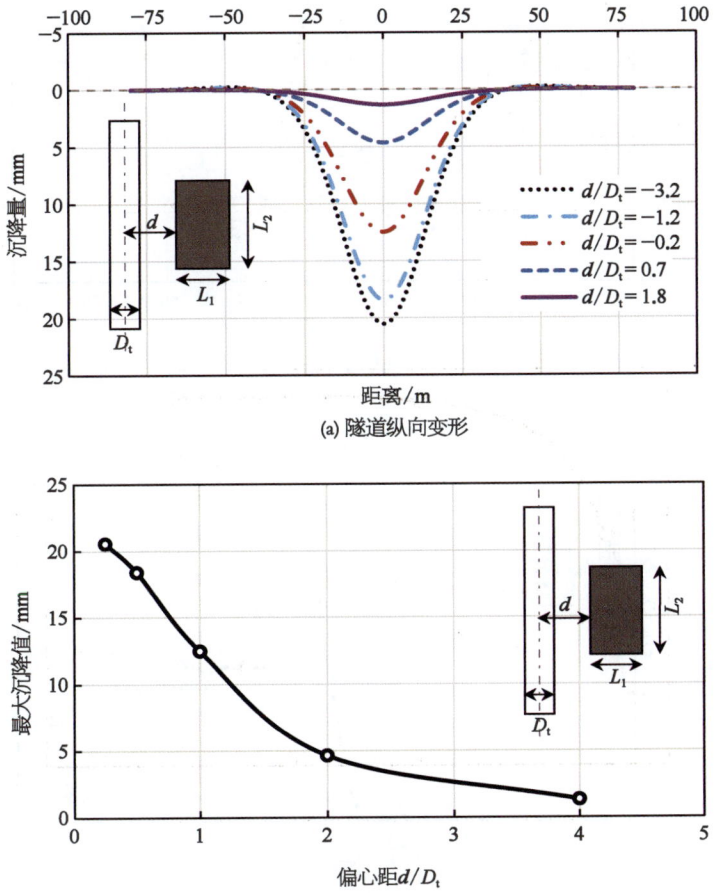

(a) 隧道纵向变形

(b) 沉降最大值

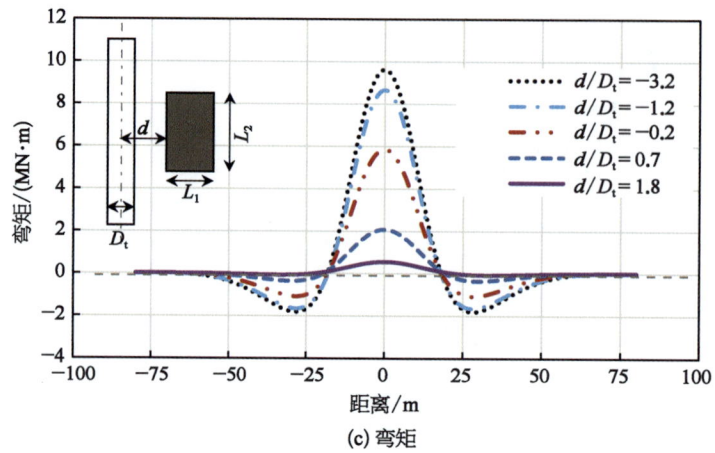

(c) 弯矩

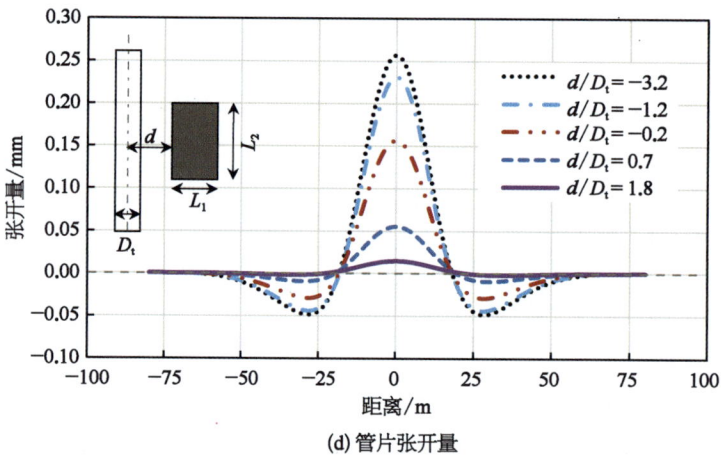

(d) 管片张开量

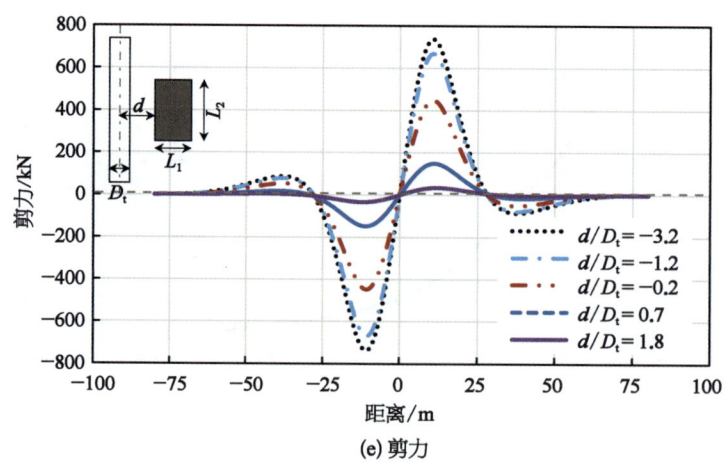

(e) 剪力

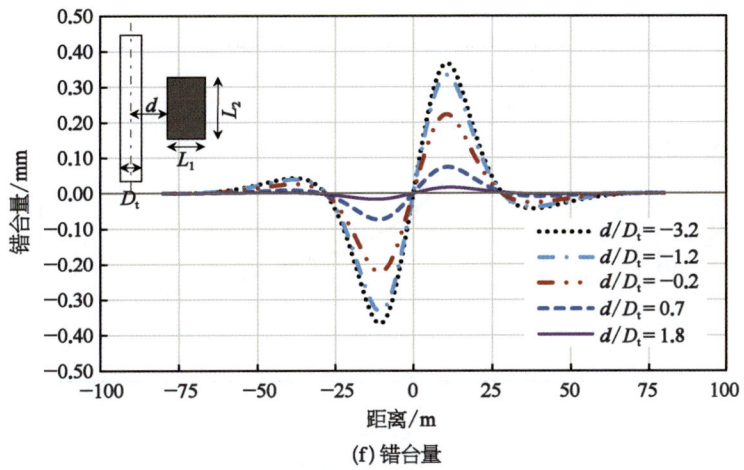

(f) 错合量

图 2‑15　不同加载偏心距下隧道变形和内力响应

2.3.5　土体模量

取土体弹性模量为 5 MPa、10 MPa、15 MPa、20 MPa,研究不同土体弹性模量下地面加载大小对隧道纵向变形的影响,隧道轴线埋深取为 10 m,其他参数与 2.3.1 节所述相同。

不同土体弹性模量下,隧道纵向变形和管片内力响应如图 2‑16 所示。随着土体弹性模量的增加,隧道纵向变形逐渐减小,当土体弹性模量从 5 MPa 增至 20 MPa 时,隧道沉降最大值从 56 mm 减小至 15 mm,最大沉降幅度减小了 70%,但沉降值减小的趋势在减小。因此,地面加载作用下,需要对隧道埋深范围内的土体性质勘察清楚,一旦土体弹性模量小于 15 MPa 时,加载作用下隧道纵向变形可能超过规范规定的限值。此外,随着土体弹性模量的减小,隧道沉降盆的范围会出现一定程度的增加,这一点与其他几个参数得到的计算结果明显不同。

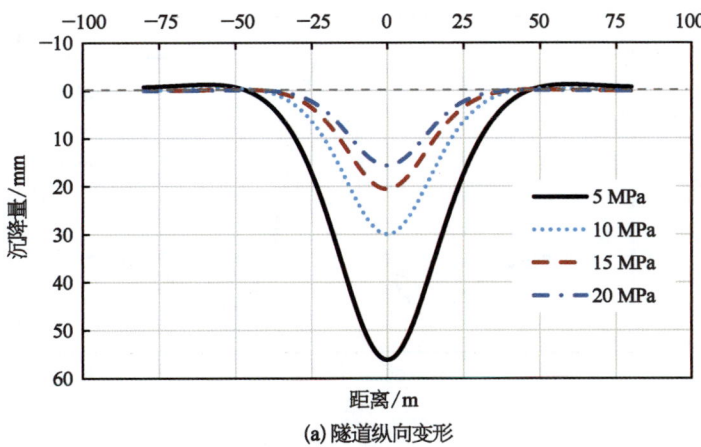

(a) 隧道纵向变形

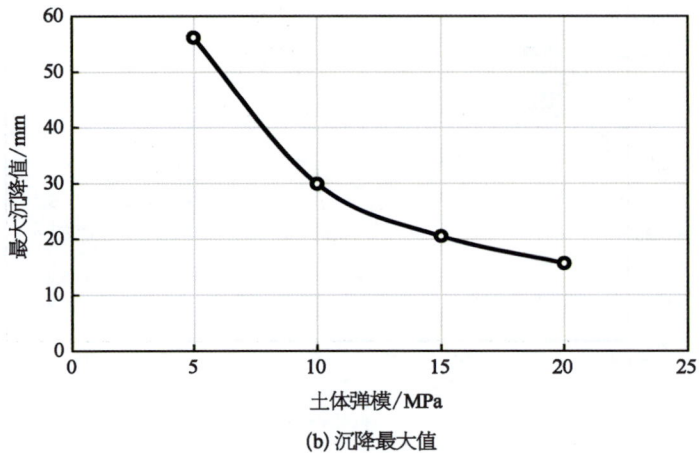

(b) 沉降最大值

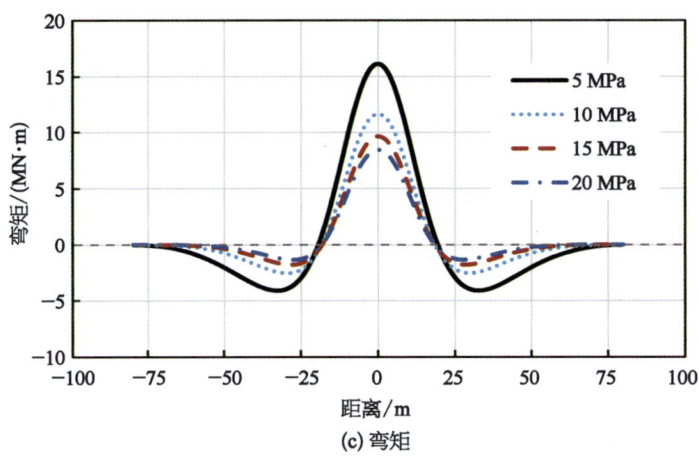

(c) 弯矩

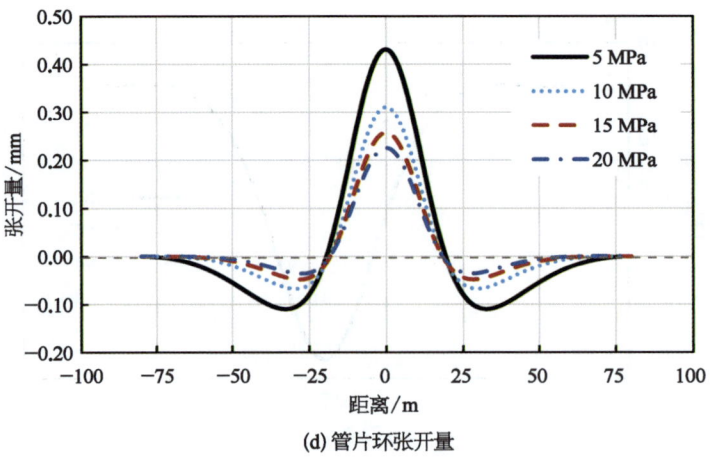

(d) 管片环张开量

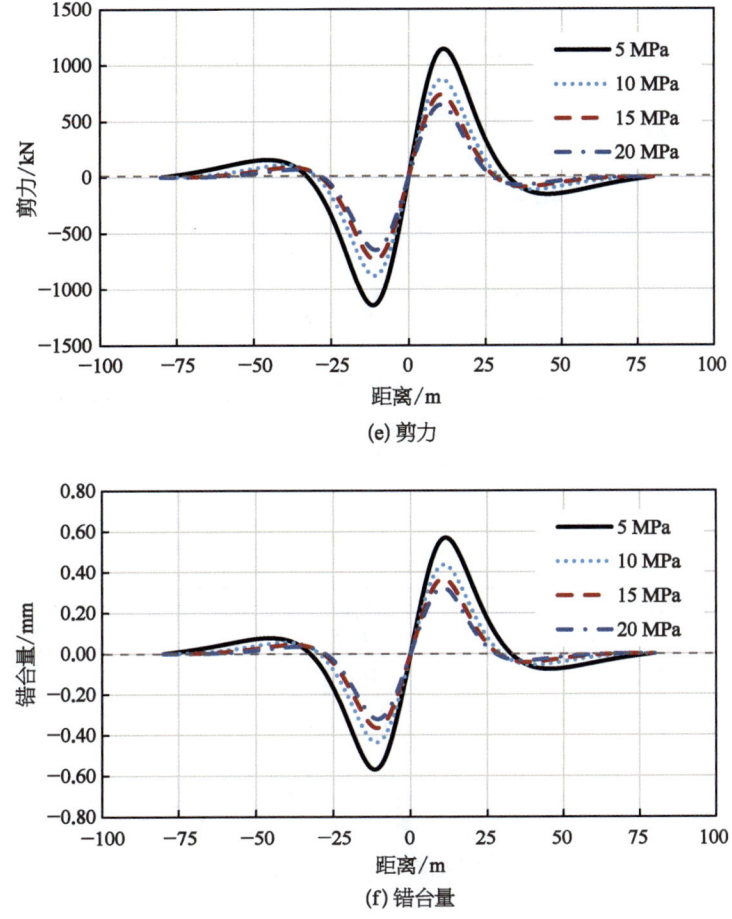

图 2-16 不同土体模量下隧道变形和内力响应

2.3.6 土体性质对隧道纵向变形的影响

（1）上覆土层。

假设隧道轴线埋深 $z_0=15$ m，地面加载量 $p=72$ kPa，加载范围为 20 m×40 m。为了便于分析，假设第一层层厚 10 m，弹性模量变化范围为 5～40 MPa，泊松比为 0.35，第二层为半无限空间体，弹性模量为 10 MPa，泊松比为 0.35。

隧道正上方堆载情况下，上覆土体模量对隧道纵向变形影响如图 2-17(a)所示。隧道竖向沉降最大值出现在荷载作用中心处，随着上覆土体模量越大隧道纵向变形越小；当上覆土体模量从 5 MPa 增大到 40 MPa 时，隧道最大沉降从 16 mm 减小为 12 mm，最大沉降幅度减小了 25%。这主要是因为上覆土体模量越大，土体强度越高，应力扩散效应越明显，作用在隧道上的附加应力也就越小，从而引起隧道的沉降量也就越小。距堆载中心 40 m 附近，隧道沉降几乎为零，因此隧道沉降槽宽度约为 80 m，是荷载作用宽度（沿隧道轴线方向）的 4 倍，且沉降槽宽度几乎不受上覆土体模量的影响。

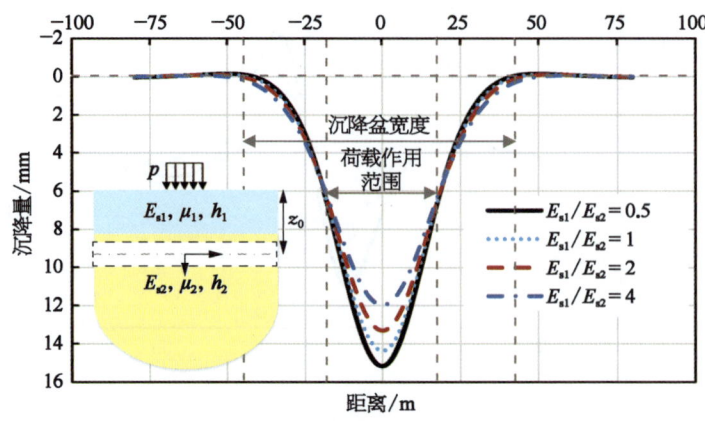

(a) 上覆土体模量对隧道沉降的影响

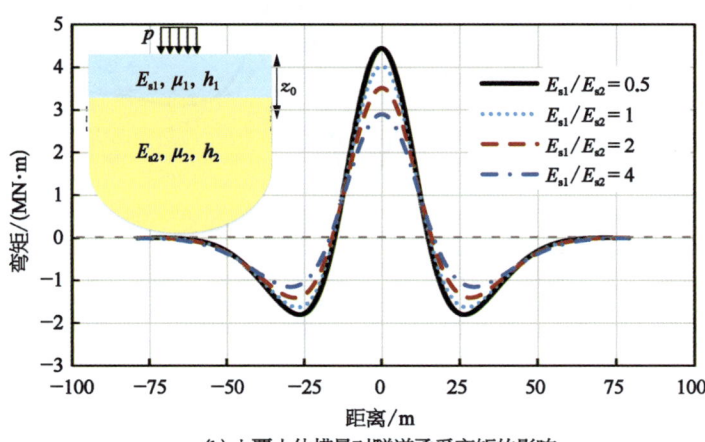

(b) 上覆土体模量对隧道承受弯矩的影响

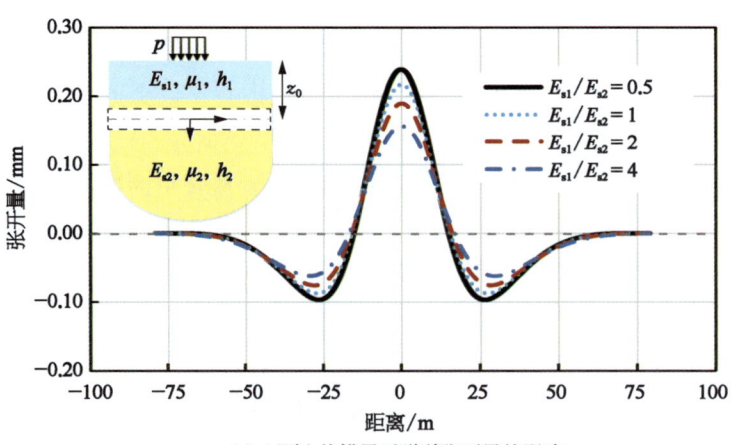

(c) 上覆土体模量对隧道张开量的影响

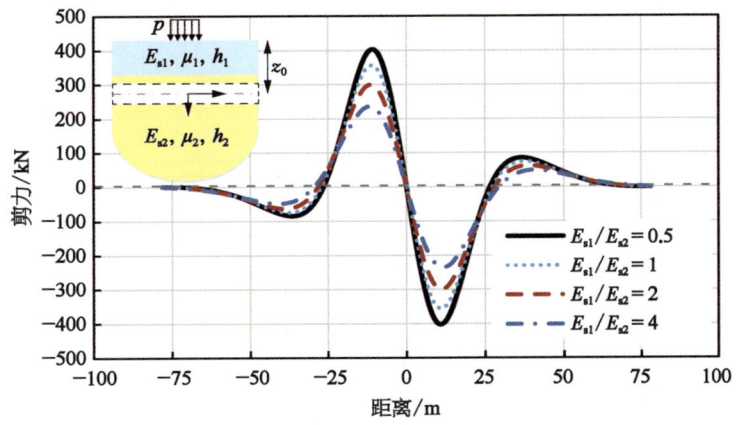

(d) 上覆土体模量对隧道承受剪力的影响

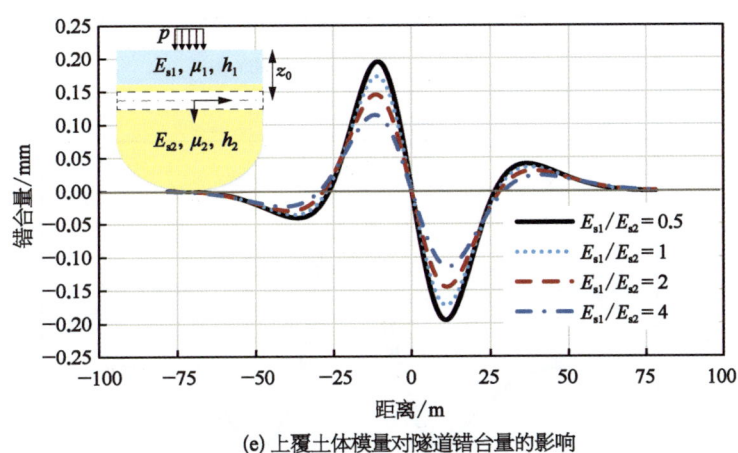

(e) 上覆土体模量对隧道错台量的影响

图 2-17　上覆土体模量对隧道内力和变形的影响

图 2-17(b)(c)分别为隧道所受弯矩和张开量随上覆土层模量的变化情况。由图可知,堆载作用下隧道弯矩和张开量沿隧道纵向的分布一致,最大值均出现在荷载作用中心点处,此处即为隧道最危险截面,隧道管片可能因为过大的压应力或拉应力导致破损、裂缝或漏水的产生,从而引发隧道渗水,影响隧道安全运营。地表堆载下,隧道受到的最大剪力和错台量出现在荷载作用边缘处,如图 2-17(d)(e)所示,这表明在这些隧道截面处,螺栓承受的剪应力最大,隧道环间错台量增大因而最容易发生剪切破坏。

(2) 下卧土层。

为了便于分析,假设第一层层厚 20 m,弹性模量为 10 MPa,泊松比为 0.35,第二层为半无限空间体,弹性模量变化范围为 5~40 MPa,泊松比为 0.35。

隧道正上方堆载作用下,隧道下卧土体模量对隧道内力和变形的影响如图 2-18 所示。由图 2-18(a)可知,下卧土体模量越大,地表荷载作用下隧道沉降越小;当下卧土体模量从 5 MPa 增大到 40 MPa 时,隧道最大沉降从 22 mm 减小为 7 mm,最大沉降幅度减小了 68%。这主要是因为下卧土体模量越大，土体刚度也就越大，对上覆土体的约束作用也随之增加；当下卧土体的模量趋于无穷大时，下卧土层可等效为刚性边界，即上覆土体底部的竖向位移完全被约束，此种情况下隧道的纵向变形完全取决于上层土体的性质。

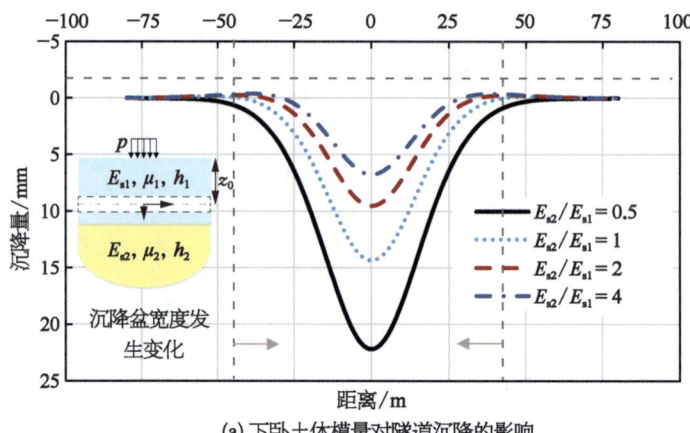

(a) 下卧土体模量对隧道沉降的影响

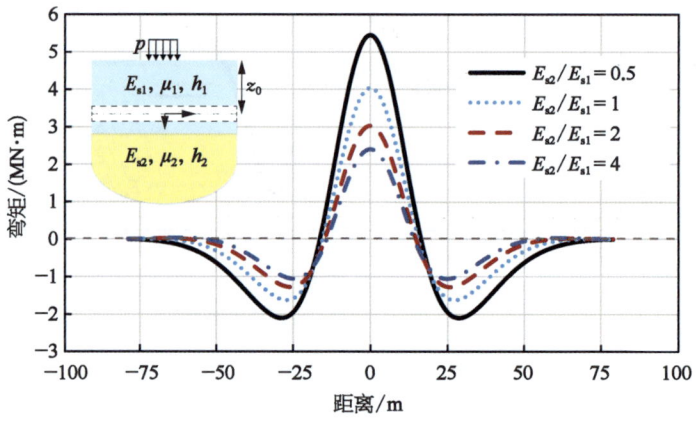

(b) 下卧土体模量对隧道承受弯矩的影响

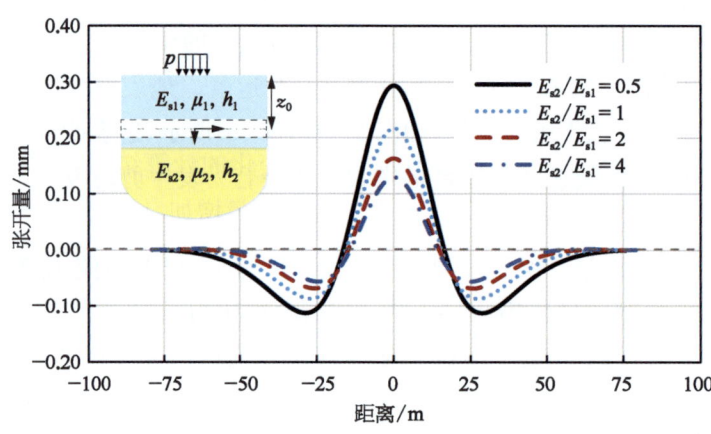

(c) 下卧土体模量对隧道张开量的影响

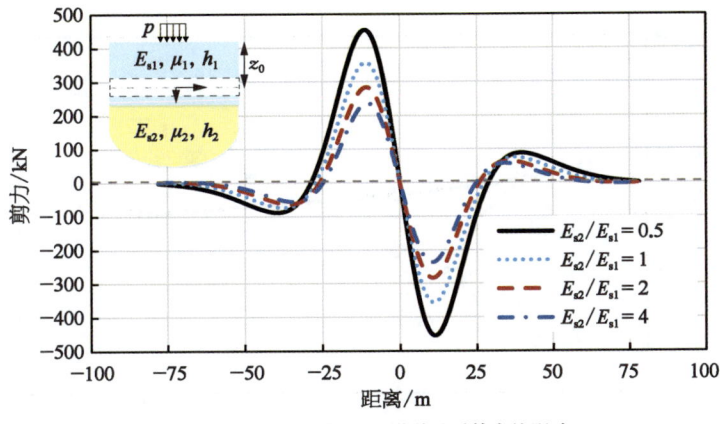

(d) 下卧土体模量对隧道承受剪力的影响

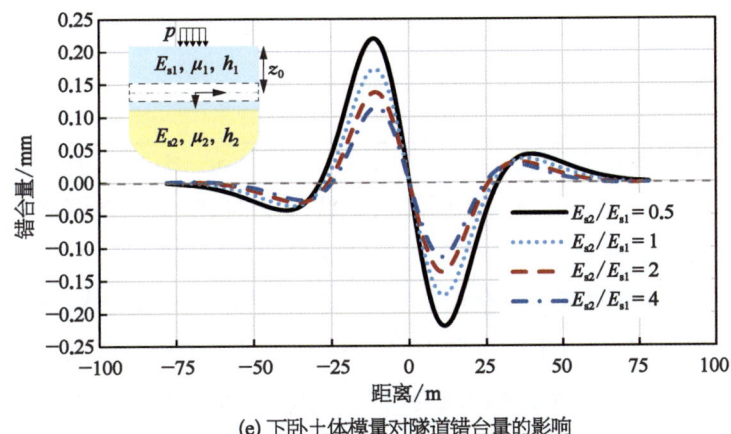

(e) 下卧土体模量对隧道错台量的影响

图 2-18 下卧土体模量对隧道内力和变形的影响

此外,与图 2-18(a)比较,隧道沉降范围随着下卧土体模量的增大明显缩小,从 5 倍加载宽度减小为 3 倍。

下卧土体模量对隧道承受的弯矩、张开量、剪力以及错台量的影响分别如图 2-18(b)(c)(d)和(e)所示,随着下卧土体模量的增加,隧道内力和变形随之减小,变化趋势与上层土体一致,此处不再赘述。

两层土体情况下,隧道最大沉降随土体模量比变化的计算结果如图 2-19 所示。由图 2-19 可知,在地表堆载作用下,无论是上覆土体模量增加,还是下卧土体模量增加,隧道竖向最大沉降均会降低,相比而言下卧土层的影响更为明显,说明下卧土层控制隧道沉降的效果要优于硬表层地基的情况。另一方面,当下卧土层模量小于隧道所处土层的模量时(即下卧软土层),隧道沉降急剧增大。因此,若隧道下卧软土层,在隧道正上方进行工程堆土时,需要引起高度重视,不宜进行堆土工程,避免隧道因堆载出现过大的变形。

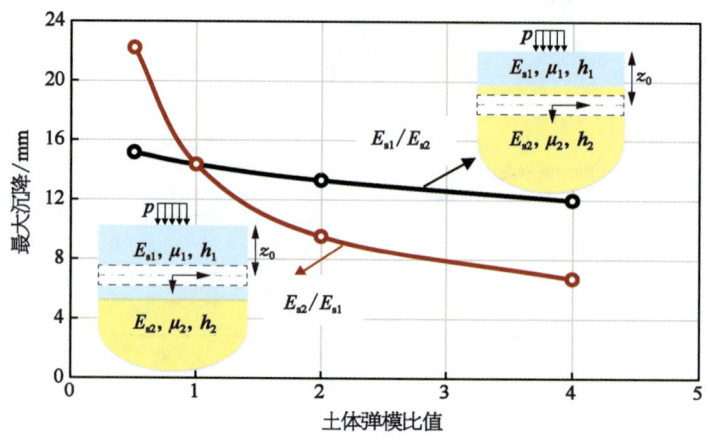

图 2-19 最大沉降随土体模量比的变化趋势

2.3.7 堆载作用下隧道纵向变形安全系数评估

定义堆载作用下隧道纵向沉降的安全系数为 $F_{sv}=S_{lit}/S$（S_{lit} 为规范限定值 20 mm，S 为堆载作用下隧道的最大沉降），不同隧道轴线埋深时，隧道纵向沉降安全系数随堆载大小和土体弹性模量的变化如图 2-20 所示（堆载范围取为 20 m×40 m）。

堆载作用下，隧道纵向沉降安全系数（F_{sv}）随着轴线埋深和土体模量的增大而增大、随着堆载量的增大而减小，以土体模量 10 MPa 为例，当隧道轴线埋深为 10 m 时，地表堆载堆载量不应超过 50 kPa；当隧道轴线埋深为 20 m 时，最大堆载量可以达到 90 kPa。需要指出的是，上述计算中并未考虑隧道的初始纵向变形，相关计算结果还有待于实际工程的进一步验证。

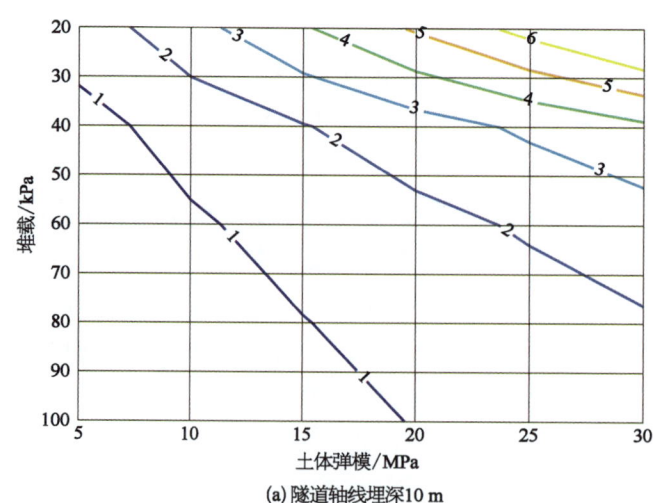

(a) 隧道轴线埋深10 m

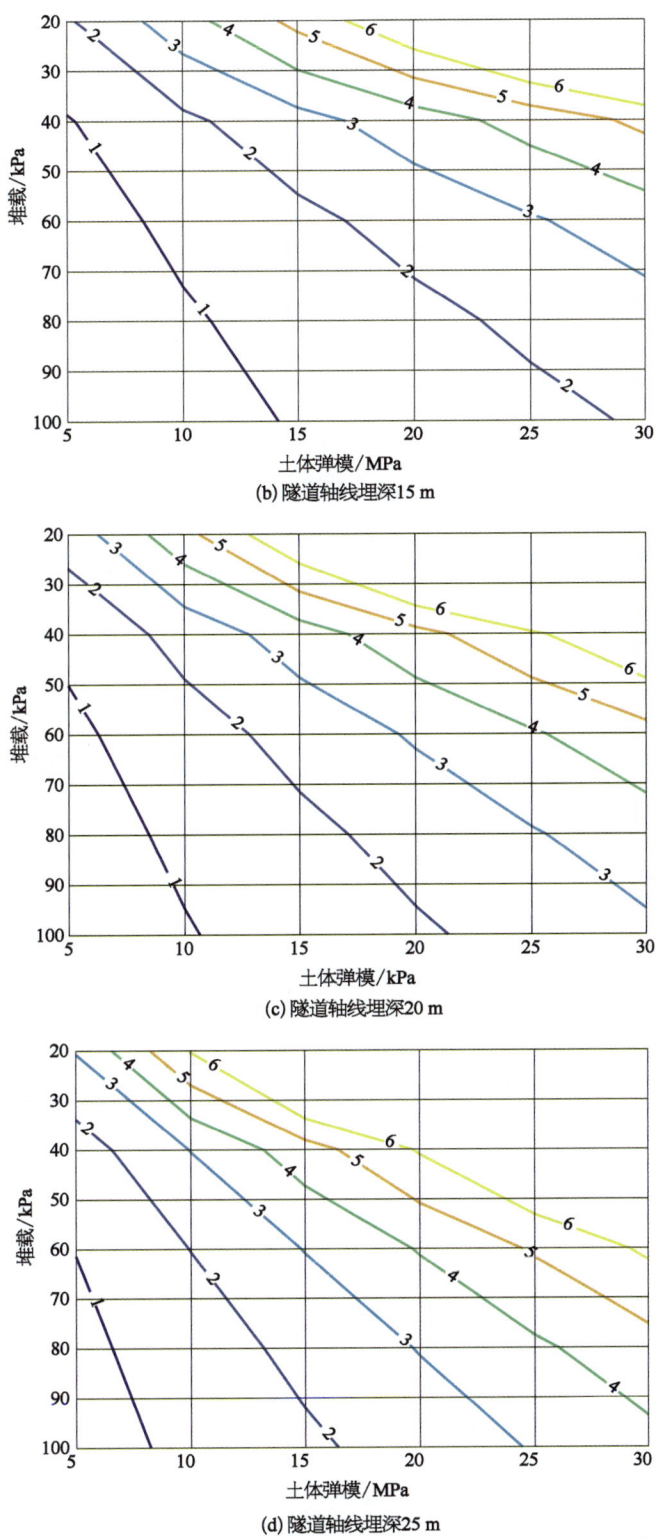

图 2-20　堆载作用下隧道纵向沉降安全系数 F_{sv} 等值线图

2.4 小结

本章将地铁隧道等效成 Timoshenko 梁，采用 Pasternak 地基模型，建立了地面加载作用下隧道纵向变形响应的理论计算模型，重点分析了隧道埋深、加载大小、加载范围、加载偏心距、土体模量以及土体分层特性对隧道纵向变形的影响。主要结论如下：

① 由于隧道纵向构造特性，其纵向变形主要由弯曲变形和错台变形，Timoshenko 梁可以很好地反映隧道的纵向变形特性。

② 隧道埋深、加载大小、加载范围、土体模量对隧道纵向变形均有很大的影响，就上海地区的地铁隧道而言，当隧道对应土层土体弹性模量小于 15 MPa 时，地面加载作用下隧道纵向变形很容易超过规范限定值，需要严格评估。

③ 随着加载偏心距的增大，地面加载作用下隧道纵向变形越小，当加载偏心距位于主破坏面以外时，加载作用对隧道纵向沉降变形的影响几乎可以忽略（当加载量比较大时，需要重新评估）。

④ 上覆土层和下卧土层的弹性模量对隧道沉降和受力具有较为明显的影响，其中增大下卧层土体弹性模量可以显著减小隧道沉降，当隧道下卧软土层时，地面加载作用下隧道更容易发生纵向变形，为了保证隧道的安全运营，应该禁止隧道地面加载。

第 3 章
地面加载作用下隧道横向变形分析与模型试验

3.1 引言

在顶部加载不利工况下,地铁盾构隧道的变形和受力性能一般可从纵向和横向两个方面加以分析。从纵向来看,加载作用下盾构隧道的变形主要表现为以环间错台为主形成的不均匀沉降;从横向来看,加载作用下盾构隧道的变形主要表现为从圆形截面变为"横椭圆"截面,纵向接头会伴随着发生张开或闭合。

然而,在实际工程中盾构隧道因横向收敛变形超限而诱发渗漏水、螺栓失效、管片开裂等破坏的事故常有发生,对地铁隧道安全危害很大,因此有必要对加载作用下地铁盾构隧道横向变形破坏机理加以分析。

据此,本章将结合使用有限元数值分析方法以及室内缩尺模型试验,研究地面加载作用下地铁盾构隧道的横向变形机理以及各种相关参数的具体影响。

3.2 隧道横向变形分析模型

3.2.1 有限元模型

根据地层与隧道结构相互作用的不同假设,隧道横向变形分析可划分为"荷载结构法"与"地层结构法"两大类[86]。荷载结构法[图 3-1(a)]认为隧道开挖后地层的主要作用是对隧道结构产生荷载,隧道结构应能安全可靠地承受地层压力等荷载的作用。计算时先按地层分类法或由实用公式确定地层压力,然后按弹性地基上结构物的计算方法计算隧道的内力与变形。该方法通过假设地层压力以及抗力分布形式简化了隧道和地层的相互作用,根据不同的假设条件具体可又分为(修正)惯用法、多铰圆环模型以及梁—弹簧模型等。

地层结构法[图 3-1(b)]不对结构与地层相互作用关系作简化假设,而是将隧道和地层视为共同受力的统一体系,在满足变形协调条件的基础上展开对隧道结构和周围地层内力、变形的计算。在加载作用下,地层与结构的作用关系是十分复杂的,此时基于简化假设的荷载结构法未必能正确反映这一机理,考虑采用地层结构法能够更好评估隧道的横向变形与受力状态。

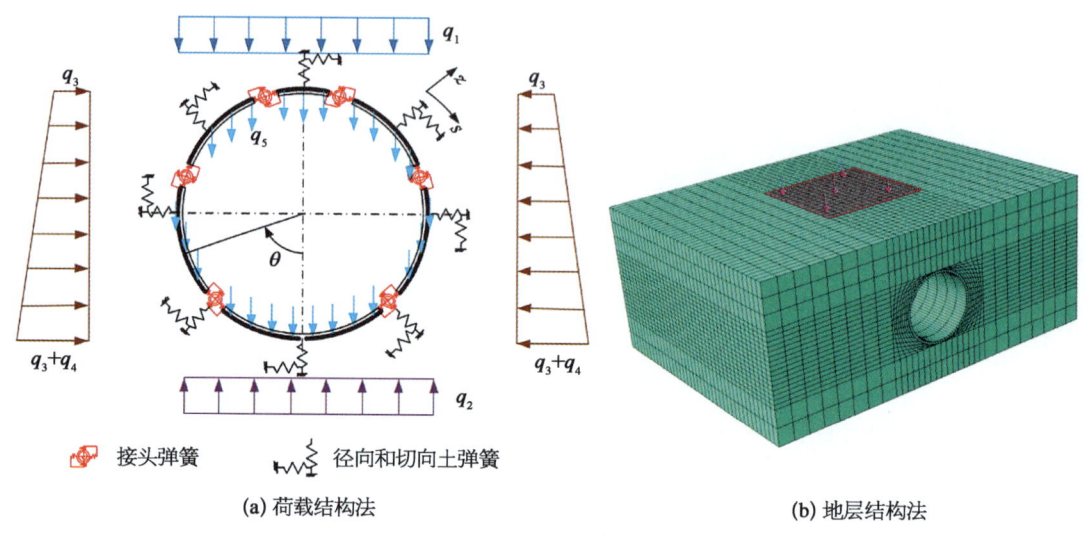

(a) 荷载结构法　　　　　　　　　(b) 地层结构法

图3-1　隧道横向变形计算模型

地层结构法计算主要依托有限元数值计算方法实现。在诸多有限元软件中,ABAQUS作为一款经典的通用有限元计算软件,拥有丰富的岩土本构模型、数百种单元类型以及强大的耦合分析能力,可模拟各种复杂岩土介质力学性能和工况条件。因此,本节将应用ABAQUS软件,聚焦地面加载对软土盾构隧道横向变形影响机理这一问题进行二维有限元分析,有限元建模过程详述如下。

(1) 隧道模型。

将上覆大面积加载简化为平面应变问题,采用二维有限元模型进行建模研究。

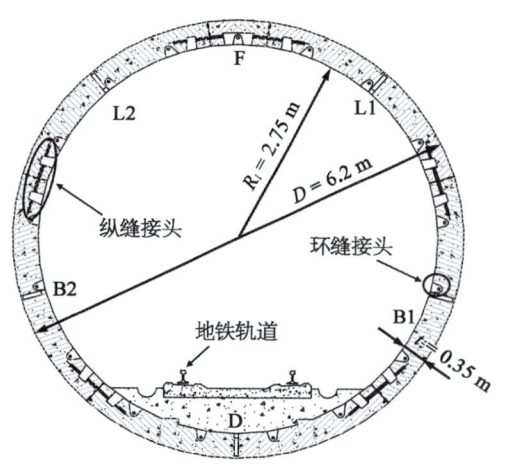

图3-2　上海通缝拼装地铁盾构隧道结构

上海通缝拼装地铁盾构隧道横断面如图3-2所示[87],隧道管片由1个封顶块(F)、2个邻接块(L1、L2)、2个标准块(B1、B2)和1个封底块(D)拼装组成。管片外径为6.2 m,厚度为0.35 m,环宽为1.2 m。

管片由C55混凝土预制而成,数值模拟中采用双折线本构模型进行模拟[88][图3-3(a)],其第一阶段弹性模量为35.5 GPa,第二阶段弹性模量为592 MPa。

图3-4(a)所示为隧道纵缝接头的细部构造,主要由混凝土、弹性垫片以及螺栓组成,其

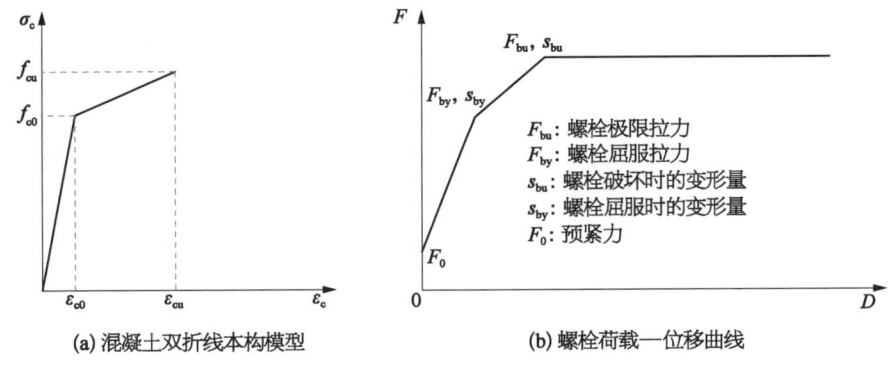

图3-3 混凝土本构模型与螺栓荷载—位移曲线

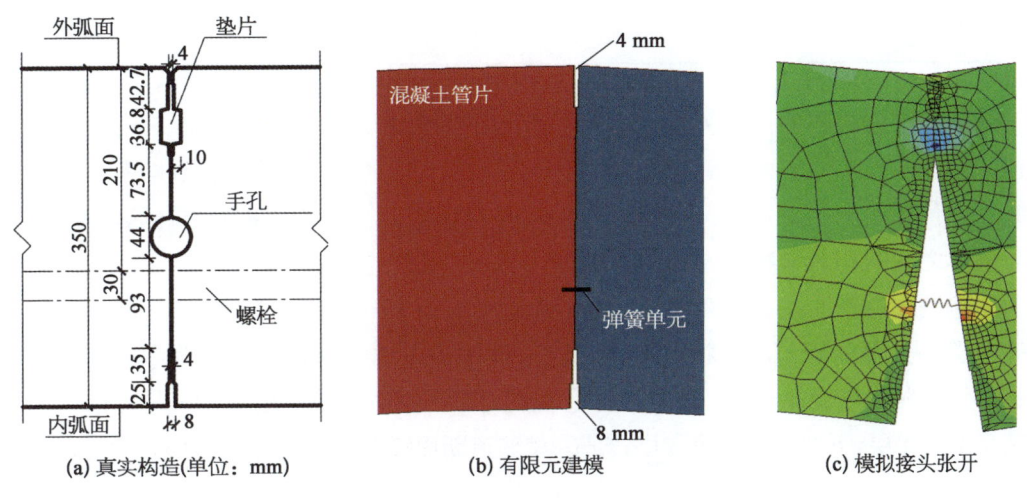

图3-4 纵缝接头有限元建模

内、外弧面分别设有8 mm和4 mm的间隙,每个纵向接头通过2根螺栓联结,螺栓直径为30 mm,螺栓孔直径为42 mm,螺栓等级为8.8级。

纵缝接头是盾构隧道横向变形的关键部位,有限元建模时参照实际结构在接头内、外弧面处分割出间隙,同时忽略手孔的影响。数值模拟中试图对连接螺栓进行精确建模会涉及复杂的接触耦合问题,模型复杂、难以收敛,结果也未必精确。因此采用抗拉弹簧和抗剪弹簧模拟联结螺栓,通过赋予弹簧非线性刚度可反映螺栓的屈服特性,图3-4(b)所示为数值模型中管片纵向接头的细节。

管片与管片之间的法向接触设为硬接触,即认为接头两侧混凝土管片在压紧状态才能传递法向压力,两者分离时不传递法向压力。管片间摩擦系数设为0.4,接头摩擦力和抗剪弹簧共同提供隧道接头的抗剪能力。

(2)地层模型。

上海地区作为典型的滨海软土地质区域,广泛分布有较厚的饱和高压缩性软黏土层。

有限元建模时，参考上海地区地层实际分层情况将土体简化后大致分为5层，各层所代表的地层及其土性参数取值见表3-1，建模中采用摩尔-库伦本构模型模拟土体。

表3-1 土体参数

代表地层	深度范围/m	容重/(kN/m³)	压缩模量/MPa	黏聚力/kPa	内摩擦角/(°)
①~③	0~9	18.0	3.0	12	17
④	9~18	17.0	2.3	11	12
⑤$_1$	18~28	17.6	4.8	17	19
⑤$_2$	28~38	17.6	8.0	13	25
⑥~⑦	38~60	19.6	10.0	5	35

隧道与土体之间的接触关系，一般可用表面接触、MPC多点约束或Tie约束等方法模拟。本次建模采用表面接触模型，法向设为"硬接触"，即认为隧道与土体只有在压紧状态时才能传递法向压力，两者表面脱开时不传递法向压力。切向采用"罚函数"来模拟隧道与土体之间的相对滑移。

从地铁隧道断面主要赋存地层来看，隧道大多呈"V"字坡型，要穿越②-③-④-⑤-⑥-⑦等土层，为计算研究方便，将上海地铁隧道埋深中占比相对较多的分为④-④型、④-⑤型和⑤-⑤型三种（图3-5）。其中：④-④型隧道断面赋存于第④层中；④-⑤型隧道断面上部赋存于第④层，下部赋存于第⑤层；⑤-⑤型隧道断面赋存于第⑤层中（以第⑤$_1$层为主）。

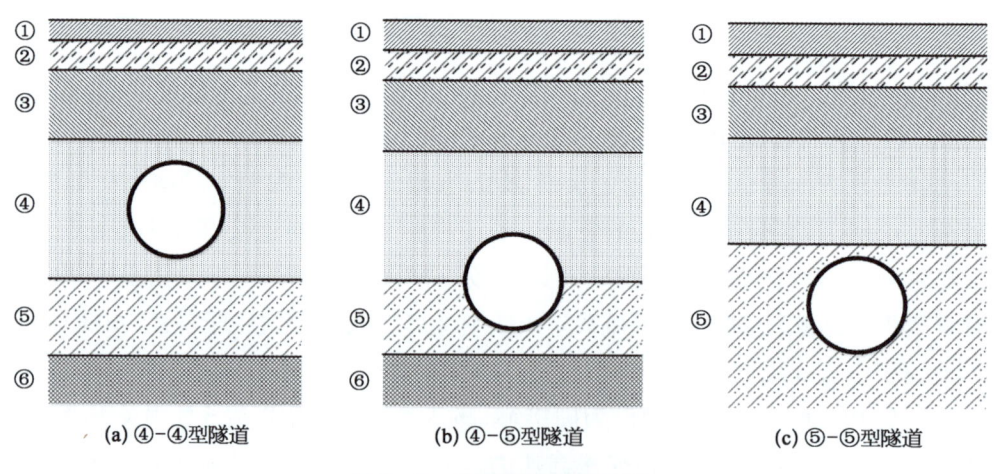

(a) ④-④型隧道　　(b) ④-⑤型隧道　　(c) ⑤-⑤型隧道

图3-5 典型隧道赋存地层

有限元分析时分别建立对应上述三种赋存情况的隧道工况，以分析隧道埋深及赋存条件对其影响。

(3) 单元选择。

隧道与地层均划分为四边形网格,采用四节点平面应变单元(CPE4)模拟土体;由于需要精确模拟隧道单元的弯曲变形模式,为避免剪力自锁效应,采用平面应变四节点非协调单元(CPE4I)模拟隧道。

有限元模型如图 3-6 所示,模型整体宽 200 m,深 60 m,在地面作用宽为 B 的加载,加载大小为 p。

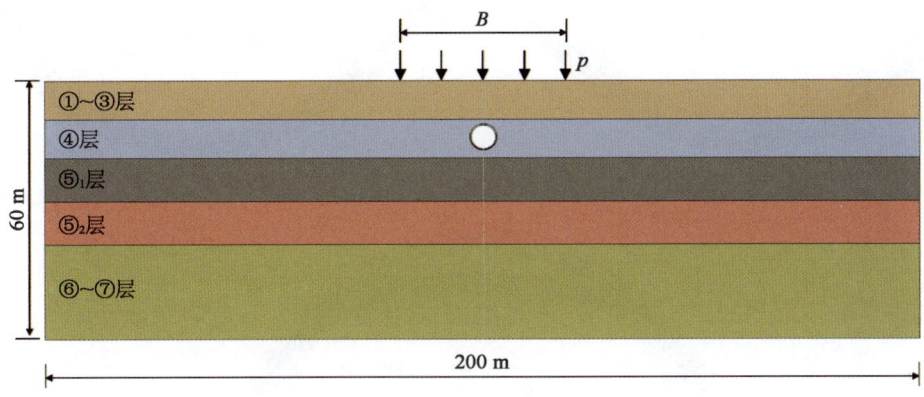

图 3-6 有限元模型示意

3.2.2 参数分析

1) 加载大小

在地面 20 m 宽度范围内逐渐施加 0～100 kPa 加载,分析④-④、④-⑤以及⑤-⑤三种不同赋存条件的隧道在加载作用下的受力及变形情况,工况设置见表 3-2。

表 3-2 加载大小影响工况设置

影响因素	序号	加载值 p/kPa	加载宽度 B/m	隧道断面赋存类型	地层软硬差异
加载大小	1	0～100	20	④-④	与表 3-1 一致
	2			④-⑤	
	3			⑤-⑤	

图 3-7 所示为三种隧道在加载作用前后的变形情况(为了更为直观反映变形,图中位移均放大了 5 倍)。加载作用下,隧道拱顶向下沉降,两侧拱腰向外拱出,整体形成"横椭圆形"。

管片变形以自身弯曲和绕接头转动为主,在上方加载作用下,盾构隧道顶部接头与底部接头外弧面闭合、内弧面张开,肩部接头外弧面张开而内弧面闭合,顶部与肩部接头变

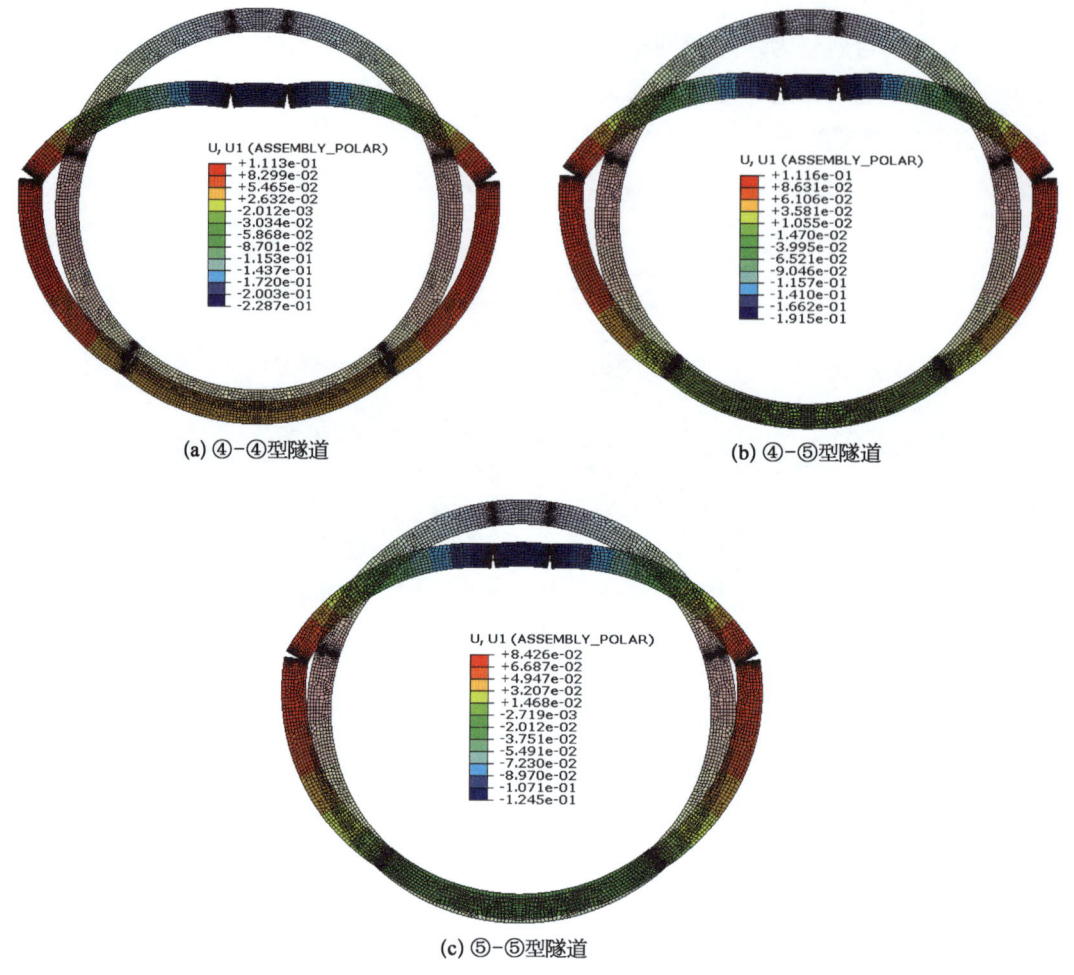

(a) ④-④型隧道 (b) ④-⑤型隧道

(c) ⑤-⑤型隧道

图3-7 加载作用前后隧道变形状态

形较大,底部接头变形较小。

由图3-7可发现,在加载作用下,盾构隧道除了被"压扁"以外,整体还会在地层内发生一定的沉降,故其空间形态可由两部分描述(图3-8):一是水平截面的横向收敛变形值δ,二是拱底位置的沉降量s。

可用收敛值与隧道外径之比δ/D(即收敛变形δ与隧道外径D的比值)这一无量纲指标来更准确反映隧道横向变形发展的程度,通过对隧道管环开展极限破坏试验发现,δ介于$2‰D\sim5‰D$之间时,隧道可满足正常使用条件下承载能力要求;当δ介于$20‰D\sim50‰D$之间时,隧道接近承载能力极限状态,接近上限时,隧道有随时都有可能坍塌的危险。

图3-8 加载作用下盾构隧道空间形态

图 3-9 所示为加载 p 增加过程中三种隧道水平收敛值与外径之比 δ/D 的发展情况。当加载较小时,随着加载增加,隧道水平收敛值接近呈线性增长。当加载量达到一定程度时,纵向接头的刚度以及隧道周围土体的非线性特性开始显现出来,因此随着加载增加隧道水平收敛增大速度逐渐加快,隧道的刚度表现出衰减的特性。

当加载值 $p=20$ kPa 时,三种隧道的水平收敛值 δ 分别为 3‰D、2.5‰D、1.7‰D,此时隧道受力性能良好,说明相关规范中关于隧道上方加载设定的 20 kPa 限制值是较为合理的。当地面加载值分别超过 30 kPa、35 kPa 以及 50 kPa 时,三种隧道水平收敛均超过或接近 5‰D,此时隧道结构横向变形已相对较大,需要及时卸载。当地面加载值 p 为 100 kPa 时,三种隧道的水平收敛值分别为 22‰D、18‰D、12‰D,④-④型、④-⑤型隧道已经接近极限承载状态,⑤-⑤型隧道的变形也较大,需要立即采取修复措施以防发生安全事故。

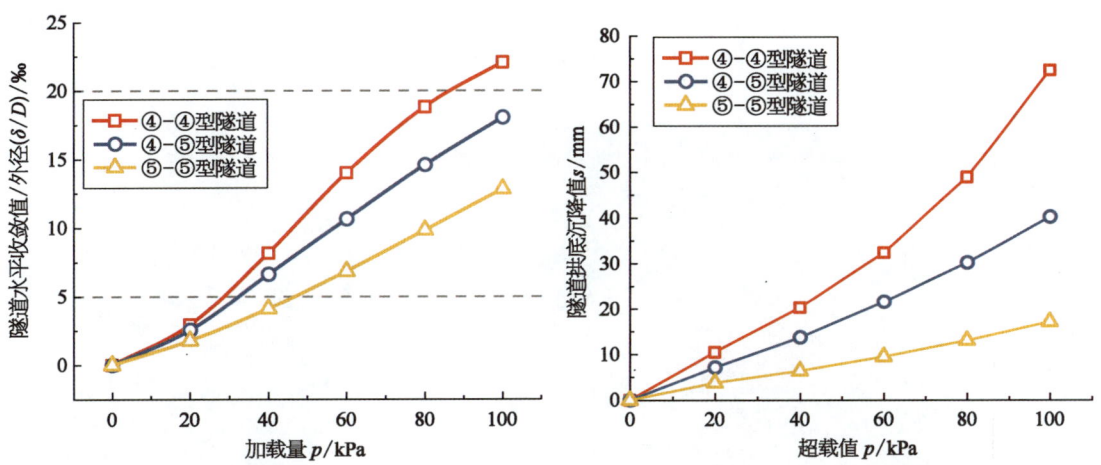

图 3-9 加载作用下隧道水平收敛发展情况　　图 3-10 加载作用下隧道拱底沉降发展情况

图 3-10 所示为加载作用下隧道拱底沉降 s 发展情况。由于土体的非线性特性,隧道拱底沉降值随着加载的增长而呈现出非线性发展趋势。相同加载作用下,④-④型、④-⑤型以及⑤-⑤型隧道的拱底沉降值大致为 1∶0.52∶0.22,隧道埋置越深、所赋存地层力学性质越好,加载作用下越不容易发生沉降。当加载值为 100 kPa 时,三种隧道的拱底沉降值分别为 72 mm、40 mm、17 mm。

水平收敛与拱底沉降均为反映加载作用下隧道空间形态的指标,如图 3-11 所示,两者间存在较强的线性相关关系。

图 3-12 所示为加载值 p 分别为 0 kPa、50 kPa 以及 100 kPa 时顶部接头与肩部接头的受力变形情况,应力云图表示垂直于截面的正应力大小,应力值为正(图中红色)表示截面受拉,应力值为负(图中蓝色)表示截面受压。

当 $p=0$ 时,接头未发生可见张开,螺栓位置的接头混凝土以拉应力为主,在顶部接头

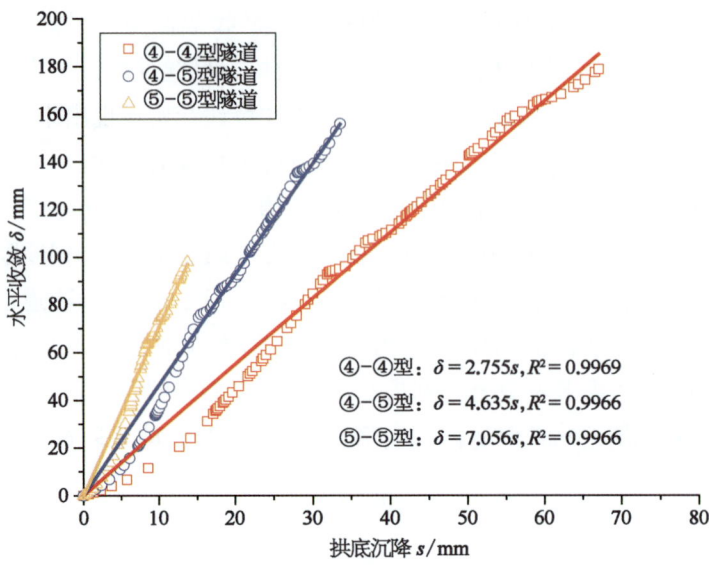

图 3‑11 水平收敛与拱底沉降关系

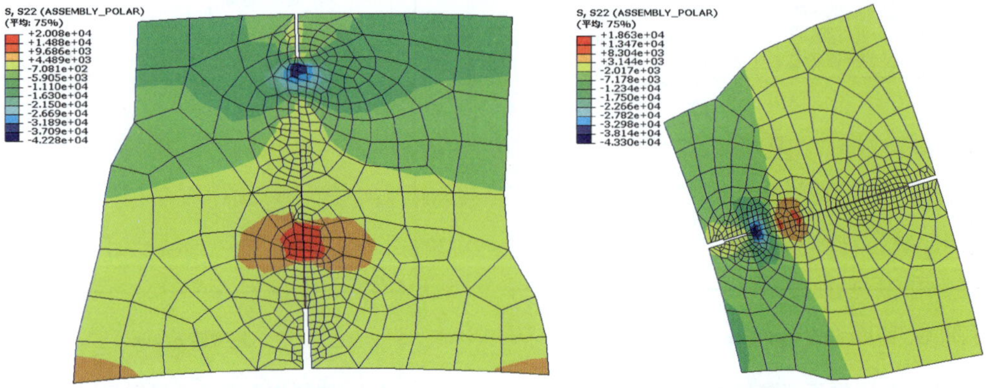

④-④型：$\delta = 2.755s, R^2 = 0.9969$
④-⑤型：$\delta = 4.635s, R^2 = 0.9966$
⑤-⑤型：$\delta = 7.056s, R^2 = 0.9966$

顶部接头(8°处)　　肩部接头(73°处)

(a) $p = 0$

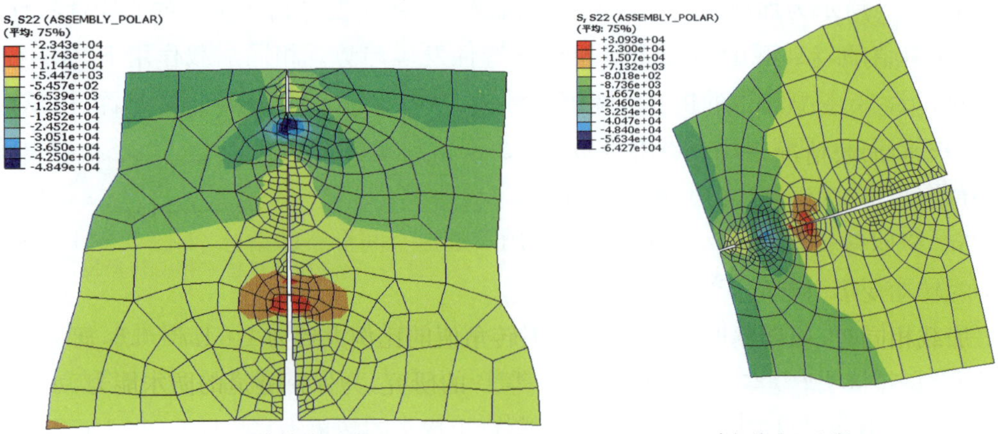

顶部接头(8°处)　　肩部接头(73°处)

(b) $p = 50$ kPa

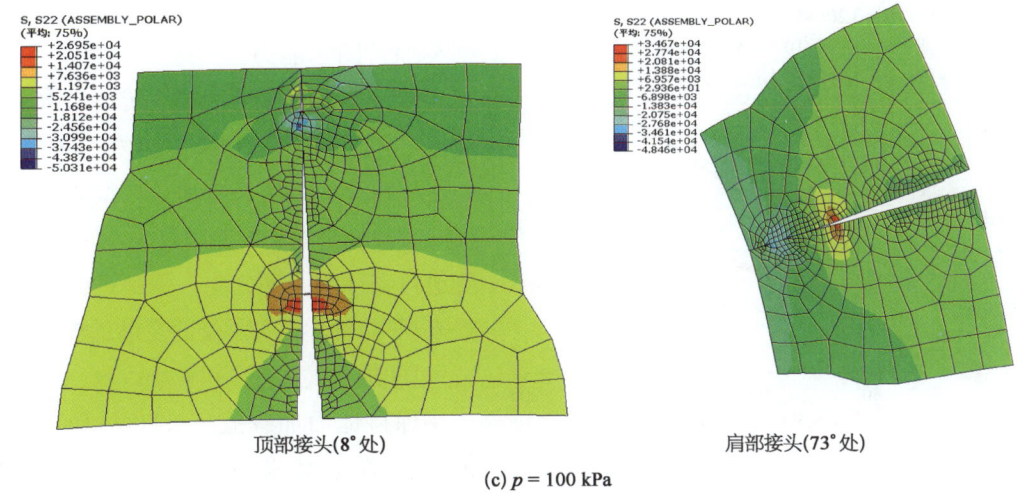

顶部接头(8°处)　　　　　　　　　肩部接头(73°处)

(c) $p = 100$ kPa

图 3-12　加载增加过程中接头受力变形情况

(8°处)外侧与底部接头(138°处)内侧的小范围区域内混凝土的压应力较为集中。当 $p=50$ kPa 时,接头发生明显的张开,主要表现为顶部接头(8°处)外弧面闭合而内弧面张开,肩部接头(73°处)外弧面张开而内弧面闭合。接缝面混凝土承受的最大拉压应力均有不同程度的增长,且最大应力的位置未发生明显变化。当 $p=100$ kPa 时,接头发生较为明显的转动变形,此时顶部接头(8°处)外缘间隙闭合,肩部接头(73°处)内缘间隙闭合,由于接头内、外缘的混凝土参与受力,因此混凝土压应力的集中效应相对减小。

以④-④型隧道分析加载增加过程中接头转角的发展情况,如图 3-13 所示。随着加载增加,接头转角的发展呈现出明显的非线性特征。当 $p=20$ kPa 时,顶部(8°处)、肩部(73°处)、底部接头(138°处)的转角分别大致为 0.006 6 rad、0.010 7 rad 以及 0.003 1 rad;当 $p=100$ kPa 时,三者的转角分别为 0.056 rad、0.094 rad 以及 0.036 rad。在两个不同加载情况下,肩部(73°处)接头的转角约为顶部(8°处)和底部(138°处)转角之和,说明隧道结构横向变形主要是由接头的转动变形引起的。

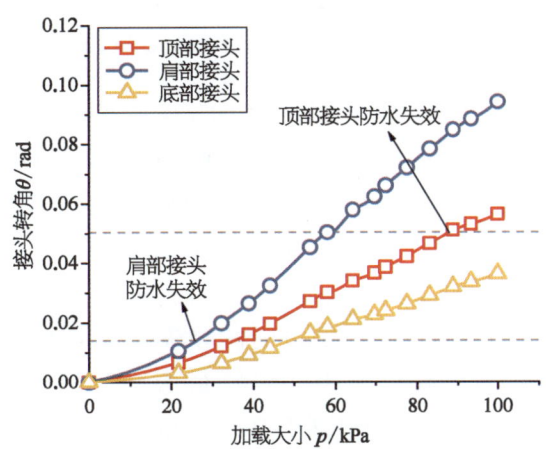

图 3-13　加载过程中接头转角发展情况

加载相同时,顶部、肩部以及底部接头转角值的比例大致为 1∶1.7∶0.6,肩部接头转角最大,底部接头转角最小。根据 Gong 等[89]的研究,为保持隧道的防水能力,承受正弯矩接头的转角不宜超过 0.050 5 rad,承受负弯矩接头的转角不宜超过 0.014 1 rad。据此,当加载值大于 25 kPa 时,肩部接头便因外弧面张开过大而难以继续保持防水能力。当加

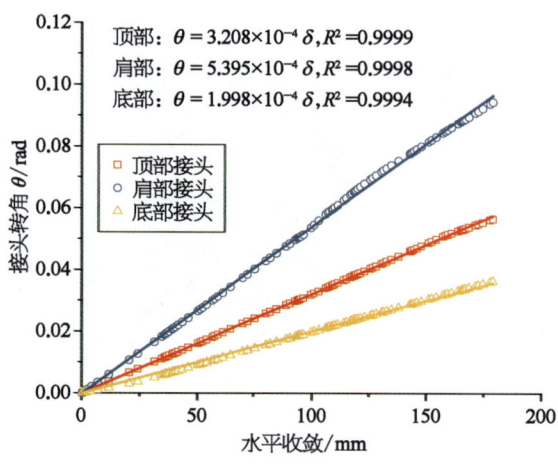

图 3-14　水平收敛与接头转角关系

载值大于 90 kPa 时，顶部接头同样难以继续保持防水能力。

如图 3-14 所示。接头转角与水平收敛值之间同样存在较强的线性相关关系，进一步证明管片绕接头转动是导致隧道发生横向收敛变形的主要原因之一，同时也表明隧道衬砌环的大部分变形是由拼缝或接头处来承担，管片本身承受的变形量较小。

2）加载宽度的影响

保持地面加载值 $p=100$ kPa 不变，依次设置加载宽度 $B=10$ m、20 m、30 m、40 m、50 m、60 m、80 m、100 m，研究地面加载宽度对赋存地层不同的三种盾构隧道横向变形的影响，工况设置见表 3-3。

表 3-3　加载宽度影响工况设置

影响因素	加载值 p/kPa	加载宽度 B/m	隧道断面赋存类型	地层软硬差异
加载宽度	100	10、20、30、40、50、60、80、100	④-④	与表 3-1 一致
			④-⑤	
			⑤-⑤	

图 3-15 所示为在不同宽度加载的作用下三种隧道水平收敛的变化情况。当加载宽度小于 30 m ($B/D=5$) 时，随着加载宽度的增加，隧道水平收敛值逐渐增加；当加载宽度超过 30 m ($B/D=5$) 后，继续增加加载宽度，隧道水平收敛值不再随之增加。

对于软土浅埋地铁隧道而言，上方小范围局部加载的影响也同样应该引起足够重视，当加载宽度为 10 m ($B/D=1.6$) 时，④-④ 型、④-⑤ 型以及 ⑤-⑤ 型隧道的水平收敛值分别是 18‰D、10‰D 以及 3‰D，④-④ 型隧道的横向变形已经接近破坏状态。

图 3-16 所示为不同宽度加载的作用下三种隧道拱底沉降的变化情况。随着加载宽度的增加，隧道拱底沉降先是迅速增加，此后趋于稳定。图 3-15 中，当超载宽度超过一

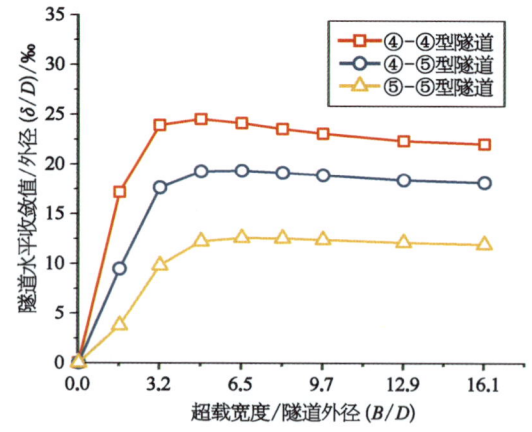

图 3-15　不同宽度加载作用下隧道水平收敛变化情况

定值后隧道水平收敛会略有减小,而在图3-16中,超载宽度超过一定值后隧道拱底沉降趋于稳定,原因是当超载宽度较大时,继续增大宽度,土体竖向应力的增加值相对较小,而水平应力仍有增加,因此隧道收敛略有下降,而沉降趋于稳定。

3) 加载与隧道距离

保持加载值 $p=100$ kPa,加载宽度 $B=20$ m 不变,依次设置加载外缘距隧道外轮廓线的水平距离 $L=-13.1$ m、-3.1 m、0 m、3 m、5 m、10 m,研究地面加载距离对赋存地层不同的三种盾构隧道横向变形的影响,工况设置见表3-4。示意如图3-17(a)~(d)所示。

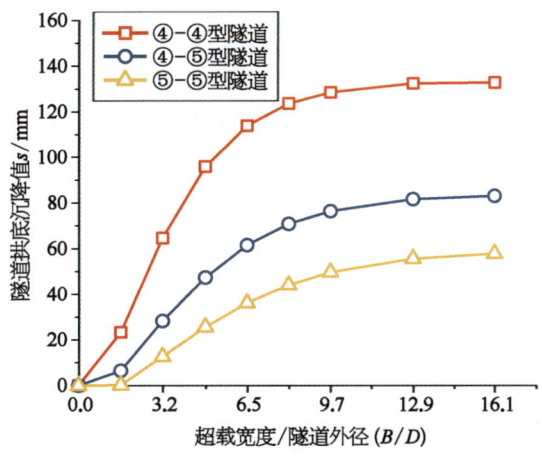

图 3-16 不同宽度加载作用下隧道拱底沉降变化情况

表 3-4 加载距离影响工况设置

影响因素	加载值 p/kPa	加载距离 L/m	隧道断面赋存类型	地层软硬差异
加载距离	100	-13.1、-3.1、0、3、5、10	④-④	与表3-1一致
			④-⑤	
			⑤-⑤	

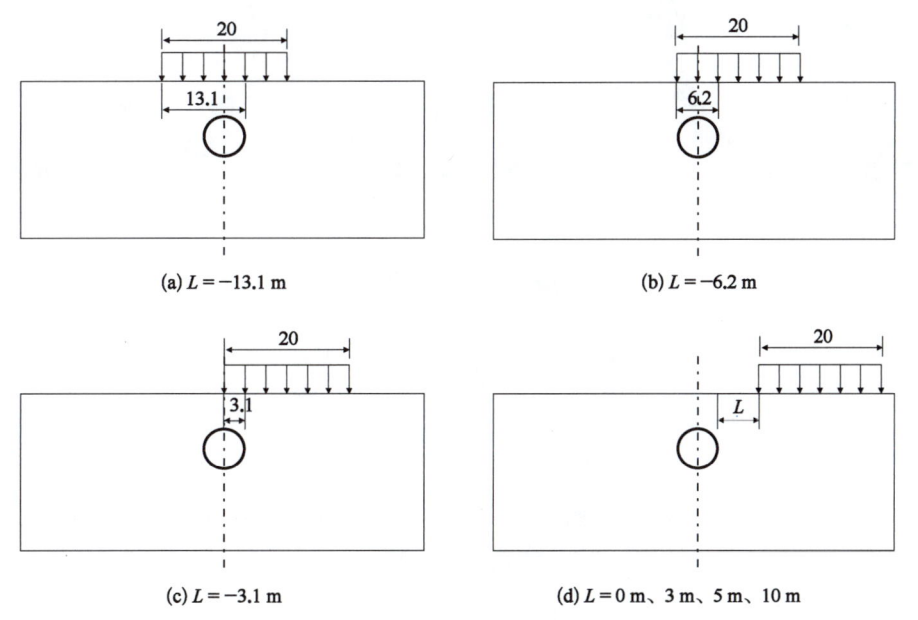

图 3-17 加载距离影响工况示意图(单位:m)

以④-④型隧道为例,图3-18所示为该隧道在不同距离地面加载作用下的变形图(变形均放大了5倍以方便观察)。由图可知:

① 当地面加载刚好处于隧道正上方时,对应图3-18(a),隧道可见明显的横向变形,此时两侧拱腰均外拱出,整体呈"横椭圆状",顶部与肩部纵缝接头张开明显。

② 当地面加载与隧道距离增大时,隧道所受的荷载压力方向由正上方转为斜上方,此时隧道会整体向偏离加载方向发生位移,其中远离加载侧拱腰位移量明显大于另一侧拱腰位移量;隧道会发生一定收敛变形,但变形量明显小于正上方加载情况,整体呈"斜椭圆状";此时各部分接头变形均较小。

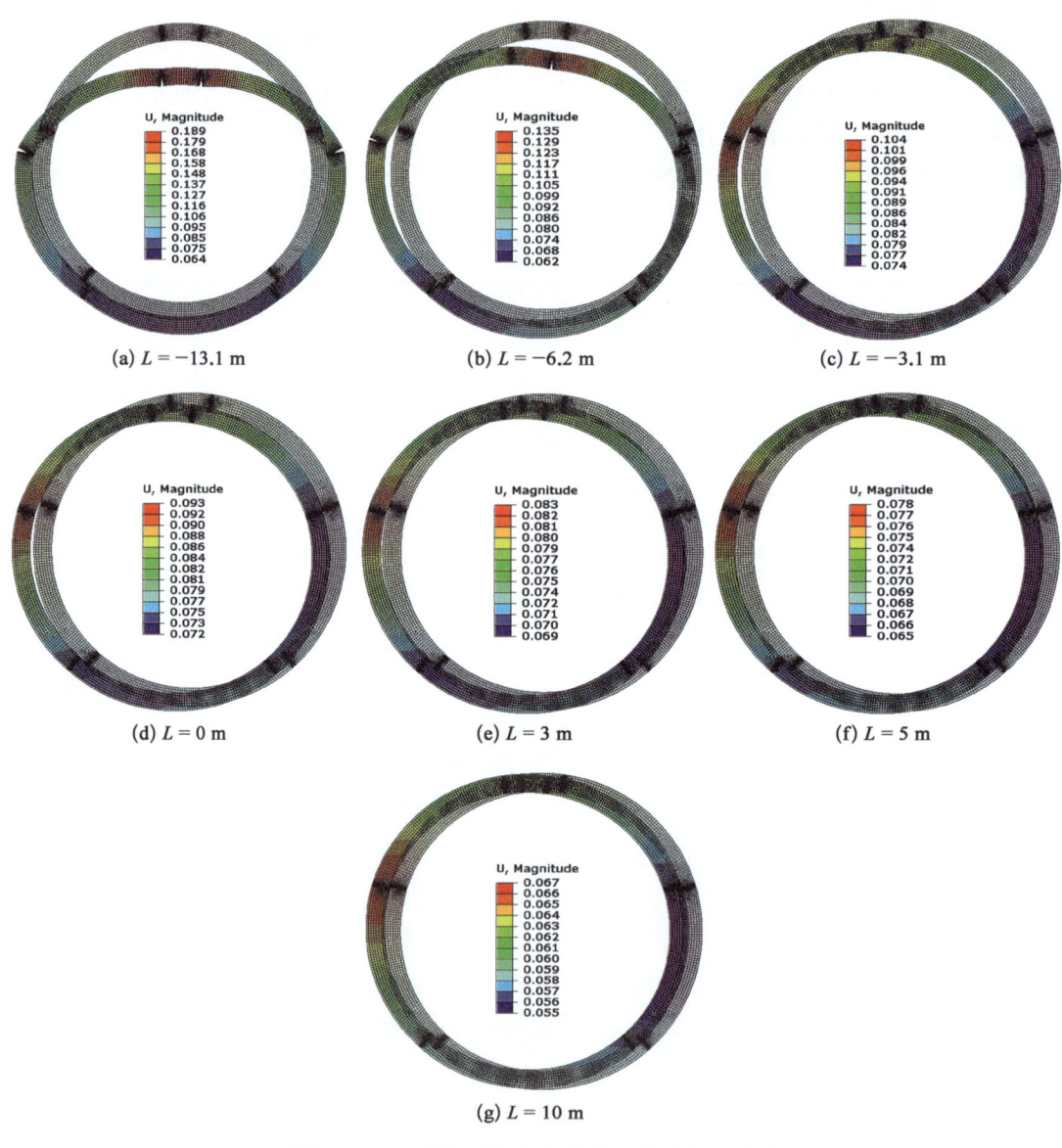

图3-18 不同距离加载作用前后隧道变形状态

图 3-19 所示为在不同距离加载的作用下三种隧道水平收敛的变化情况。由图可知：

① 加载距离由 −13.1 m（正上方堆载）增加到 −6.2 m 过程中，④-④型、④-⑤型以及⑤-⑤型隧道的水平收敛值分别由 22‰D、18‰D 以及 13‰D 降低到 12‰D、9‰D 以及 8‰D，这说明对于软土盾构隧道（尤其是浅埋隧道）而言，当地面加载无可避免时，适当增加加载离隧道的距离，可以在较大程度上减小其不良影响，从而保护地铁隧道。

② 加载距离为 3 m 时，地面 20 m 范围内 100 kPa 加载引起三种隧道的收敛值均在 5‰D 以下，此时隧道结构相对稳定。说明对于软土地铁隧道而言，隧道外轮廓线以外 3 m 范围内为敏感区，此范围内应慎重开展各类工程活动。

③ 加载距离为 20 m 时（对应实际隧道埋深情况，此时加载距离已经位于主破坏面以外），加载引起的隧道收敛变形均接近 0。

因此，软土地铁隧道主破坏面以内范围内为隧道变形敏感区，大型工程活动应尽量避免在此范围外开展。

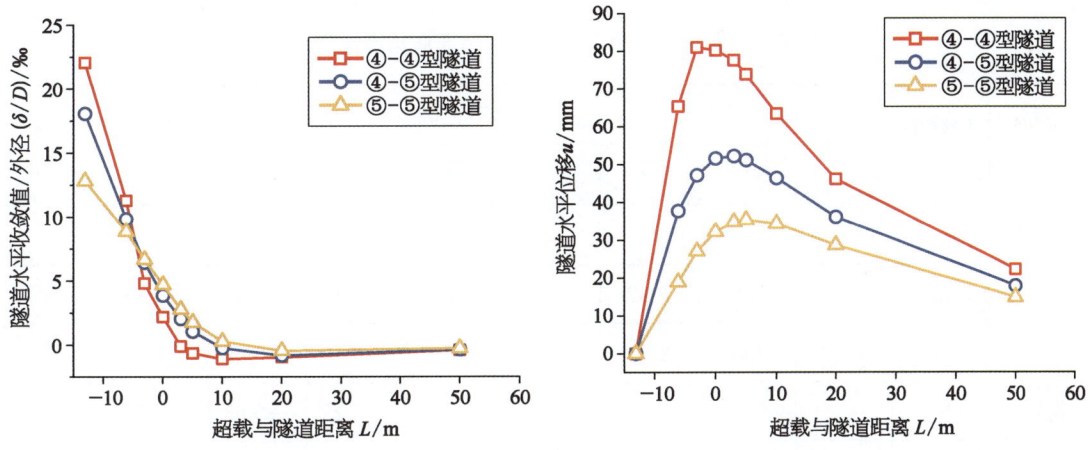

图 3-19 不同距离加载作用下隧道水平收敛值　　图 3-20 不同距离加载作用下隧道水平位移值

由图 3-18 的分析可发现，在偏压荷载作用下，隧道不仅会发生收敛，也会朝着远离荷载的方向发生水平位移。图 3-20 所示为不同距离加载作用下隧道水平位移值的变化情况。由图 3-20 可知：当 $L<0$ m 时（隧道处于地面加载投影面范围以内），随着加载距离增大，隧道的水平位移迅速增大，此后逐渐趋于稳定；当 $L>0$ m 时（隧道处于地面加载投影面范围以外），随着加载距离增大，隧道的水平位移逐渐减小。最大水平位移发生在 $L=0$ m 时，说明紧邻隧道外轮廓线的加载更易导致隧道水平位移超限，实际工程中如遇此类情况，除应关注收敛与沉降状况外，还应关注隧道是否因超限水平位移而发生破坏。

图 3-21 所示为不同距离加载作用下隧道拱底沉降值的变化情况。随着加载距离的增大，隧道拱底沉降值逐渐减小。

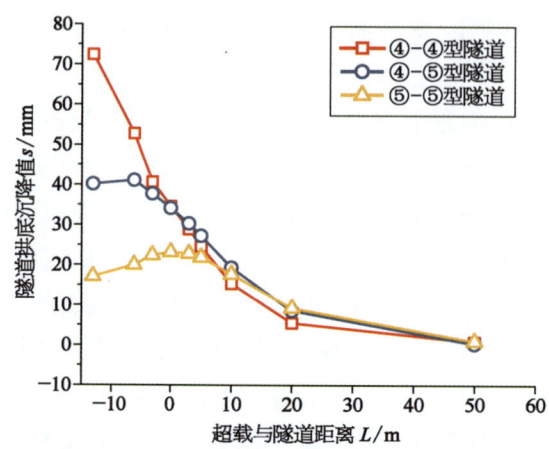

图 3-21 不同距离加载作用下隧道拱底沉降值

表 3-5 为加载宽度 $B=20$ m 时，不同距离、不同大小荷载作用下三种类型隧道主要变形指标的参考值。

表 3-5 地面加载作用下上海典型断面盾构隧道变形指标

变形指标	加载值 (kPa)	加载距离/m								
		−13.1	−6.2	−3.1	0	3	5	10	20	50
④-④型隧道										
水平收敛值 /(‰D)	20	2.92	1.28	0.92	0.47	0.05	−0.11	−0.27	−0.26	−0.17
	40	8.16	3.46	2.13	1.08	0.17	−0.12	−0.45	−0.42	−0.22
	60	14.00	5.90	3.24	1.48	0.20	−0.22	−0.65	−0.59	−0.28
	80	18.82	8.93	4.12	1.89	0.13	−0.40	−0.89	−0.77	−0.33
	100	22.06	11.28	4.81	2.19	−0.11	−0.63	−1.10	−0.97	−0.40
水平位移值 /mm	20	0	5.32	6.92	8.01	8.29	8.18	7.34	5.23	2.62
	40	0	16.31	21.70	23.83	23.78	22.93	19.90	14.19	6.87
	60	0	32.93	39.70	41.25	40.36	38.71	33.41	24.01	11.55
	80	0	48.66	59.37	59.84	58.05	55.58	47.95	34.68	16.66
	100	0	65.36	81.00	80.22	77.62	73.90	63.38	46.13	22.16
拱底沉降值 /mm	20	10.48	10.16	9.42	8.42	7.26	6.39	4.40	2.13	1.24
	40	20.28	18.55	17.61	15.81	13.49	11.63	7.54	3.11	1.16

续　表

变形指标	加载值(kPa)	加载距离/m								
		−13.1	−6.2	−3.1	0	3	5	10	20	50
拱底沉降值/mm	60	32.36	28.98	25.74	22.61	18.96	16.22	10.26	3.89	1.04
	80	48.93	40.44	33.21	28.79	24.04	20.54	12.87	4.69	0.93
	100	72.44	52.80	40.69	34.62	28.88	24.58	15.31	5.49	0.83

④-⑤型隧道

变形指标	加载值(kPa)	加载距离/m								
		−13.1	−6.2	−3.1	0	3	5	10	20	50
水平收敛值/(‰D)	20	2.54	2.05	1.56	1.11	0.74	0.48	0.11	−0.11	−0.05
	40	6.62	4.21	2.99	2.02	1.24	0.76	0.11	−0.25	−0.12
	60	10.64	6.48	4.23	2.68	1.56	0.90	−0.01	−0.45	−0.20
	80	14.59	7.96	5.36	3.30	1.80	0.99	−0.14	−0.64	−0.28
	100	18.05	9.83	6.41	3.86	2.03	1.05	−0.25	−0.83	−0.36
水平位移值/mm	20	0	3.63	4.64	5.36	5.69	5.71	5.51	4.44	2.13
	40	0	9.24	12.04	13.97	14.80	14.78	13.87	11.10	5.54
	60	0	16.85	22.73	25.89	26.72	26.35	24.14	18.90	9.31
	80	0	27.10	34.88	38.49	39.09	38.34	34.91	27.28	13.41
	100	0	37.71	47.16	51.59	52.21	51.12	46.38	36.07	17.79
拱底沉降值/mm	20	7.13	7.52	6.94	6.32	5.73	5.25	3.83	1.57	−0.02
	40	13.72	14.48	14.24	13.33	12.13	11.00	7.86	3.37	0.06
	60	21.54	22.11	22.41	20.80	18.53	16.65	11.78	5.08	0.11
	80	30.17	31.41	30.34	27.67	24.54	22.02	15.59	6.81	0.19
	100	40.20	41.14	37.78	34.19	30.33	27.25	19.34	8.55	0.31

⑤-⑤型隧道

变形指标	加载值(kPa)	加载距离/m								
		−13.1	−6.2	−3.1	0	3	5	10	20	50
水平收敛值/(‰D)	20	1.78	1.95	1.66	1.24	0.85	0.61	0.15	−0.04	−0.05
	40	4.10	4.03	3.29	2.39	1.56	1.06	0.25	−0.10	−0.09
	60	6.84	5.84	4.93	3.42	2.09	1.36	0.29	−0.19	−0.15
	80	9.82	7.39	5.84	4.21	2.44	1.56	0.29	−0.30	−0.20
	100	12.81	8.86	6.67	4.70	2.77	1.76	0.29	−0.45	−0.27

续 表

变形指标	加载值(kPa)	加载距离/m								
		−13.1	−6.2	−3.1	0	3	5	10	20	50
水平位移值/mm	20	0	2.40	3.40	4.02	4.34	4.41	4.32	3.71	1.82
	40	0	5.59	7.65	9.08	9.89	10.15	10.11	8.79	4.64
	60	0	9.18	12.46	15.15	16.86	17.41	17.37	14.92	7.79
	80	0	13.13	18.93	23.10	25.41	26.10	25.68	21.58	11.18
	100	0	18.91	27.00	32.21	34.79	35.33	34.32	28.60	14.77
拱底沉降值/mm	20	3.76	4.01	4.17	4.17	4.02	3.85	3.22	1.62	0.09
	40	6.39	7.40	8.01	8.33	8.26	8.04	6.71	3.45	0.30
	60	9.48	11.27	12.04	12.86	12.93	12.57	10.30	5.32	0.49
	80	13.05	15.40	17.16	17.92	17.94	17.29	14.00	7.25	0.72
	100	17.14	20.03	22.48	23.22	22.86	21.90	17.67	9.24	0.99

4) 隧道穿越层软硬程度

保持加载值 $p=100$ kPa,加载宽度 $B=20$ m,第⑤$_1$、⑤$_2$ 以及⑥-⑦层土体弹性模量 $E_下=150$ MPa 不变,设置第④层土体的弹性模量 $E_上$ 依次为 10 MPa、15 MPa、30 MPa、75 MPa、150 MPa,研究隧道穿越层弹性模量对其变形的影响,工况设置见表 3-6。为控制变量,避免因土体内摩擦角、黏聚力的取值影响计算收敛性以及计算结果,因此本组工况中土体均采用弹性模型计算。

表 3-6 隧道穿越层软硬程度影响工况设置

影响因素	加载值 p/kPa	加载宽度 B/m	隧道断面赋存类型	隧道穿越层弹性模量 $E_上$/MPa	隧道下卧层弹性模量 $E_下$/MPa
地层软硬差异	100	20	④-④	10、15、30、75、150	150

图 3-22 所示为隧道水平收敛以及拱底沉降随穿越层弹性模量的变化情况。由图可知:

① 当隧道下卧层较硬(本工况中下卧层弹性模量保持在 150 MPa)时,地面加载作用下隧道拱底沉降始终处于较低的水平,随着穿越层土体弹性模量的增大,拱底沉降值仅略有下降。

② 随着隧道穿越层弹性模量的增加，隧道水平收敛值迅速降低。

5）隧道下卧层软硬程度

保持加载值 $p=100$ kPa，加载宽度 $B=20$ m，以及第④层土体弹性模量 $E_上=10$ MPa 不变，改变第⑤$_1$、⑤$_2$ 以及⑥-⑦层土体的弹性模量 $E_下$，使 $E_下$ 依次为 10 MPa、20 MPa、50 MPa、100 MPa、150 MPa，研究隧道下卧层软硬程度对其变形的影响，工况设置见表 3-7。本组工况中土体同样采用弹性模型计算。

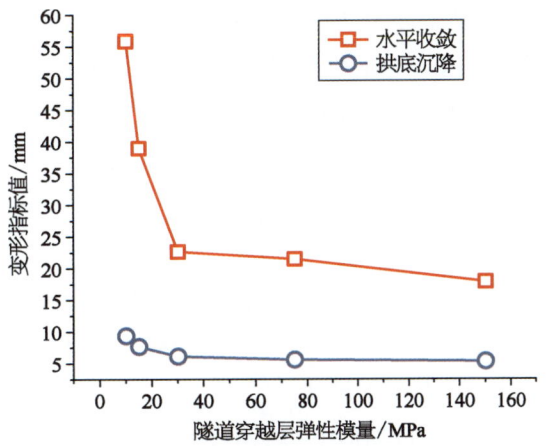

图 3-22 隧道变形指标随穿越层软硬程度的变化情况

表 3-7 下卧层弹性模量影响工况设置

影响因素	加载值 p/kPa	加载宽度 B/m	隧道断面赋存类型	隧道穿越层弹性模量 $E_上$/MPa	隧道下卧层弹性模量 $E_下$/MPa
地层软硬差异	100	20	④-④	10	10、20、50、100、150

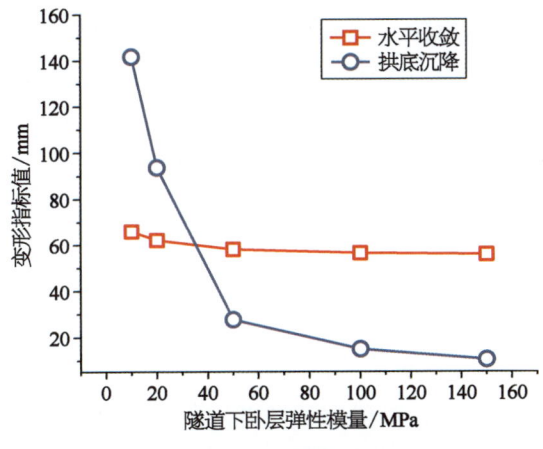

图 3-23 隧道变形指标随下卧层软硬程度的变化情况

图 3-23 所示为隧道水平收敛以及拱底沉降随下卧层弹性模量的变化情况。由图可知：

① 当隧道贮存于软土地层中（本工况中穿越层弹性模量保持在 10 MPa）时，随着下卧层土体弹性模量的增大，隧道水平收敛值仅略有下降。

② 随着隧道下卧层弹性模量的增加，隧道拱底沉降值迅速降低。

综合 4）、5）关于隧道穿越层、下卧层软硬程度对受地面加载作用隧道水平收敛、拱底沉降的讨论，可得出以下结论：

① 地面加载作用下隧道水平收敛主要受其穿越层土体性质影响，穿越层越软，隧道越易发生收敛变形超限；穿越层越硬，加载作用下隧道收敛变形越小。

② 地面加载作用下隧道拱底沉降主要受其下卧层土体性质影响，下卧层越软，隧道越易发生拱底沉降超限；下卧层越硬，加载作用下隧道拱底沉降越小。

对于贮存于软土层内隧道而言，当下卧层较软时，隧道比较容易因沉降超限而发生结构破坏；随着下卧层弹性模量的增加，隧道沉降超限的风险降低、收敛超限的风险增加；当下卧层较硬时，隧道不易因沉降超限而破坏，反而容易因收敛超限而发生结构破坏。应注意把控软土盾构隧道这一变形特性，针对处于不同地层条件内的隧道制定不同的监测保护方案。

3.2.3 变形规律总结

在上节中，通过有 ABAQUS 有限元软件分析了加载大小、加载宽度、加载距离、隧道埋深、地层性质等因素对受地面加载作用隧道变形性能的影响，通过参数分析可以总结得到以下的主要变形规律。

① 地面加载作用下盾构隧道的横向变形主要体现为横向收敛以及拱底沉降两个方面，在偏压加载下还会出现水平位移，横向收敛表现为隧道管片的弯曲变形和绕接头的转动变形，拱底沉降和水平位移表现为隧道在地层内的整体位移。随着加载值 p 的增加，隧道收敛变形值、拱底沉降值、水平位移值以及接头转角均呈非线性增长。

② 考虑到隧道结构安全性以及防水需求，当隧道初始状态良好时，地面加载值不宜超过 20 kPa。

③ 当加载范围小于 30 m（5 倍的隧道直径）时，隧道横向收敛随加载范围的增加而增大；当加载范围大于 30 m 后，继续增加加载范围，隧道横向收敛略有减小。隧道上方的小范围局部加载对隧道横向变形的影响同样应予以足够重视。

④ 随着地面加载离隧道距离的增加，隧道的水平收敛与拱底沉降均逐渐减小，但会朝远离荷载方向发生一定水平位移。隧道主破坏面内为敏感区，此范围内应审慎开展工程活动。

⑤ 地面加载作用下隧道水平收敛主要受其穿越层土体性质影响，拱底沉降主要受其下卧层土体性质影响。对于软土隧道而言，下卧层较软时应重点关注隧道的沉降变形；下卧层较硬时应重点关注隧道的收敛变形，有的放矢地开展各类监测保护工作。

3.3 模型试验分析

3.3.1 模型试验原理简介

试验方法是土木工程领域重要的研究手段之一，盾构隧道力学性能试验一般可分为原型试验以及模型试验两大类，原型试验立足工程现场，能够获取一手的、真实的试验数据，但也存在体量大、耗资高、周期长、干扰多等限制因素。模型试验通过对原型的缩尺抽象，可在室内条件实现对隧道主要结构性能的把控与研究，具备针对性强、经济性好等优点。

模型试验是通过缩尺相似的原则对原型结构进行合理抽象，因此把握模型与原型之间的相似关系是重中之重，一般而言，将模型试验结果乘以相似常数即可认为是原型的结果，当模型试验产生误差时，对应到原型上的误差也会根据相似常数放大，因此过高的相似常数会导致模型试验的失真。然而相似常数越小,模型试验的几何尺寸就越接近原型,必然带来对试验场地和设备要求的提高。因此,模型试验相似关系的设计需要合理权衡经济性以及可靠性。

受条件的限制,原型试验不仅需要大量的人力、物力,而且费时、费工、容易出错,但通过模型试验解决问题不仅经济合理、数据可靠,而且便于操作简单快捷,因此,模型试验一直是研究学者首选的试验方案。为了得出与原型试验一致的结论,模型试验在简化过程中必须遵守的相似三定理才能达到预期的效果。

相似三定理给模型试验奠定了理论基础,相似理论的提出,不仅促进相似理论的发展,还可以根据模型试验中各因素对模型试验现象影响的大小,应用相似理论,抓住主要因素,忽略次要因素,进行模型试验,得出近似原型试验结构。

通过相似三定理,可以将原型试验通过几何相似、物理相似、初始条件相似和边界条件相似简化为便于操作、试验数据可靠、技术方案可行的模型试验。原型试验不仅费时、费工,而且实现起来有一定的困难,只要试验目的明确,试验准备充分,就可以通过相似三定理进行科学、合理的简化,得出试验的真实结论。

地铁盾构隧道作为由管片拼装而成的结构,其中的环缝和纵缝接头对于其力学性能的影响较大,如何在模型试验中对接头部位进行合理相似也是难点之一。

3.3.2 模型试验设计

1) 相似比设计

室内模型试验的相似设计一般是先确定几何、重力以及弹性模量等基础物理量的相似常数,而后根据相似原理或量纲分析法确定其余参数的相似比[90]。

本试验所用模型盾构隧道以几何相似常数 $C_l=10$、重力加速度相似常数 $C_g=1$ 以及弹性模量相似常数 $C_E=10$ 进行设计,各类物理量的相似关系如表 3-8 所示[91]。

表 3-8 相 似 常 数

物理量	相似关系	相似常数	物理量	相似关系	相似常数
几何尺寸	基本量	10	弯矩	$C_M=C_\gamma C_l^4$	10 000
容重	基本量	1	轴力	$C_N=C_\gamma C_l^3$	1 000
应变	C_ε	1	剪力	$C_Q=C_\gamma C_l^3$	1 000
应力	$C_\sigma=C_l C_\gamma$	10	弯曲刚度	$C_{EI}=C_l^4$	10 000
位移	$C_\delta=C_l$	10	轴向刚度	$C_{EA}=C_l^3$	1 000
弹性模量	$C_E=C_l$	10	剪切刚度	$C_{GA}=C_l^3$	1 000

2) 模型隧道设计

原型盾构隧道为图 3-24 所示的某地铁盾构隧道，隧道用通缝拼装，外径为 8 000 mm，管片厚度为 300 mm，管片幅宽为 2 000 mm，共分 6 块，以 C50 混凝土浇筑，弹性模量为 30 GPa；管片相接处设 6 个纵向接头，每个接头均由 2 根弹性模量为 206 GPa 的 M48 环向螺栓连接。

根据几何相似比，计算得模型盾构隧道的外径为 800 mm，厚度为 30 mm，内径为 740 mm，宽度为 200 mm。管片单元的分块数量以及位置与原型一致，共由 1 个封顶管片(圆心角为 22.5°)和 5 个标准管片(圆心角为 67.5°)组成。

管片用弹性模量为 3 GPa 的有机玻璃加工而成，有机玻璃在各类结构模型试验中广泛使用，能够较好反映隧道管片在弹性状态下的工作性能。

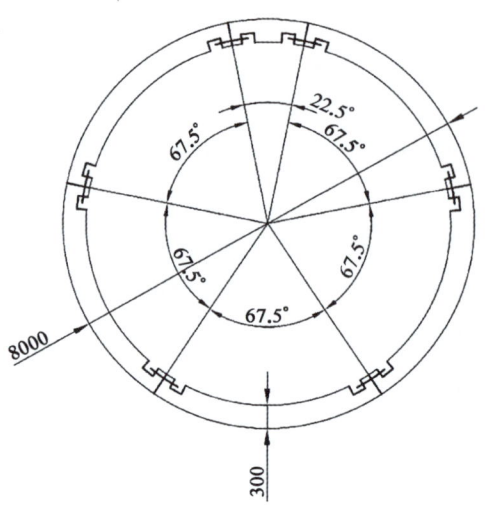

图 3-24 原型盾构隧道横断面(单位: mm)

设置橡胶件以模拟纵向接头，并通过模型螺栓将 6 块管片拼装连成整环。纵向接头的设计比较关键，经过反复比选试验，最终采用几何尺寸为 200 mm×30 mm×5 mm，以邵氏硬度 55 度的橡胶片作为模拟接头。

螺栓等效设计方面：原型螺栓弹性模量为 206 GPa，直径为 48 mm，试验中模型螺栓采用 304 合金钢制作，其弹性模量为 194 GPa，根据抗拉刚度相似原则[92-93]可计算得所需螺栓断面直径为 4.9 mm，因此试验采用 2 根 M5 螺栓进行管片拼装。

如图 3-25 所示，在每个管片的两端都预留螺栓孔以及用于安装螺栓的手孔，通

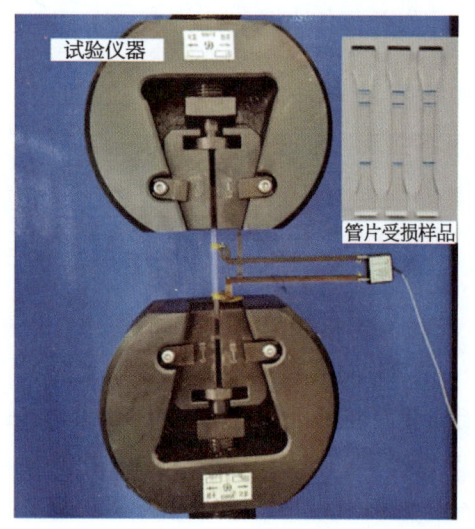
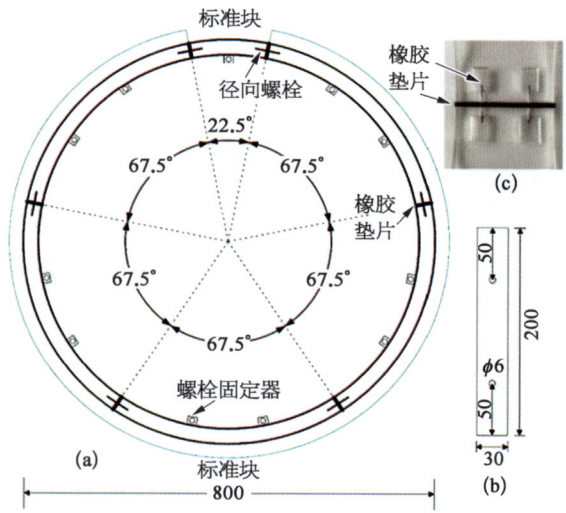

图 3-25 有机玻璃测试与加工(单位: mm)

过使用扭矩扳手来对螺栓施加 2.5 kN 的预紧力。模型制作完成后的情况如图 3-26 所示。

图 3-26 模型隧道

3) 模型土配制

黄大维等[57]通过研究指出,在弹性范围内设计模型试验时,模型土的压缩模量需要尽可能满足相似关系,而黏聚力与内摩擦角可不满足相似条件。此外,由于本试验主要研究地面局部加载下隧道的变形特性,因此土体重度可不必满足严格的相似原则。据此,试验共配制两种模型土,分别为砂土(细砂)和锯末土(细砂+锯末),用于模拟不同土层条件,两者密度分别为 1 400 kg·m^{-3} 和 860 kg·m^{-3},内摩擦角分别为 35°和 30°。土体压缩模量以压力为 10~20 kPa 时对应的压缩模量为准,模型中细砂和锯末土分别为 2.65 MPa 和 0.85 MPa,相应的原型土压缩模量为 26.5 MPa 和 8.5 MPa,分别对应于砂土层和软土层,下文表述同此。

4) 传感器设计

试验过程中分别对管片收敛变形、管片接头张开量及隧道外表面附加土压力加以监测。通过测量管径位移可计算收敛变形,其监测方案如图 3-27(a)所示,分别在 0°、45°、90°以及 135°截面布置四个 POM-HDQ20-50A 电感式位移计,量程为 50 mm,精度为 0.5%;接头张开量监测方案如图 3-27(b)所示,管片各接头内、外表面均布置一个应变片,通过测量接头内、外表面变形量可计算接头张开角度;附加土压力监测方案如图 3-27(c)所示,在管片外表面沿不同角度布置了 7 个 BWM 型土压力传感器,量程为 0.02~20 MPa,准确度级别为 0.2 级。传感器布置实物图如图 3-28 所示。

为验证试验的可靠性,上述传感器分别布置在荷载下方相邻的 A、B 两个管片上。图 3-29(a)~(c)所示分别为隧道穿越砂土时,$e=0$ mm、200 mm 和 1 000 mm 三组工况下 A 和 B 截面管径收敛变化情况,由图可知,两管片环相同截面变形量的平均差值仅 0.08 mm,说明本试验制模和测试方法较为可靠。处理数据时,取两管片环对应位置数据的平均值作为试验代表值。此外,本试验最终测得的隧道各项变形与力的数据均扣除回填土变形稳定后测得的初始值。

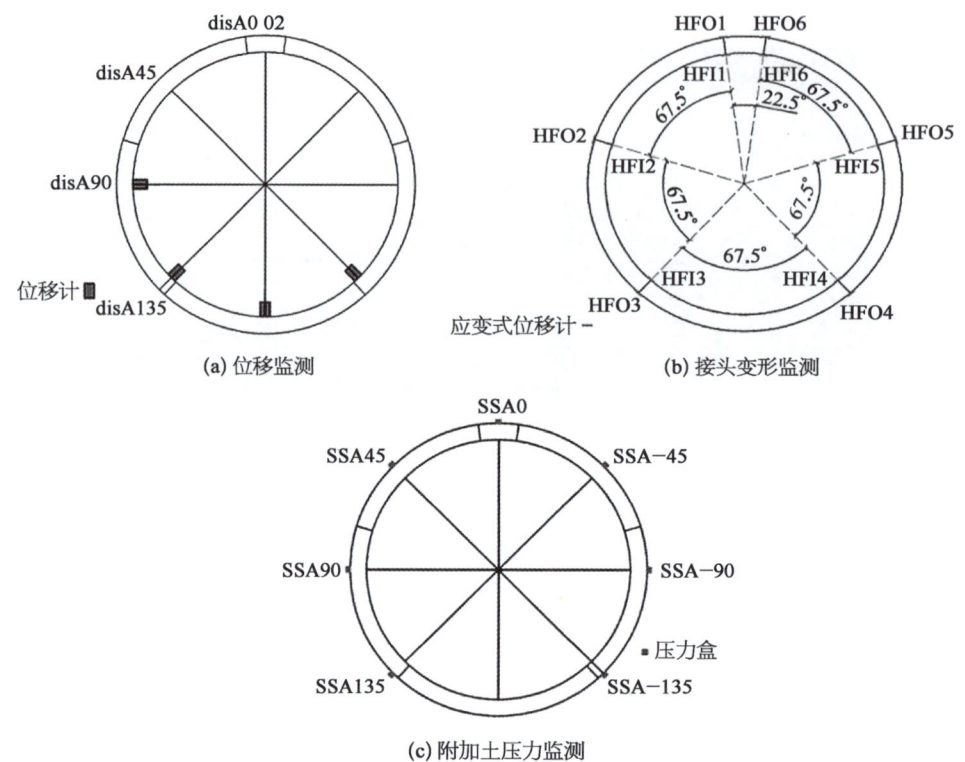

图 3-27 传感器布置

图 3-28 传感器布置实物图

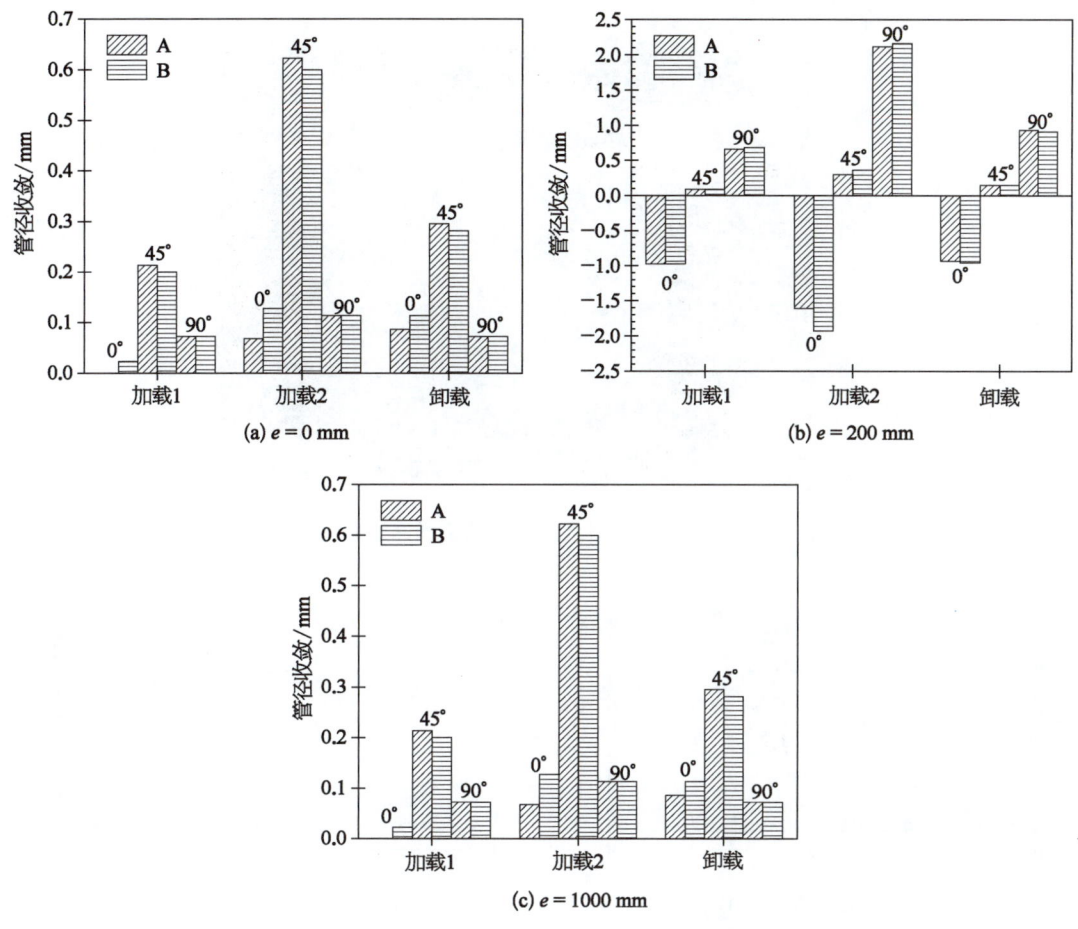

图 3-29 A、B 管片环变形对比

3.3.3 试验过程

本次试验是在同济大学嘉定校区土木工程防灾国家重点实验室的大型土箱中完成,土箱尺寸为 4 m 长、3 m 宽、2 m 高。试验模型如图 3-30 所示,外部土箱用型钢加工而成,内壁贴橡胶膜。试验中先铺设厚度为 $0.5D_t$(D_t 为隧道外径)的细砂作为隧道下卧层,再将隧道模型吊装入模型槽内,随后采用质量控制法[90]逐层填筑厚为 $0.25D_t$ 的土层,并按要求压实,每加完一层土后静置 24 h,以使变形稳定。填土至预设高度后,在预定位置放置铁块,用于模拟地面局部加载。每次试验分两级加载,每级加载 2 t 铁块,铁块底边尺寸为 1.2 m×1.2 m,每级加载量为 $p=14$ kPa,总加载量值为 $p=28$ kPa,可模拟常见的 2 m 高左右突发堆土。第一级加载结束后静置半个小时,进行第二级加载,再次静置 0.5 h 后卸载[91]。

为探究隧道所处地层条件对的影响,设计了图 3-31 所示两种不同土层分布条件的模型试验,分别模拟隧道穿越砂土和穿越软土,两者分别记为地层 1 和地层 2。为探究地

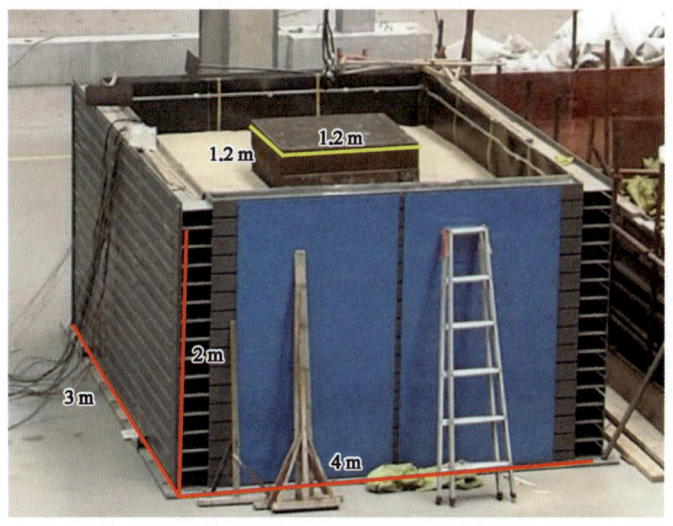

图 3-30　模型实物图(土木工程防灾国家重点实验室)

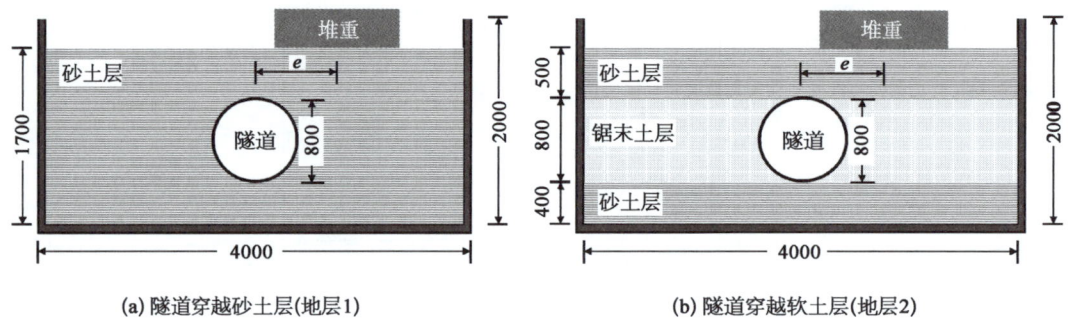

(a) 隧道穿越砂土层(地层1)　　　　　　(b) 隧道穿越软土层(地层2)

图 3-31　隧道穿越土层条件(单位：mm)

面局部加载位置对盾构隧道的影响,按荷载与隧道中轴线偏心距 e 的不同,共设置 $e=0$ mm、$e=200$ mm 和 $e=1\,000$ mm 三种加载形式,如图 3-32 所示。试验详细工况如表 3-9 所示;图 3-33 所示为试验过程中的部分图像。

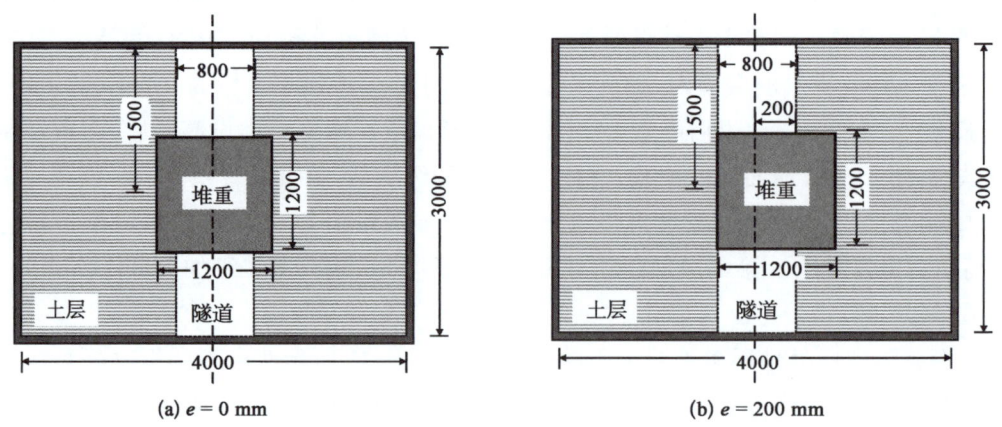

(a) $e=0$ mm　　　　　　　　　　　　(b) $e=200$ mm

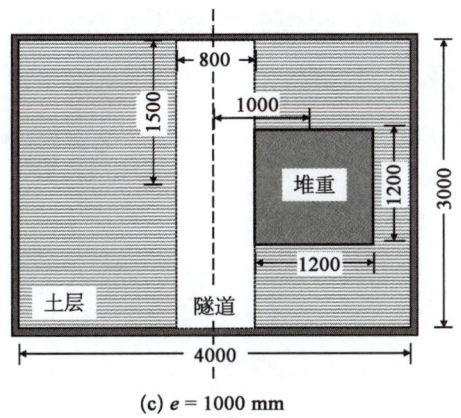

(c) $e = 1000$ mm

图 3-32 加载偏心距条件(单位: mm)

表 3-9 试 验 工 况

试验编号	隧道穿越土层	加载偏心距 e/mm	一级加载 p/kPa	二级加载 p/kPa	卸载
①	砂土	0	14	28	卸载
②		200			
③		1 000			
④	软土	0			
⑤		200			
⑥		1 000			

3.3.4 试验结果分析

1) 隧道收敛变形

表 3-10 所示为 $p = 28$ kPa 时隧道管片各截面变形情况,正变形量表示监测截面向外部扩张,负变形量表示监测截面向内部收缩。由表可知,$e = 0$ mm 时,隧道竖直截面向内收缩、水平截面向外扩张,收缩量与扩张量大致相当,斜截面的变形量较小,管片呈横椭圆变形。此时,砂土层隧道和软土层隧道的水平收敛外径比($\Delta D/D_t$)分别为 6.76‰ 和 15.98‰,大于调查报道[87]的正常值 5.1‰。

根据表 3-10 中数据可以计算得到不同加载位置和地层条件下隧道管片水平收敛值的变化情况,如图 3-34 所示。随着加载偏心距的增加,隧道水平收敛先迅速降低然后趋于平缓,$p = 28$ kPa 时,当 e 从 0 mm 增加到 200 mm,砂土层和软土层隧道的水平收敛分

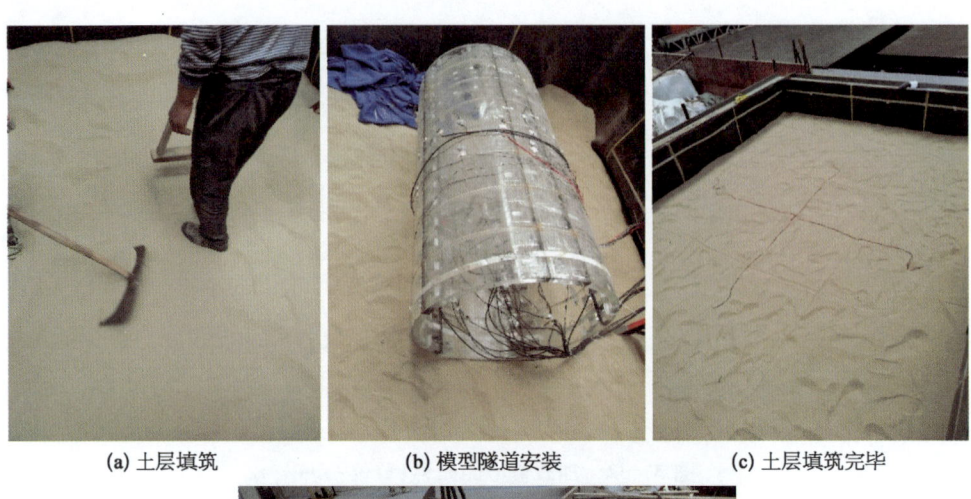

(a) 土层填筑　　　　　　(b) 模型隧道安装　　　　　　(c) 土层填筑完毕

(d) 施加加载

图 3-33　试验过程

表 3-10　$p=28$ kPa 时隧道管径收敛变形值　　　　　　　　（单位：mm）

截面	$e=0$ mm		$e=200$ mm		$e=1\,000$ mm	
	砂土层	软土层	砂土层	软土层	砂土层	软土层
0°	−4.57	−12.65	−1.92	−3.61	0.12	0.24
45°	−1.38	−0.56	0.37	2.60	0.59	1.20
90°	5.41	12.78	2.15	3.45	0.11	−0.05
135°	1.72	0.31	−0.60	−2.73	−0.91	−1.53

别下降了 60‰ 和 73‰。此外，$e=0$ mm、200 mm 和 1 000 mm 时，隧道变形后的长轴方向分别为 90°（水平方向）、90° 和 45°（斜方向），说明加载偏心距的增加还会导致隧道管片从横椭圆变形逐渐发展为斜椭圆变形，实际工程中应注意调整监测与加固措施。

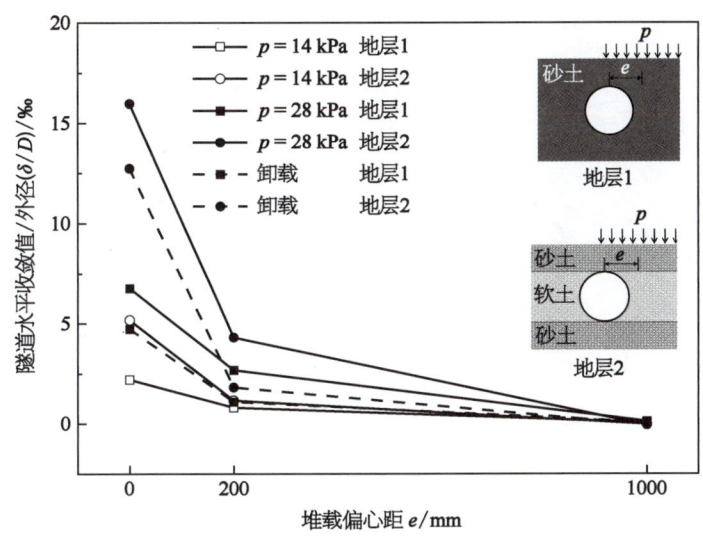

图 3-34 隧道水平收敛变化情况

对比不同土层特性可发现，软土层隧道的水平收敛普遍大于砂土层，其最大水平收敛为后者的 2.5 倍，原因是软土可提供的抗力较小，地面加载作用下隧道结构更容易变形[90]。此外，$p=28$ kPa 时，当 e 从 0 mm 依次增加到 200 mm 和 1 000 mm，砂土层隧道水平收敛相对于 $e=0$ mm 时依次减小了 60% 和 90%，而软土层隧道水平收敛则依次减小了 73% 和 95%。说明对于贮存于软土层的地铁隧道而言，增到加载与隧道的距离能够较好地起到保护隧道的作用。

分析加—卸载过程发现，卸载后隧道管片仍然有较大的残余变形，说明局部加载对隧道的不良影响难以在卸载后消除。通常来讲，隧道截面的变形主要来自两个部分：一是管片结构自身的变形；二是管片接头的错台变形[94]。加载作用产生的附加荷载，不仅使得土层出现塑性变形，而且导致管片间的接头也发生错台变形。两种变形的耦合作用使得卸载后管片产生了不可恢复的残余变形。因此，应严格管理邻近隧道各类工程活动，避免因突发局部加载对隧道造成不可逆损伤。

2) 接头张开量

通过应变式位移计测量隧道接头内、外表面的变形量，可以计算得各个接头向外张开的角度（外张开量）。图 3-35 所示为不同加载偏心距时砂土层隧道的接头外张开量（正值表示向外张开，负值表示向内张开）。$e=0$ mm 时，各接头张开角较为对称，隧道肩部接头向外张开，其余部位接头则向内张开，肩部接头（78.75° 和 281.25°）的外张开角与顶部接头（11.25° 和 348.75°）的内张开角大致相等，同时上半部分接头的变形量明显大于下半部接头，与王如路等[88]的数值模拟结果类似。随着加载偏心距增加，隧道接头变形量逐渐减小。此外，e 的增加导致了变形的不对称性，$e=0$ mm 时变形主要发生在左右肩部接头和顶部接头，接头变形较为对称，而偏压加载时变形主要发生在荷载对侧的肩部与顶部

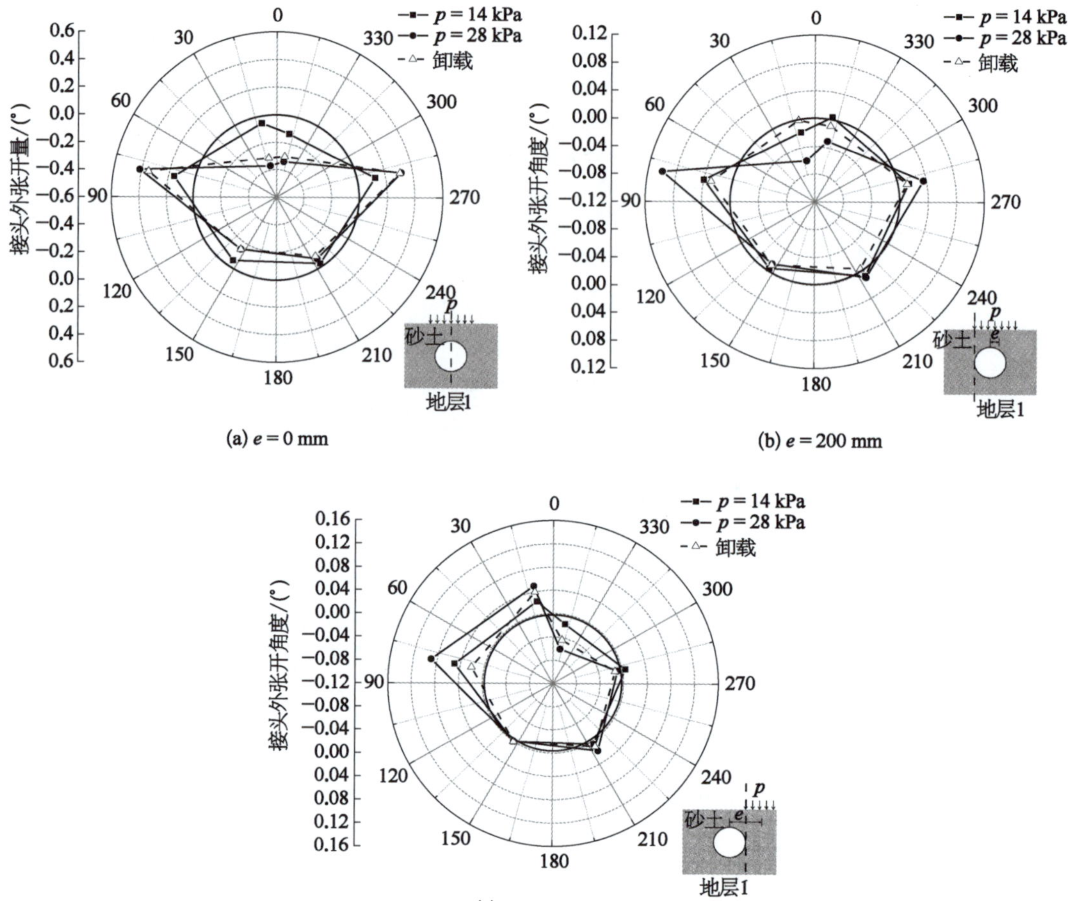

(a) $e=0$ mm (b) $e=200$ mm (c) $e=1000$ mm

图 3-35 砂土层隧道接头张开量

(a) 正上方加载 (b) 偏心加载

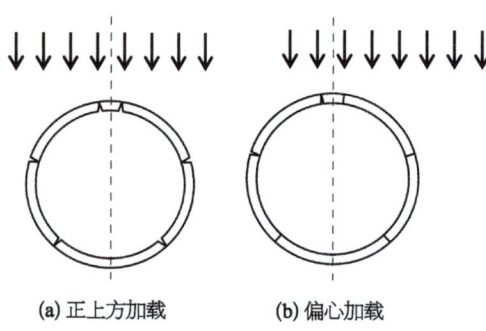

图 3-36 正上方加载和偏心加载时隧道接头变形情况

接头，两种情况下隧道接头的变形模式差别如图 3-36 所示。

图 3-37 为软土层隧道接头的变形情况，由于变形较大，部分应变位移计遭到破坏，因此仅测得 $e=0$ mm 和 $e=200$ mm 两种工况下的部分接头变形。对比图 3-38 可知，软土层隧道管片接头的变形特征与砂土层隧道类似，但张开量更大。同时，卸载后接头依然有一定的残余变形量，说明本试验中接头变形同样进入塑性发展阶段。王如路等[88]通过数值模拟研究了正上方加载作用下隧道的收敛变形与接头张开量间的关系。结果显示，肩部接头的张开量约为隧道收敛变形量的 10%，本试验中 $e=0$ mm 时砂土层和软土层隧道肩部接头张开量分别为各自管片收敛最大变形量的 4.4% 和 1.9%，与文献[88]数值模拟结果有一定差异。

第 3 章 地面加载作用下隧道横向变形分析与模型试验

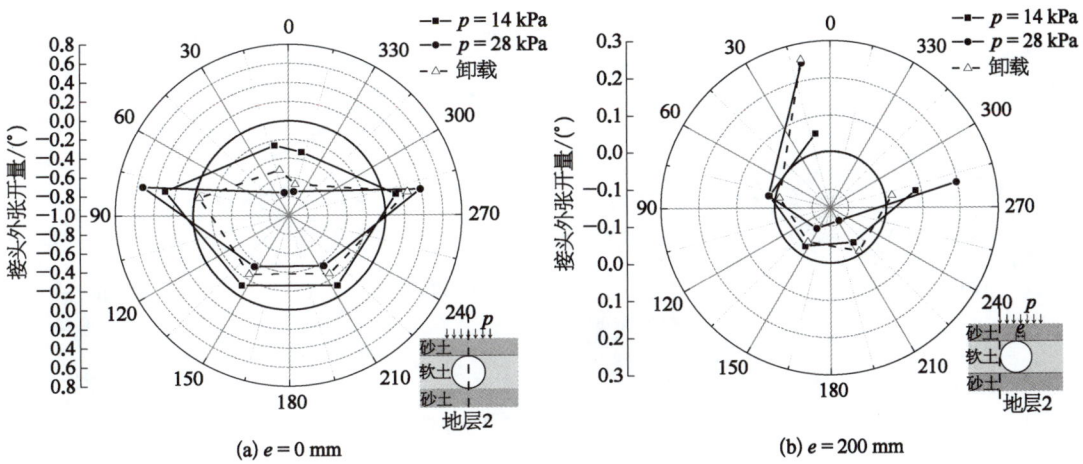

图 3‑37 软土层隧道接头张开量

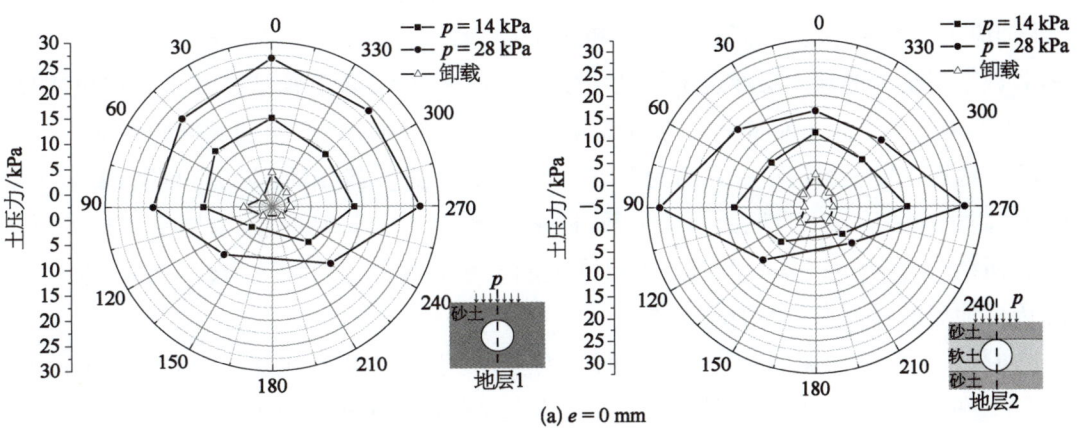

(a) $e = 0$ mm

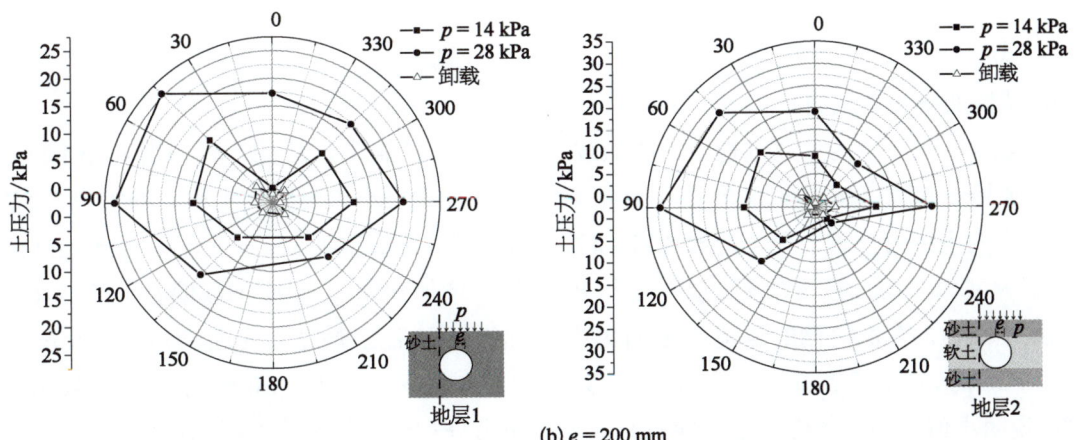

(b) $e = 200$ mm

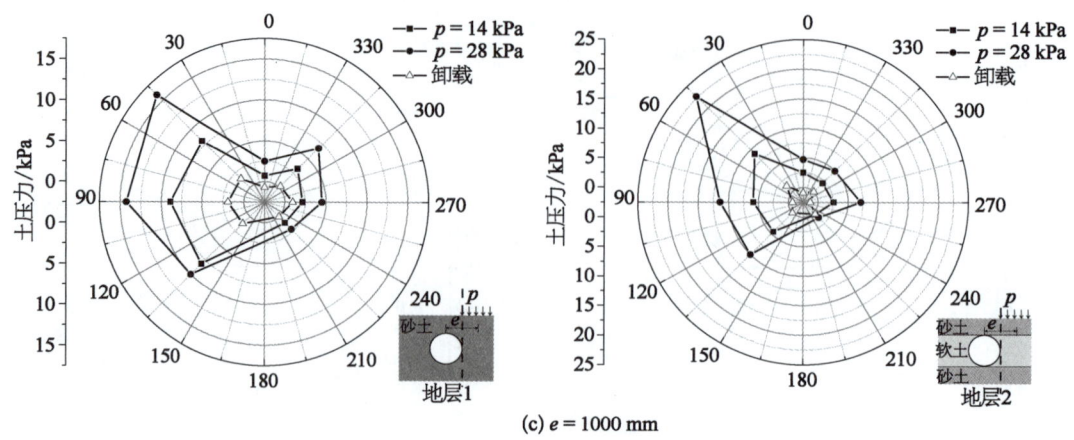

图 3-38　隧道结构外表面附加土压力

3）土压力

图 3-38 所示为隧道外表面的附加土压力分布情况。$e=0$ mm 时，砂土层隧道各方向附加应力分布相对均匀，而软土层隧道附加应力主要集中于水平方向。原因有二：第一，收敛变形更大的软土层隧道土拱效应发挥的程度更大，隧道顶部荷载重分布更明显，因此顶部附加应力减小而水平向应力增大。第二，试验中加载产生的局部附加应力约为 27 kPa，隧道上覆土层自重应力约为 7 kPa，对比隧道结构实测附加应力可推测，隧道水平方向的附加应力不仅来自地面局部加载，还来自水平变形时周围地层对隧道结构的反作用力，而结合图 3-34 可知，此时软土层隧道的水平向收敛变形大致为砂土层隧道的 2.4 倍，因此前者的隧道水平附加应力更大。

加载偏心距的增加会导致隧道表面的土压力逐渐减小以及土压力分布情况的改变。为了定量描述土压力向斜截面集中的情况，定义了斜截面土压力集中系数 F：

$$F=\frac{(S_{45}+S_{90})/2}{(S_0+S_{135}+S_{225}+S_{270}+S_{315})/5}$$

式中：S_0、S_{45}、S_{90}、S_{135}、S_{225}、S_{270}、S_{315} 分别表示 0°、45°、90°、135°、225°、270°和 315°截面的附加土压力。

表 3-11 所示为加载过程中不同加载偏心距和土层条件下 F 的变化情况，e 相同时，$p=14$ kPa 和 $p=28$ kPa 的 F 比较接近，说明局部加载大小主要影响土压力的大小，而基本不影响土压力分布情况。$p=28$ kPa 时，随着 e 从 0 mm 增加到 1 000 mm，砂土层隧道的 F 从 1.05 增加到 2.91，软土层隧道的 F 从 1.55 增加到 3.06，说明加载偏心距的增加会导致土压力向荷载对侧的隧道斜截面集中。对比不同土层类型可发现，当 $e=0$ mm 和 200 mm 时，软土层隧道的 F 普遍大于砂土层隧道，而 $e=1 000$ mm 时两者的 F 较为接近，说明小偏心加载条件下土层性质对隧道土压力分布状况的影响同样不可忽略。

表 3-11 隧道斜截面土压力集中系数

隧道穿越土层	P/kPa	$e=0$ mm	$e=200$ mm	$e=1\,000$ mm
砂土层	14	1.18	1.80	2.76
	28	1.05	1.54	2.91
软土层	14	1.19	2.11	3.09
	28	1.55	2.10	3.06

3.4 小结

在有限元建模部分，通过 ABAQUS 有限元软件研究了地面大面积加载作用下加载大小、隧道埋深、地层性质等因素对受地面加载作用隧道变形性能的影响，通过参数分析可以总结得到以下变形规律：

① 地面加载作用下盾构隧道的横向变形主要表现为水平收敛、拱底沉降以及水平位移。水平收敛主要由隧道管片变形以及管片绕接头转动组成；水平位移主要发生在偏压荷载作用下。

② 软土隧道正上方地面的小范围局部加载也会导致浅埋隧道发生较大收敛变形，应予以重视。此外，考虑到隧道结构安全性以及防水需求，当隧道初始状态良好时，地面加载值不宜超过 20 kPa。

③ 隧道轮廓线往外 3 m 范围内为极度敏感区，此范围内应审慎开展工程活动；隧道主破坏面范围内为敏感区，此范围内不应开展大型工程活动。

④ 地面加载作用下隧道水平收敛主要受其穿越层土体性质影响，拱底沉降主要受其下卧层土体性质影响。对于软土隧道而言，下卧层较软时应重点关注隧道的沉降变形；下卧层较硬时应重点关注隧道的收敛变形。

在缩尺模型试验部分，究了地面局部加载下软、硬土层中地铁隧道的横向变形性能，通过控制加载偏心距和隧道穿越土层压缩模量的变化，对比分析了不同工况下隧道收敛变形、接头外开量和外表面附加土压力的变化情况。主要结论如下：

① 随着加载偏心距的增加，隧道收敛变形先迅速下降然后趋于平缓，并且从横椭圆变形逐渐转变为斜椭圆变形。软土层隧道的收敛比砂土层隧道更大，并且增加加载偏心距后软土层隧道收敛的减小比砂土层隧道更明显。

② 增加加载偏心距可以减小隧道接头变形量，正上方加载时变形主要发生在隧道左右肩部与顶部接头，且较为对称，偏压加载时变形主要发生在荷载对侧的肩部与顶部接头。软土层隧道接头的变形量比砂土层隧道更大。

③ 加载作用下硬土层隧道附加土压力分布相对均匀,而软土层隧道附加土压力主要集中于水平方向。随着加载偏心距增加,附加土压力逐渐减小,且最大压力所在位置向荷载对侧的斜截面转移。地面突发局部加载容易对隧道造成较大损伤,且这些损伤难以在卸载后恢复。

总之,为控制盾构隧道横向变形指标,维持隧道处于良好的服役状态,在软土隧道上方地表的加载活动应严格遵循"预防为主、少堆远堆、提前保护、实时监控"的工作原则。

第 4 章
上方卸载作用下盾构隧道变形数值分析

4.1 引言

随着城市地下空间开发、河道疏浚等,在盾构隧道上方进行基坑卸载的案例越来越多,对隧道的影响主要表现为隆起明显和少量收敛变形。大量工程实践经验表明,基坑工程施工对下卧隧道的影响过程非常复杂,地基加固情况、基坑支护体系、开挖尺寸大小、基坑暴露时间等都是影响隧道隆起变形的重要因素。虽然部分工程案例实测数据显示,横向收敛变形量较小,多表现为"竖鸭蛋"变形,其影响也不容忽视。尽管每个工程实施前都经过了详细设计评估,但鉴于对地层和施工影响评估的不确定性,致使部分案例隧道隆起量和收敛变形仍然较大,表明此类工况的研究仍然远落后于工程实践和现实需求。

有关学者主要通过理论、现场试验和数值模拟等方法进行对比研究。研究内容主要集中于:基坑开挖引起坑底隆起变形机理及规律,邻近隧道土体加固及坑底加固情况的影响规律,基坑开挖时空效应对隧道变形的影响,以及基于工程案例对变形规律曲线经验公式的总结,积累了一定成果并提出一些预测方法,为指导工程设计施工与应用。

本章根据已有研究成果,结合近年来对上海软土地区土体本构模型的认识,针对地铁隧道正上方开挖卸载对隧道变形的影响开展专项研究,引入基坑开挖尺寸、土体加固处理、工程保护桩、极限工况以及开挖暴露时间限制等因素,通过有限元数值模拟分析,讨论基坑开挖对隧道变形影响的时空效应;结合对隧道的监测,探索研究上方基坑开挖对隧道变形影响的规律性,以期为后续工程施工提供借鉴。

4.2 土体本构模型及计算参数的选取

选用合适的土体本构模型是岩土工程有限元分析的关键。本节对土体本构模型的特点做简要介绍,探讨各种模型在上海地区敏感环境岩土工程中的适用性,为本章的后续研究铺垫相关理论基础。

4.2.1 土体本构模型

至今已提出了上百种土体本构模型,但每种本构模型都是反映土的某一类或几类现象。由于土体变形行为的复杂性,各模型均有其应用范围和局限性。目前土体主要有以下几类模型:弹性类模型,如线弹性模型、Duncan-Chang 模型;弹-理想塑性类模型,如 Mohr-Coulomb(MC)模型、Drucker-Prager(DP)模型;硬化类弹塑性本构模型,修正剑桥(MCC)模型、硬化土(HS)模型、小应变模型。

1) 弹性本构模型

(1) 线性弹性模型。

线弹性理论模型是一种最基本和简单的力学模型,线弹性材料本构关系服从广义胡克定律,即应力应变在加卸载时呈线性关系,卸载后材料无残余应变。采用 2 个参数描述应力应变关系,即弹性模量 E 和泊松比 ν。线弹性模型是最简单的应力—应变关系,但不能描述土体很多重要的特征,如塑性应变、剪胀性等。

(2) 非线性邓肯-张模型。

该模型是一种建立在增量广义胡克定律基础上的非线性弹性模型,可以反映土体应力-应变关系的非线性,模型参数共有 8 个,其物理意义明确,可以通过常规三轴试验确定,便于在数值计算中运用,因而,得到了广泛的应用。

1963 年,康纳(Kondner)[95]根据大量土的三轴试验的应力应变关系曲线,提出可以用双曲线拟合出一般土的三轴试验曲线,如图 4-1 所示,其中 q_a 为偏应力极限值,q_f 为偏应力破坏值。关系式为:

$$\sigma_1 - \sigma_3 = \frac{\varepsilon_a}{a + b\varepsilon_a} \tag{4-1}$$

式中:a,b 为试验常数;对于常规三轴压缩试验,轴应变 $\varepsilon_a = \varepsilon_1$。

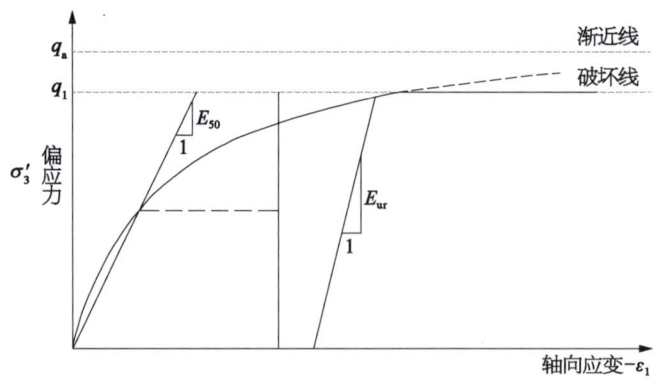

图 4-1 三轴试验的应力应变典型关系

1970年,邓肯(Duncan)和张(Chang)[96]根据这一双曲线应力—应变关系提出了一种增量的弹性模型,也即邓肯-张(Duncan-Chang)模型。

邓肯-张模型的数学方程表达式较简单,模型反映了岩土材料的非线性弹性。但是邓肯-张模型仍然是弹性理论,不涉及任何塑性理论。它不能反映不同应力路径的影响,考虑岩土的压硬性和剪胀性、应变软化特性以及中间主应力对强度和变形的影响。

2) 弹-理想塑性本构模型

(1) 摩尔-库伦(MC)模型。

MC模型是一种弹-理想塑性模型,它综合了胡克定律和Coulomb破坏准则,假定土体在到达破坏强度前为线弹性,之后为完全塑性。破坏准则的公式形式为:

$$\tau_f = \sigma \tan\varphi + c \tag{4-2}$$

MC模型共有5个模型参数,即控制弹性行为的2个参数(弹性模量E、泊松比ν),和控制塑性行为的3个参数(有效黏聚力c、有效内摩擦角φ和剪胀角ψ)。

MC模型较为简单,参数物理意义清晰,能较好地描述土体的破坏行为。然而MC模型认为土体在达到抗剪强度之前的应力-应变关系符合胡克定律,不能合理地描述土体在破坏之前的实际变形机制。MC模型的加荷和卸荷模量相同,且无法考虑应力路径的影响,在模拟开挖卸荷等行为时可能产生较大的墙体水平位移和坑底回弹以及坑外土体沉降等,与实际情况有着明显的出入。MC模型应用较为广泛,但因Mohr-Coulomb屈服面在偏平面的屈服面为六角形,进行塑性分析时因角处塑性流动方向不唯一会引起收敛困难。

(2) Drucker-Prager(DP)模型。

Drucker和Prager[97]把不考虑σ_2影响的Colomb屈服准则与不考虑静水压力P影响的Mises屈服准则联系在一起,提出了推广的Mises理想塑性模型,即DP模型[3]。1957年,Drucker等[98]又提出了土塑性力学的加工硬化理论,认为静水压力会影响土的屈服,给原来的DP模型的开口端加上了一个半球形的"帽子"屈服面,这就是最早提出的关于帽盖模型的设想,为塑性加工硬化理论在土力学中的应用奠定了基础。

DP模型中屈服准则采用了广义的Mises屈服准则,其表达式为:

$$F = \sqrt{J_2} - \alpha I_1 - k = 0 \tag{4-3}$$

式中:J_2为偏应力第二不变量;I_1为应力张量第一不变量;参数α和k可由表征材料凝聚强度c摩擦角φ的屈服应力资料来确定。对于三轴压缩,参数α和k可表示为:

$$\boldsymbol{\alpha} = \frac{2\sin\varphi}{\sqrt{3}(3-\sin\varphi)} \tag{4-4}$$

$$\boldsymbol{k} = \frac{6c\cos\varphi}{\sqrt{3}(3-\sin\varphi)} \tag{4-5}$$

对于平面应变条件下,参数 α 和 k 与凝聚强度 c 摩擦角 φ 的关系为:

$$\alpha = \frac{\sin \varphi}{\sqrt{3}} \tag{4-6}$$

$$k = \frac{2c \cos \varphi}{\sqrt{3}} \tag{4-7}$$

DP 模型屈服准则所表示的屈服面,在主应力空间为一个圆锥面。DP 模型对 MC 模型的屈服面函数做了适当的修改,采用圆锥形屈服面来代替 MC 模型的六棱锥屈服面,易于程序的编制和进行数值计算。然而,MC 模型存在的缺陷同样存在于 DP 模型之中。

3) 硬化类弹塑性本构模型

(1) 修正剑桥(MCC)模型。

剑桥模型是英国 Roscoe 等在正常固结和弱超固结黏土试样的排水和不排水三轴试验基础上[99],基于临界状态理论提出了剑桥(Cam-Clay)模型。此后,Roscoe 和 Burland 进一步提出了修正剑桥(MCC)模型[100],MCC 模型从理论上和试验都较好地阐明了土体的弹塑性变形特性,是应用最为广泛的软土本构模型之一。

CC 模型假定软土在排水条件等向压缩下,比体积 ν 和 $\ln p'$ 形成一条直线,即原始压缩曲线,如图 4-2 所示。当卸载时试样回弹,比体积 ν 和 $\ln p'$ 成一条回弹曲线其中,有效平均应力 p' 定义为:

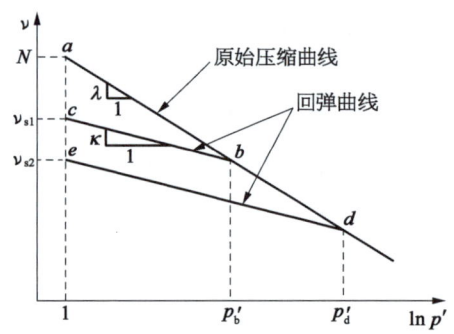

图 4-2 原始压缩曲线和回弹曲线

$$p' = \frac{1}{3}(\sigma_1' + \sigma_2' + \sigma_3') \tag{4-8}$$

体积比 ν 可表示为:

$$\nu = 1 + e \tag{4-9}$$

原始压缩曲线可由如下方程表示:

$$\nu = N + \lambda \ln p' \tag{4-10}$$

回弹曲线可由如下方程表示:

$$\nu = \nu_s + \kappa \ln p' \tag{4-11}$$

式中:λ 为 $\nu - \ln p'$ 平面中原始压缩曲线的斜率;κ 为 $\nu - \ln p'$ 平面中回弹曲线的斜率;N 为原始压缩曲线上在单位压力下的比体积;ν_s 为回弹曲线卸载到单位压力是对应的比体积。

同时,土体在持续的剪应力作用下,体积变形和应力保持不变,但剪切变形不断增大而破坏。剪切试验是破坏点的轨迹即为临界状态线(CSL)。在 $v-\ln p'$ 平面中 CSL 与原始压缩曲线平行,如图 4-3 所示。N 与 Γ 的关系为:

$$\Gamma = N - (\lambda - \kappa)\ln 2 \tag{4-12}$$

式中:Γ 为临界状态线上在单位压力下的比体积。

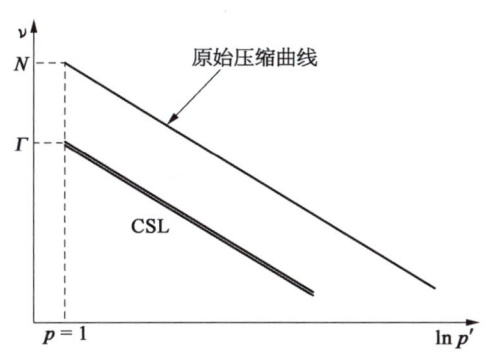

图 4-3　$v-\ln p'$ 平面中 CSL

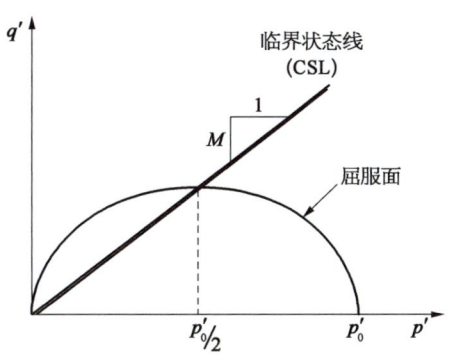

图 4-4　修正剑桥模型在 $p'-q'$ 面上的屈服面

MCC 模型在 $p'-q'$ 面上的屈服面如图 4-4 所示。

该模型基本概念明确,考虑了岩土材料静水压力屈服特性、剪缩性和压硬性,较好地适宜于正常固结黏土和弱超固结黏土,通过试验容易获得计算参数,便于在岩土工程中推广。然而修正剑桥模型有它的局限性,它的屈服面只是塑性体积应变的等值面,采用塑性体积应变作硬化参量,因而没有充分考虑剪切变形;只能反映土体剪缩,不能反映土体剪胀,该模型也未考虑土体刚度在小应变范围内的变化特性。

(2) 硬化土(HS)模型。

HS 模型由 Schanz 等[101]在 Vermeer 的双硬化模型基础上提出,该模型为等向硬化弹塑性模型,与邓肯-张模型相同,HS 模型假设在三轴排水剪切试验中剪应力 q 与轴向应变 ε_1 成双曲线关系。不同的是 HS 模型采用塑性理论代替邓肯-张模型的弹性理论,且 HS 模型考虑了土体的剪胀性,模型中引入了盖帽屈服面,可以同时考虑土体的剪切硬化和压缩硬化。此外,HS 模型引入加卸载模量 E_{ur},考虑了基坑开挖过程中的卸荷影响。

模型共包含 11 个参数,其定义见表 4-1。

表 4-1　HS 模型参数定义

参　数	定　义
c'	土的有效黏聚力
φ'	土的有效内摩擦角

续　表

参　　数	定　　义
K_0	正常固结条件下静止侧压力系数
ψ	土的剪胀角
m	刚度应力水平相关幂指数
p^{ref}	参考应力
E_{50}^{ref}	三轴排水剪切试验的参考割线模量
$E_{\text{ur}}^{\text{ref}}$	三轴排水剪切试验的参考加卸载模量
$E_{\text{oed}}^{\text{ref}}$	固结试验中的参考切线模量
R_{f}	破坏比
ν_{ur}	加卸载泊松比

标准的固结排水三轴试验屈服曲线可描述为：

$$-\varepsilon_1 = \frac{1}{2E_{50}} \frac{q}{1-q/q_{\text{a}}} \quad q < q_{\text{f}} \tag{4-13}$$

式中：q_{a} 为剪切强度极限值；q_{f} 为偏应力破坏值；参数 E_{50} 为主加载时 50% 极限荷载所对应的割线模量，它由下面的方程给出：

$$E_{50} = E_{50}^{\text{ref}} \left(\frac{c' \cdot \cos \varphi' - \sigma_3' \sin \varphi'}{c' \cdot \cos \varphi' + p^{\text{ref}} \sin \varphi'} \right)^m \tag{4-14}$$

式中：E_{50}^{ref} 为对应于参考约束力 p^{ref} 的参考割线模量。

依赖于参考应力的加卸载模量 $E_{\text{ur}}^{\text{ref}}$ 和切线模量 $E_{\text{oed}}^{\text{ref}}$ 可表示为：

$$E_{\text{ur}} = E_{\text{ur}}^{\text{ref}} \left(\frac{c' \cos \varphi' - \sigma_3' \sin \varphi'}{c' \cos \varphi' + p^{\text{ref}} \sin \varphi'} \right)^m \tag{4-15}$$

$$E_{\text{oed}} = E_{\text{oed}}^{\text{ref}} \left(\frac{c' \cos \varphi' - \sigma_3' \sin \varphi'}{c' \cos \varphi' + p^{\text{ref}} \sin \varphi'} \right)^m \tag{4-16}$$

HS 模型遵守摩尔-库伦破坏准则，土体偏应力的破坏值 q_{f} 可表示为：

$$q_{\text{f}} = (c \tan \varphi - \sigma_3') \frac{2 \sin \varphi}{1 - \sin \varphi} \quad q_{\text{a}} = q_{\text{f}}/R_{\text{f}} \tag{4-17}$$

HS 模型为等向硬化弹塑性模型，可以同时考虑土体的剪切硬化和压缩硬化。并且

HS 模型引入加卸载模量 E_{ur},考虑了基坑开挖过程中的卸荷影响,比较适用于分析基坑工程对周边环境的变形影响。但是其并未考虑土体刚度在小应变范围的变化特性,因此应用于敏感环境深基坑工程有一定的局限性。

(3) 小应变硬化土模型。

Benz(2006 年)在 HS 模型的基础上,结合修正的 Hardin-Drnevich 剪切模量关系式[102],考虑了土体在小应变区域内的刚度随应变的非线性变化[103]。试验证明,小应变情况下的应力-应变曲线可以用双曲线模拟,Hardin-Drnevich 模型给出的剪切模量关系式为:

$$\frac{G_s}{G_0} = \frac{1}{1+\left|\dfrac{\gamma}{\gamma_r}\right|} \tag{4-18}$$

其中,极限剪切应变 γ_r 定义为:

$$\gamma_r = \frac{\tau_{\max}}{G_0} \tag{4-19}$$

式中:$\tau_{\max}$ 为破坏时的剪应力。

为了避免错误地使用较大的极限剪应变,建议使用割线模量 G_s 减小到初始值的 70% 时的剪应变 $\gamma_{0.7}$ 来替代 γ_r。式(4-19)可改为:

$$\frac{G_s}{G_0} = \frac{1}{1+\alpha\left|\dfrac{\gamma}{\gamma_{0.7}}\right|} \quad \text{其中}, a = 0.385 \tag{4-20}$$

Benz 假定,G_0 与参考围压 p^{ref} 下的初始剪切模量具有如下的关系式:

$$G_0 = G_0^{ref}\left(\frac{c\cot\varphi+\sigma_3}{c\cot\varphi+p^{ref}}\right)^m \tag{4-21}$$

与之类似,E_0 与参考围压 p^{ref} 下的初始弹性模量有如下关系:

$$E_0 = E_0^{ref}\left(\frac{c'\cot\varphi'+\sigma_3'}{c'\cot\varphi'+p^{ref}}\right)^m \tag{4-22}$$

HSS 模型可以考虑软黏土的硬化特性,区分加载和卸载,且刚度依赖于应力历史和应力路径,同时考虑了土体在小应变区域内的刚度随应变的非线性变化特性。

土体初始模量 G_0 的试验确定方法:通常采用动力的方法来测量,主要有现场动力测试和室内动力测试。现场动力测试方法有跨孔地震法(CHST)和动力触探法(SCPT)等。室内动力测试方法有:共振柱法、弯曲元法。共振柱试验是测定土最大剪切模量较为可靠的方法之一,其原理是使土样的一端受到轴向的或扭转的简谐振动的激振,激振产生的应力波传向试样的另一端并被反射回来,调节激振频率,使试样振端的应变幅达到最大值,也就是使试样系统发生共振,此时所测得的共振频率即为土试样系统的固有频率 f_n,可以通过式(4-23)计算出土样的动剪切模量 G_d:

$$G_d = \rho \left(\frac{2\pi f_{nT} H}{\beta_T}\right)^2 \quad (4-23)$$

式中:G_d 为试样的动剪切模量(MPa);ρ 为试样的质量密度(kg/m³);f_{nT} 为系统的扭转振动共振频率(Hz);H 为试样固结后的高度(m);β_T 为扭转振动频率方程的特征值。

弯曲元法也被广泛认为是测定土的最大剪切模量有效方法之一,弯曲单元是压电陶瓷机电传感器,可以把电能转换成机械运动。把弯曲单元安装在三轴压力室的底座和上帽处,输入电流激发单元弯曲,放射出剪切波通过土样传递,剪切波速是 V_s。波的传递导致接收单元振动,示波器捕捉到电流信号。通过源单元和接受单元之间剪切波传递时间确定剪切波速 V_s。可用式(4-24)来计算非常小应变剪切模量 G_{max}:

$$G_{max} = \rho V_s^2 \quad (4-24)$$

式中:ρ 为土样密度。

HSS 模型除包含 HS 模型的全部参数(表 4-1)外,还包含两个小应变参数 G_0^{ref} 和 $\gamma_{0.7}$,共计 13 个参数。其中,参考初始剪切模量 G_0^{ref} 可用参考初始弹性模量 E_0^{ref} 替代,$E_0^{ref} = 2(1+\nu) G_0^{ref}$,$\nu$ 为土体泊松比。

4) 土体本构模型的选用

通过上述关于土体本构模型的介绍可知,每种本构模型都是反映土的某一类或几类现象,想用一个普适的数学模型描述土体性状的全貌是很困难的。在选择地基模型时,应根据土的类别和工程特点进行有针对性的选择。相对而言,HSS 模型不仅考虑软黏土的压硬性与剪胀性,区分加载与卸载刚度且其刚度依赖于应力历史和应力路径,而且它还考虑了小应变范围内土体剪切模量随应变增大而衰减的特点,适用于上海地区复杂敏感环境岩土工程的分析。下文重点介绍上海软土 HSS 模型的参数确定方法及应用,详见文献[104]。

4.2.2 上海典型土层 HSS 模型参数试验研究

HSS 模型包含参数较多,获得完整的 HSS 模型参数难度较大,本节采用室内土工试验,获得上海地区典型土层:黏土层②、淤泥质粉质黏土层③、淤泥质黏土层④和粉质黏土层⑤的 HSS 模型的主要参数,并通过工程案例验证了 HSS 模型及所提出的参数确定方法在上海地区的适用性[104]。

1) 试验过程

(1) 试验目的及试验仪器。

HSS 模型参数中 K_0、ψ、p^{ref}、ν_{ur} 和 m 可参照已有的研究成果取值,具体取值方法及文献来源见表 4-2。本节重点是确定其他 8 个参数,针对上海典型的黏土层②、淤泥质粉质黏土层③、淤泥质黏土层④和粉质黏土层⑤,通过四部分试验来确定这些参数,分别为:常规三轴固结排水剪切试验获得参数 c'、φ'、R_f 和 E_{50}^{ref};三轴固结排水加卸载试验获得参数 E_{ur}^{ref};标准固结试验获得参数 E_{oed}^{ref};共振柱试验获得小应变参数 G_0^{ref} 和 $\gamma_{0.7}$。

表 4-2 HSS 部分模型参数取值

参　数	取　值
K_0	$(1-\sin\phi')$
ψ	对于砂土,φ' 大于 30°取 $(\varphi'-30)$,φ' 小于 30°则取为 0°;对于黏性土,一般取为 0°
p^{ref}	100 kPa
ν_{ur}	0.2
m	砂土和粉土一般取 0.5;对于黏性土,取 0.5~1.0

三轴固结排水剪切试验和三轴固结排水加卸载试验采用英国 GDS 公司生产的 UNSAT 非饱和土三轴试验系统,共振柱试验采用的是 V. P. Drnevich 共振柱仪。标准固结试验采用的设备是常规固结仪,试验步骤依据土工试验方法标准。

(2) 现场取样。

试验土样取自上海浦东某深基坑工地,取土深度为 3 m、7 m、15 m 和 20 m,对应上海地区四个典型土层(②③④⑤)。各层土样的基本物理力学参数见表 4-3。上述四部分试验所需试样均为圆柱形,但尺寸不同,分别为:室内三轴试验(直径 39.1 mm、高度 80 mm)、标准固结试验(直径 61.8 mm、高度 20 mm)、共振柱试验(直径 35.7 mm、高度 80 mm)。首先将土样分别制成要求的尺寸,然后通过游标卡尺测取试验的实际尺寸。

表 4-3 土层基本性质

土层序号土层	含水率 w /%	重度 γ /(kN/m³)	初始孔隙比 e_0	取土深度/m
②黏土	28.34	18.75	0.87	3
③淤泥质粉质土	29.00	18.14	0.93	7
④淤泥质黏土	32.53	17.29	1.11	15
⑤粉质黏土	24.34	19.29	0.75	20

2) 试验步骤

(1) 常规三轴固结排水剪切试验。

① 反压饱和:选用 Saturation Ramp 试验模块,采用反压饱和法进行试样饱和。在

试样顶部施加 100 kPa 的反压力,同时在试样周围施加 110 kPa 的围压,使土体内的气泡缩小,持续时间约为 3 h。

② B 值检测:选用 B-Check 模块,保持反压不变,围压增大 30 kPa,在不排水的条件下测定孔隙水压力系数 B。若 $B = \Delta u/\Delta \sigma > 95\%$,认为试样饱和。

③ 固结:选用 Consolidation 试验模块,设置围压 σ_3,对试样进行等向固结,固结稳定时间取 36 h。本试验对每一层土均取三种不同围压 σ_3,③~⑤层为 100 kPa、200 kPa 和 300 kPa,②层由于埋深较浅,取围压 70 kPa、100 kPa 和 200 kPa。

④ 排水剪切:选用 Advance loading 试验模块,围压保持 σ_3 不变。排水剪切采用等应变速率控制,剪切速率为 0.005 6 mm/min,以保证试样中的孔隙水有充足的时间排出。当试样的应变值达到 20%时,停止试验。

(2) 三轴固结排水加卸载剪切试验。

三轴固结排水加卸载试验仅有步骤④与三轴固结排水剪切试验不同。具体为:对试样进行轴向加载—卸载—再加载。选用 Advance loading 试验模块,围压 σ_3 设置为参考围压 p^{ref}(100 kPa),根据同一层土样在参考围压下的三轴试验结果,估计试样的预计破坏偏应力值。首先轴向加载到试样预计破坏偏应力的 40%,当荷载加至目标值时,轴向卸载到 0,然后再进行轴向加载到试样预计破坏偏应力的 60%。

(3) 共振柱试验。

① 固结:试样固定在共振柱仪上之后对试样施加固结压力 σ_3,打开排水阀,直至充分固结。固结压力 σ_3 取各土样取土深度处的竖向有效自重应力,②~⑤层分别为 30 kPa、70 kPa、150 kPa 和 200 kPa。

② 激振:对试样施加激振力后连续改变激振频率,由低频逐渐增大,直至系统发生共振,记录共振时的剪切应变幅值和共振频率,进而计算出试样的动剪切模量 G_d。在每一级激振力振动试验后,逐次增大激振力,继续进行试验,得到在试样应变幅值增大后测试的模量 G_d。

③ 试验结束,退除压力,取下压力室外罩,拆除试样。

3) 试验结果

(1) 三轴固结排水剪切试验结果。

通过三轴固结排水剪切试验获得土体参考割线模量 E_{50}^{ref}、破坏比 R_f 和土体强度参数 c'、φ' 值。

① E_{50}^{ref} 和 R_f。

在围压 $\sigma_3 = 100$ kPa 下,②-⑤层土样的偏应力 $q(q = \sigma_1 - \sigma_3)$ 与轴向应变 ε_1 的关系如图 4-5 所示。

从图 4-5 可知,围压 $\sigma_3 = 100$ kPa 下,②~⑤层土样的偏应力-轴向应变关系比较类似,均是在轴向应变较小时,偏应力随着轴向应变的增加而增加,当轴向应变超过一定范围时,偏应力不再随着轴向应变的增加而增加,而是保持不变或者略有下降。取曲线峰值

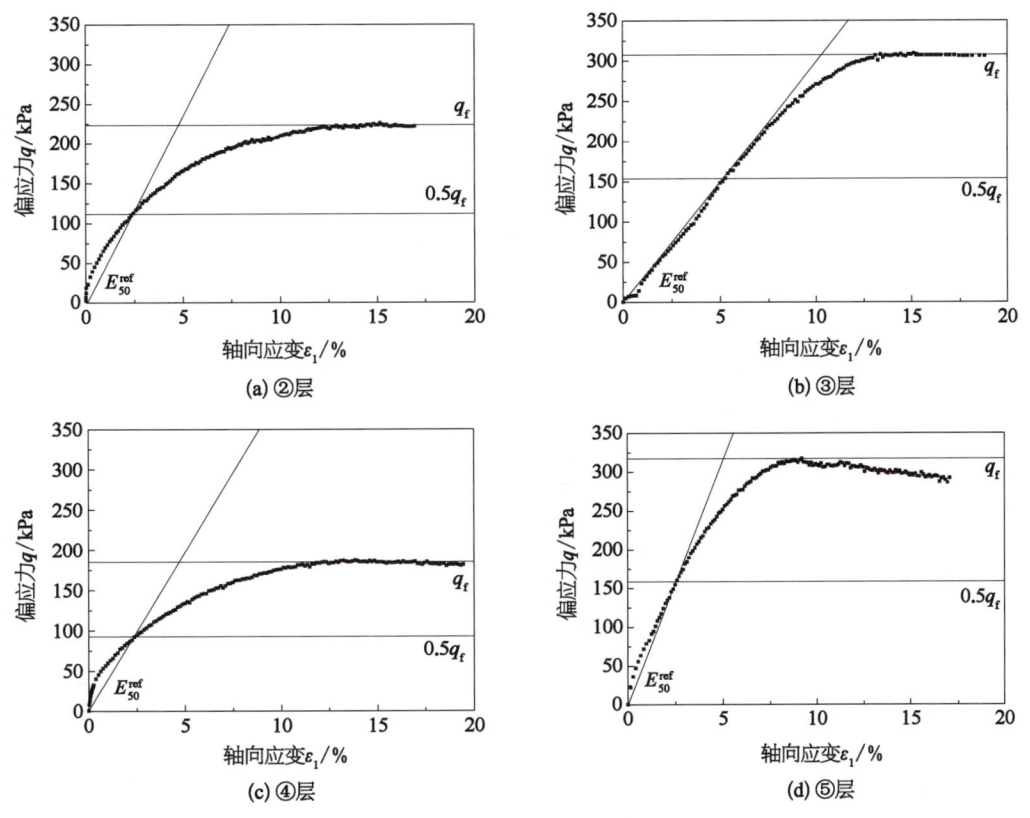

图 4-5 ②～⑤层土样三轴试验应力应变曲线

应力值或者轴向应变为 15% 的点所对应的偏应力值作为破坏值 q_f。②～⑤层的 q_f 值分别为 223.7 kPa、307.6 kPa、185 kPa、317.3 kPa。参考模量 E_{50}^{ref} 对应于极限荷载 q_f 的 50% 时的割线模量,连接原点和 $0.5q_f$ 所对应的点的直线斜率即为参考模量 E_{50}^{ref}。因此可以得到参考应力 p^{ref} 为 100 kPa 时,②～⑤层的 E_{50}^{ref} 分别为 4.7 MPa、3.0 MPa、3.9 MPa 和 6.4 MPa。

Hardening-Soil 模型的基本思想是三轴加载下竖向应变 ε_1 和偏应力 q 之间为双曲线关系:

$$-\varepsilon_1 = \frac{q}{2E_{50}(1-q/q_a)} \quad q < q_f \quad (4-25)$$

对上式进行变化,可将 q-ε_1 应力应变双曲线关系转换成 ε_1/q-ε_1 直线关系:

$$\frac{\varepsilon_1}{q} = \frac{\varepsilon_1}{q_a} - \frac{1}{2E_{50}} \quad q < q_f \quad (4-26)$$

实际的应力应变关系并非完全符合所假定的双曲线关系,往往在开始和最后接近破坏的一段,将 q-ε_1 应力应变双曲线关系转换成 ε_1/q-ε_1 直线关系时,试验数据对线性关系有些偏离。为了减少人为因素,使整体符合得更好,使直线通过应力水平 $s=70\%$ 及

$s=95\%$ 的点,其中 $s=q/q_f$,并绘出 ε_1/q-ε_1 关系直线(图 4-6),并由直线斜率获得 q_a 和 R_f 的值(表 4-4)。

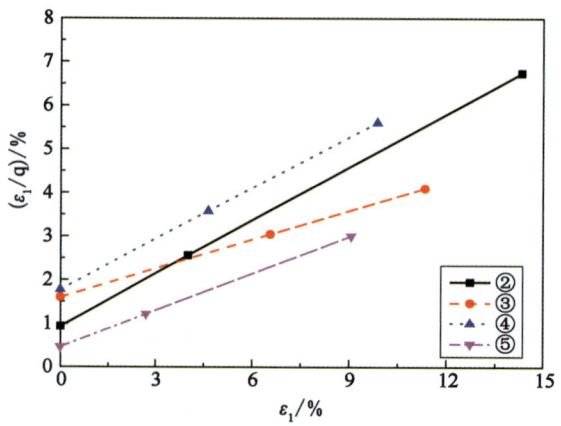

图 4-6　ε_1/q-ε_1 关系曲线

表 4-4　②～⑤层土的 q_a 和 R_a 值

土 层	q_f/kPa	q_a/kPa	R_f
②	223.7	246.7	0.91
③	307.6	454.3	0.68
④	185.0	257.7	0.72
⑤	317.3	355.5	0.89

② c'、φ' 值。

为了获得土体 c' 和 φ' 值,本试验对每一层土均取三种不同围压 σ_3。三个围压下的莫尔应力圆如图 4-7 所示,通过绘制三个圆的公切线可以得到每层土样的 c' 和 φ' 值,将其列为表 4-5 中。

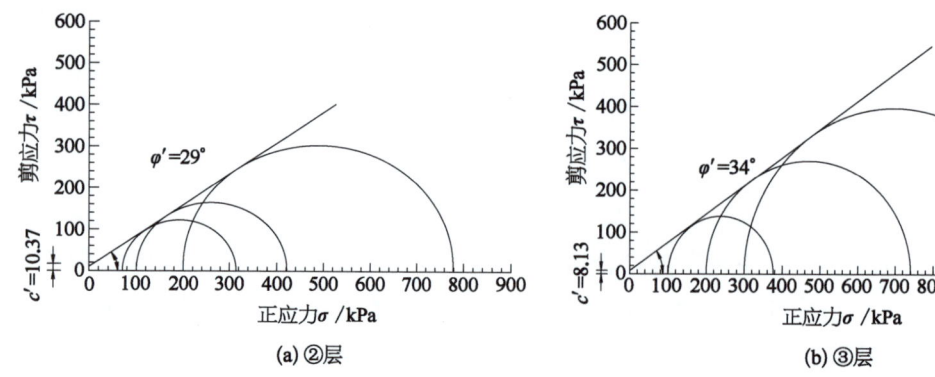

(a) ②层　　　　　　(b) ③层

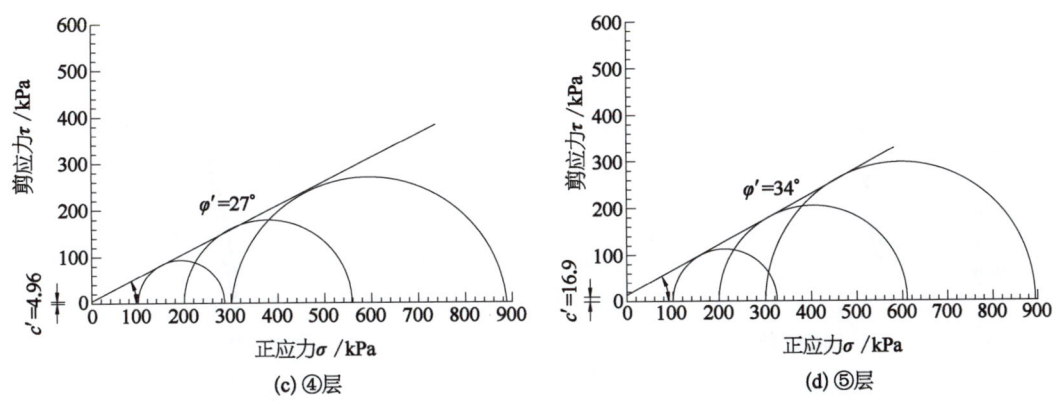

图 4-7 ②~⑤层土体摩尔应力圆

表 4-5 ②~⑤层 c'、φ' 值

土 层	②	③	④	⑤
c'	10.37	8.13	4.96	16.90
φ'	29	34	27	34

(2) 三轴固结排水加卸载剪切试验结果。

为了获得参考加卸载模量 E_{ur}^{ref}，取②~⑤层土样进行三轴加卸载剪切试验，所取围压为参考围压 p^{ref}（100 kPa）。各层土样的偏应力与轴向应变的关系曲线如图 4-8 所示。

从图 4-8 中可以看出，卸载初期轴向应变略微增大，当卸载到一定程度，轴向应变又稍微减小，但整体表现为一定的卸载回弹。再加载的过程中，初期应力应变曲线非常陡，后期变得很缓，加卸载过程中各层土样的试验曲线均表现为一个滞回圈。连接滞回圈两个端点，该直线的斜率即为 E_{ur}^{ref}。②~⑤层土样的 E_{ur}^{ref} 值为 38.8 MPa、33.9 MPa、36.6 MPa 和 42.4 MPa。

(3) 标准固结试验结果。

各土层轴向荷载与轴向应变的曲线如图 4-9 所示，图中每层土试验的拟合曲线函数 R^2 均为 0.99。从图 4-9 可以看出，四层土样轴向应变随轴向荷载的变化趋势相似，初期曲线比较平缓，当轴向荷载增大，曲线斜率也变大。根据每层试验曲线的拟合函数，可以得到轴向荷载为 100 kPa 时曲线的斜率，即为参考切线模量 E_{oed}^{ref}。

根据孔隙比与轴向应变的比例关系，可以获得轴向荷载 p 与孔隙比 e_i 的关系曲线，如图 4-10 所示。从图 4-10 中可知，③层、④层土样的初始孔隙比大于②层、⑤层的孔隙比。随着轴向荷载增大，各层的孔隙比减小，其中③层土样的孔隙比变化范围远大于其他三层，②层、⑤层孔隙比的变化较小。同时得到②~⑤层土样压缩模量 E_{s1-2}，见表 4-6。

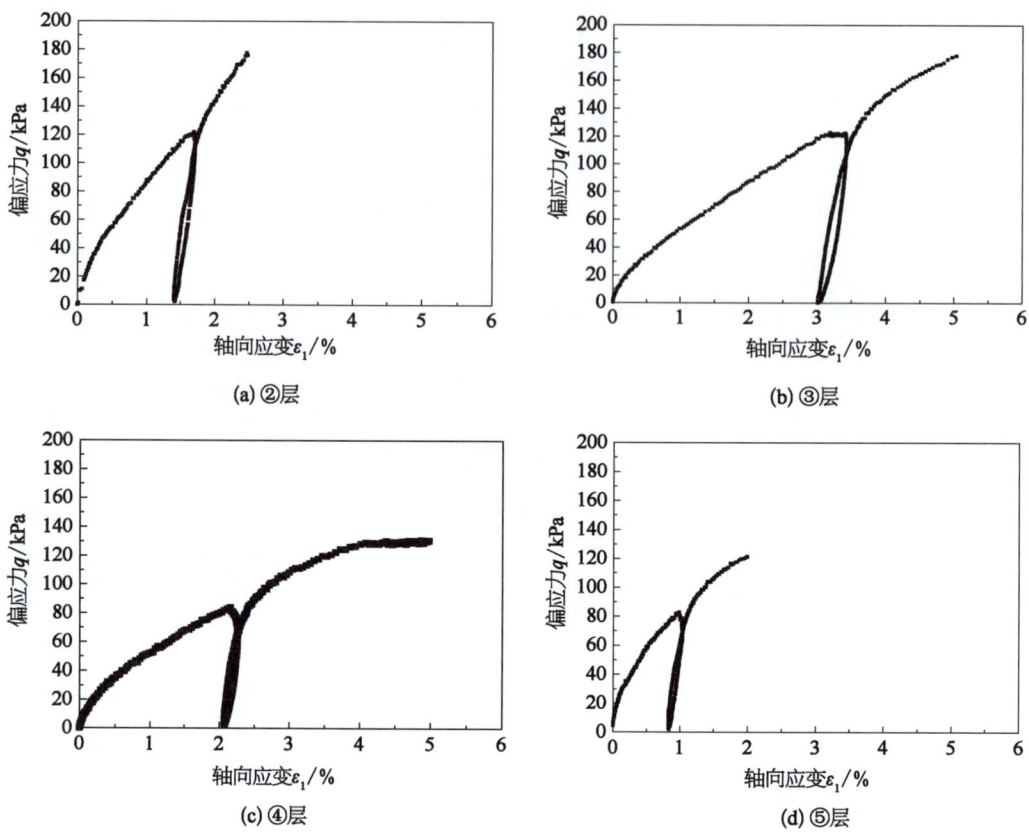

图 4-8　②-⑤层土样三轴加卸载试验应力应变曲线

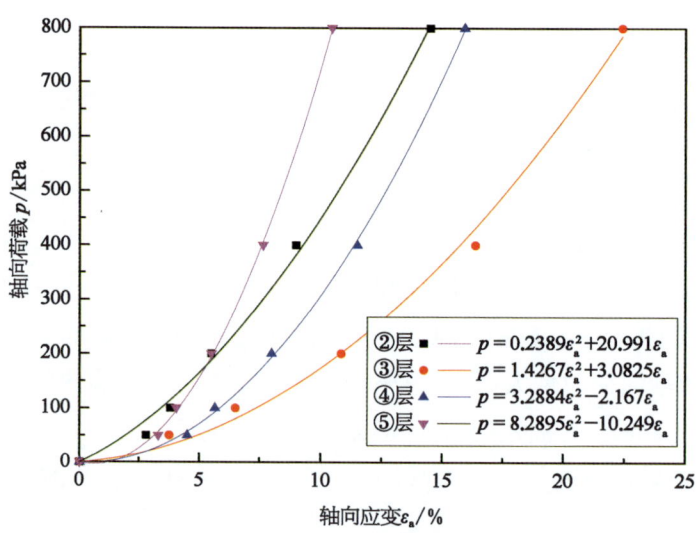

②层　$p = 0.2389\varepsilon_a^2 + 20.991\varepsilon_a$
③层　$p = 1.4267\varepsilon_a^2 + 3.0825\varepsilon_a$
④层　$p = 3.2884\varepsilon_a^2 - 2.167\varepsilon_a$
⑤层　$p = 8.2895\varepsilon_a^2 - 10.249\varepsilon_a$

图 4-9　固结试验轴向荷载应变关系

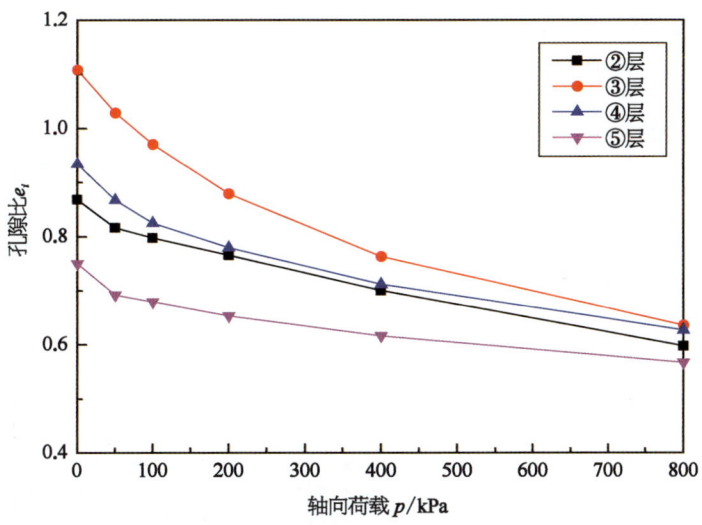

图 4-10 固结试验孔隙比与荷载关系曲线

表 4-6 ②～⑤层的 E_{oed}^{ref} 和 E_{s1-2} 值　　　　　　　　　　（单位：MPa）

土 层	②层土	③层土	④层土	⑤层土
E_{oed}^{ref}	3.7	2.5	3.6	5.9
E_{s1-2}	5.9	2.3	4.3	6.7

（4）共振柱试验结果。

为了获得上海典型土层的小应变刚度值,试验通过 V. P. Drnevich 共振柱仪测定了上海②～⑤层土在不同动剪应变 γ_d 下响应的动剪切模量 G_d。②～⑤层土样所取围压为取土深度处的竖向有效自重应力,分别为 30 kPa、70 kPa、150 kPa 和 200 kPa。根据 Hardin B O 等的分析,G_d-γ_d 曲线特征可用双曲线模型来描述,即 $1/G_d = a+b$,其中 a、b 为试验常数,通过试验数据进行回归统计分析可得 a、b 值。当 γ_d 趋向于零时,$1/G_d$ 趋向于 a,此时 G_d 用 G_0 来表示,$G_0 = 1/a$,G_0 称之为初始剪切模量。四个土层的拟合曲线及初始剪切模量见表 4-7。

表 4-7 ②～⑤层拟合参数及 G_0 值

土 层		②层土	③层土	④层土	⑤层土
围压 p/kPa		30	70	150	200
拟合曲线	a/MPa^{-1}	0.045	0.034	0.026	0.018
	b/MPa^{-1}	68.29	60.63	41.05	25.42
G_0/MPa		22.1	29.2	38.6	53.8

$\gamma_{0.7}$ 为割线剪切模量衰减到初始剪切模量 70% 时所对应的剪应变,从图 4-11 可得②~⑤层土样的 $\gamma_{0.7}$ 分别为:2.9×10^{-4}、2.5×10^{-4}、2.7×10^{-4} 和 3.4×10^{-4}。

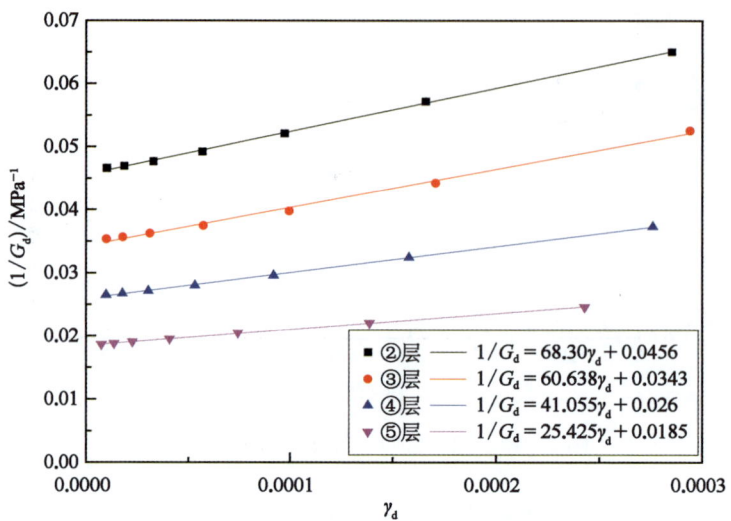

图 4-11 剪切模量-剪切应变关系曲线

根据 PLAXIS 软件手册中的公式:

$$G_0 = G_0^{\text{ref}} \left(\frac{c' \cos\varphi' - \sigma_3' \sin\varphi'}{c' \cos\varphi' + p^{\text{ref}} \sin\varphi'} \right)^m \tag{4-27}$$

可以获得各层在参考围压 $p^{\text{ref}}=100\ \text{kPa}$ 下的参考初始剪切模量 G_0^{ref},见表 4-8。

表 4-8 ②~⑤层 G_0^{ref} 值

土 层	②层土	③层土	④层土	⑤层土
p^{ref} /kPa	100	100	100	100
G_0^{ref} /MPa	45.0	37.4	28.6	33.6

4)试验结果对比分析

通过以上四部分试验,获得上海②~⑤层的土体参数包括:有效强度参数 c'、φ';参考应力 $p^{\text{ref}}=100\ \text{kPa}$ 时的模量值 E_{50}^{ref}、E_{ur}^{ref}、E_{oed}^{ref} 和破坏比 R_f;参考小应变参数 G_0^{ref} 和 $\gamma_{0.7}$。现将上述参数的值汇总分析如下。

(1) E_{50}^{ref}、E_{ur}^{ref}、E_{oed}^{ref}、R_f 值的对比分析。

将试验中所获得的上海地区典型土层的 E_{50}^{ref}、E_{ur}^{ref}、E_{oed}^{ref}、R_f 等参数的值汇总于表 4-9 中,作为对比,表中还列出文献[105]所获得的上海地区以及其他地区土体硬化模型参数。从表 4-9 中可知，上海地区③、④层土样的 c'、E_{50}^{ref}、E_{ur}^{ref}、E_{oed}^{ref}、E_{s1-2} 和 R_f 均小于②、⑤层土样。

表 4-9 HSS 模型参数对比表

土体名称		c' /kPa	φ' /(°)	E_{oed}^{ref} /MPa	E_{50}^{ref} /MPa	E_{ur}^{ref} /MPa	R_f	E_{s1-2} /MPa	模量比例关系
上海地区	②黏土	10.37	29	3.7	4.7	38.8	0.91	5.9	$E_{50}^{ref}=1.2E_{oed}^{ref}$ $E_{ur}^{ref}=8.4E_{50}^{ref}$ $E_{oed}^{ref}=0.63E_{s1-2}$
	③淤泥质粉质黏土	8.13	34	2.5	3.0	33.9	0.68	2.3	$E_{50}^{ref}=1.2E_{oed}^{ref}$ $E_{ur}^{ref}=11.6E_{50}^{ref}$ $E_{oed}^{ref}=1.06E_{s1-2}$
	④淤泥质黏土	4.96	27	3.6	3.9	36.6	0.72	4.3	$E_{50}^{ref}=1.08E_{oed}^{ref}$ $E_{ur}^{ref}=9.4E_{50}^{ref}$ $E_{oed}^{ref}=0.85E_{s1-2}$
	⑤粉质黏土	16.90	34	5.9	6.4	42.4	0.89	6.7	$E_{50}^{ref}=1.08E_{oed}^{ref}$ $E_{ur}^{ref}=6.7E_{50}^{ref}$ $E_{oed}^{ref}=0.87E_{s1-2}$
上海地区[105]	②黏土	10	25.2	3.4	4.4	19.3	0.96	3.9	$E_{50}^{ref}=1.3E_{oed}^{ref}$ $E_{ur}^{ref}=4.4E_{50}^{ref}$ $E_{oed}^{ref}=0.9E_{s1-2}$
	③淤泥质粉质黏土	10	20.1	1.2	1.6	14.9	0.58	1.3	$E_{50}^{ref}=1.3E_{oed}^{ref}$ $E_{ur}^{ref}=9.3E_{50}^{ref}$ $E_{oed}^{ref}=1.1E_{s1-2}$
	④淤泥质黏土	3	27.3	1.9	2.0	15.6	0.54	2.2	$E_{50}^{ref}=1.1E_{oed}^{ref}$ $E_{ur}^{ref}=7.8E_{50}^{ref}$ $E_{oed}^{ref}=0.9E_{s1-2}$
	⑤粉质黏土	20	26.7	6.1	5.5	23.5	0.95	6.3	$E_{50}^{ref}=0.9E_{oed}^{ref}$ $E_{ur}^{ref}=4.3E_{50}^{ref}$ $E_{oed}^{ref}=E_{s1-2}$
无锡地区[106]	③₂粉质黏土			4.8	8.0	25.2			$E_{50}^{ref}=0.7E_{oed}^{ref}$ $E_{ur}^{ref}=3.2E_{50}^{ref}$
天津滨海软土地区[107]	②粉质黏土			3.8	2.8			1.8	$E_{50}^{ref}=0.7E_{oed}^{ref}$ $E_{oed}^{ref}=2.1E_{s1-2}$
	③淤泥质黏土			3.5	2.3			1.8	$E_{50}^{ref}=1.7E_{oed}^{ref}$ $E_{oed}^{ref}=2.0E_{s1-2}$

续 表

土 体 名 称		c' /kPa	φ' /(°)	E_{oed}^{ref} /MPa	E_{50}^{ref} /MPa	E_{ur}^{ref} /MPa	R_f	E_{s1-2} /MPa	模量比例关系
天津滨海软土地区[107]	④黏土			5.0	5.3			2.8	$E_{50}^{ref} = 1.1 E_{oed}^{ref}$ $E_{oed}^{ref} = 1.8 E_{s1-2}$
	⑤粉质黏土			5.6	2.9			4.0	$E_{50}^{ref} = 0.5 E_{oed}^{ref}$ $E_{oed}^{ref} = 1.4 E_{s1-2}$
北京地区[108]	粉质黏土			4.0	3.9	17.8	0.8	3.6	$E_{50}^{ref} = E_{oed}^{ref}$ $E_{ur}^{ref} = 4.6 E_{50}^{ref}$ $E_{oed}^{ref} = 1.1 E_{s1-2}$

本次试验四层土样的 E_{50}^{ref} 与 E_{oed}^{ref} 的比例关系基本相同 [$E_{50}^{ref} = (1.08 \sim 1.2) E_{oed}^{ref}$],与文献[105] [$E_{50}^{ref} = (0.9 \sim 1.3) E_{oed}^{ref}$] 相似。②、⑤两层土体的 E_{ur}^{ref} 与 E_{50}^{ref} 比例关系 [$E_{ur}^{ref} = (6.7 \sim 8.4) E_{50}^{ref}$] 比较接近,③、④两层比例关系 [$E_{ur}^{ref} = (9.4 \sim 11.6) E_{50}^{ref}$] 也比较接近。本次试验各层的 E_{ur}^{ref} 与 E_{50}^{ref} 比例关系略大于文献[105]的试验结果。本次试验②~⑤层土的 E_{oed}^{ref} 值为 E_{s1-2} 值的 0.63~1.06 倍,与文献[105]的试验结果较为相近 [$E_{oed}^{ref} = (0.9 \sim 1.1) E_{s1-2}$]。

表 4-9 中还列出其他地区土体的部分参数。本次试验所得上海地区土体的有效黏聚力 c' 普遍大于其他地区土体,有效内摩擦角 φ' 与其他地区相近;③、④层土体的破坏比 R_f 值小于其他地区,②、⑤层土体的 R_f 值与其他地区相近;上海地区的 E_{50}^{ref} 值为 E_{oed}^{ref} 值的 1.08~1.2 倍,这与无锡地区粉质黏土的 1.7 倍、天津滨海软土的 0.5~1.1 倍、北京地区的 1.0 倍相近,上海地区各层土体的 E_{ur}^{ref} 值为 E_{50}^{ref} 值的 6.7~11.6 倍,该倍数关系大于其他地区土体。上海地区 E_{oed}^{ref} 值为 E_{s1-2} 值的 0.63~1.06 倍,与北京地区的 1.1 倍比较接近,小于天津滨海地区的 1.4~2.1 倍。

(2) 小应变参数对比分析。

① G_0^{ref} 值的对比分析。

表 4-10 中列出了各层的 G_0^{ref} 和 E_{ur}^{ref} 值,并且给出了各层土体 G_0^{ref} 与 E_{ur}^{ref} 的比例关系。

表 4-10 各层土 G_0^{ref} 和 E_{ur}^{ref} 值

土 层	E_{ur}^{ref} /MPa	G_0^{ref} /MPa	比 例 关 系
②黏土	38.8	45.0	$G_0^{ref} = 1.2 E_{ur}^{ref}$
③淤泥质粉质黏土	33.9	37.4	$G_0^{ref} = 1.1 E_{ur}^{ref}$
④淤泥质黏土	36.6	28.6	$G_0^{ref} = 0.8 E_{ur}^{ref}$
⑤粉质黏土	42.4	33.6	$G_0^{ref} = 0.8 E_{ur}^{ref}$

由表 4-10 可知，各层的 G_0^{ref} 值，②层最大，其次是③层和⑤层，④层最小。各层的 G_0^{ref} 和 E_{ur}^{ref} 的比值比较接近，$G_0^{ref} = (0.8 \sim 1.2) E_{ur}^{ref}$。包慧棣等[109]采用 STOKOE 扭转共振柱仪，获得上海灰色软黏土（埋深 19.6～21.6 m），围压为 100 kPa 下，初始剪切模量 G_0 约为 30 MPa，略小于本次试验获得的上海⑤层粉质黏土层的参考初始剪切模量值（33.6 MPa）。江娟[110]利用 CKC 仪器和局部测量系统获得了上海粉质黏土（埋深 23.3 m）在受围压 186 kPa 下，剪切应变为 2×10^{-5} 时，剪切刚度值约为 62.5 MPa。计算得到围压为 100 kPa，剪切应变为 2×10^{-5} 时，剪切刚度值约为 43 MPa，略大于本次试验获得的上海⑤层粉质黏土层的参考初始剪切模量值（33.6 MPa）。可见，本节试验获得的参考初始剪切模量值介于文献[109-110]试验结果之间，但三者数值相差不大。

② $\gamma_{0.7}$ 值的对比分析。

Vucetic[111]、Stokoe[112]等通过研究表明，黏土的 $\gamma_{0.7}$ 值受土的塑性指数 I_P 和超固结比 OCR 的影响较大。Stokoe 给出黏土的 $\gamma_{0.7}$ 值的计算公式：

$$\gamma_{0.7} = (\gamma_{0.7})_{ref} + 5 \times 10^{-6} I_P (ORC)^{0.3} \tag{4-28}$$

式中：I_P 为塑性指数；OCR 为土体超固结比；$(\gamma_{0.7})_{ref}$ 为 $I_P = 0$ 时的剪应变。

王卫东[113]通过计算给出了上海典型黏土层的 $\gamma_{0.7}$ 值的大概范围，见表 4-11，表中同时还列出本节的试验值。对比发现，本次试验所得 $\gamma_{0.7}$ 值与经验计算结果较为接近。

表 4-11 ②-⑤层土体的 $\gamma_{0.7}$ 值

土 层	$\gamma_{0.7}$（本次试验）/($\times 10^{-4}$)	$\gamma_{0.7}$（文献[113]）/($\times 10^{-4}$)
②黏土	2.9	2.0～2.8
③淤泥质粉质黏土	2.5	1.5～1.9
④淤泥质黏土	2.7	1.9～2.3
⑤粉质黏土	3.4	1.6～2.3

(3) 模型参数汇总。

本节通过室内试验获得了上海②～⑤层土 HSS 模型的 8 个参数：c'、φ'、E_{oed}^{ref}、E_{50}^{ref}、E_{ur}^{ref}、R_f、G_0^{ref}、$\gamma_{0.7}$ 及各参数比例关系，见表 4-12。对于实际工程，现场勘查报告一般提供土体的 c'、φ' 和 E_{s1-2} 值，因此，可以根据勘察报告和表 4-12 中的比例关系确定 c'、φ' 和 E_{50}^{ref}、E_{ur}^{ref}、E_{oed}^{ref}、R_f、G_0^{ref} 和 G_0^{ref} 的参数值；参数 K_0、ψ、p^{ref}、ν_{ur}、m 可根据表 4-2 取值。

表 4-12 ②～⑤层土 HSS 模型主要参数

土 层	E_{s1-2}/MPa	E_{oed}^{ref}/MPa	E_{50}^{ref}/MPa	E_{ur}^{ref}/MPa	G_0^{ref}/MPa	$\gamma_{0.7}$/($\times 10^{-4}$)	R_f	c'	φ'
②黏土	5.9	3.7	4.7	38.8	45.0	2.9	0.91	10.37	29
		$0.63E_{s1-2}$	$1.2E_{oed}^{ref}$	$8.4E_{50}^{ref}$	$1.2E_{ur}^{ref}$				
③淤泥质粉质黏土	2.3	2.5	3.0	33.9	37.4	2.5	0.68	8.13	34
		$1.06E_{s1-2}$	$1.2E_{oed}^{ref}$	$11.6E_{50}^{ref}$	$1.1E_{ur}^{ref}$				
④淤泥质黏土	4.3	3.6	3.9	36.6	28.6	2.7	0.72	4.96	27
		$0.85E_{s1-2}$	$1.08E_{oed}^{ref}$	$9.4E_{50}^{ref}$	$0.8E_{ur}^{ref}$				
⑤粉质黏土	6.7	5.9	6.4	42.4	33.6	3.4	0.89	16.9	34
		$0.87E_{s1-2}$	$1.08E_{oed}^{ref}$	$6.7E_{50}^{ref}$	$0.8E_{ur}^{ref}$				

综上所述,HSS 模型一共包含 13 个参数,各参数定义及取值见表 4-13。

表 4-13 HSS 模型参数的定义及上海土体 HSS 模型参数取值方法

参 数 及 定 义	上海土体经验取值
c':土的有效黏聚力	常规三轴固结排水剪切试验(基于勘察报告)
φ':土的有效内摩擦角	常规三轴固结排水剪切试验(基于勘察报告)
K_0:正常固结条件下静止侧压力系数	黏性土:$0.95-\sin\varphi'$,砂性、粉性土:$1-\sin\varphi'$
ψ:土的剪胀角	砂性土,$\psi=\varphi'-30°$,当 $\varphi'<30°$时,$\psi=0$;黏性土,$\psi=0$
m:刚度应力水平相关幂指数	砂土和粉土一般取 0.5;黏性土一般取 0.5～1.0
p^{ref}:参考应力	100 kPa
ν_{ur}:加卸载泊松比	0.2
E_{oed}^{ref}:固结试验中的参考切线模量	$E_{oed}^{ref} \approx (0.63\sim 1.06)E_{s1-2}$($E_{s1-2}$ 取值基于勘察报告)
E_{50}^{ref}:三轴排水剪切试验的参考割线模量	$E_{50}^{ref} \approx 1.08\sim 1.2 E_{oed}^{ref}$
E_{ur}^{ref}:三轴排水剪切试验的参考加卸载模量	$E_{ur}^{ref} \approx (6.7\sim 8.4)E_{50}^{ref}$
R_f:破坏比	0.5～0.9

续 表

参数及定义	上海土体经验取值
G_0^{ref}：参考初始剪切模量	$G_0^{\text{ref}} \approx (0.8 \sim 1.2) E_{\text{ur}}^{\text{ref}}$
$\gamma_{0.7}$：割线剪切模量衰减到初始剪切模量70%时所对应的剪应变	$(2.0 \sim 5.0) \times 10^{-4}$

5) 工程验证

为了验证 HSS 本构模型在上海地区基坑开挖工程的适用性,本节针对上海浦东某项目的深基坑工程,采用 Zsoil 软件对深基坑开挖进行整体三维建模全过程模拟,并将计算结果与现场实测数据进行对比[104]。

(1) 工程概况。

该项目位于上海市浦东新区陆家嘴金融贸易区,基坑深度为 14.75~22.8 m。周边情况复杂,南侧与轨道交通 4 号线紧邻,6 号线明挖区间以地下一层形式穿越整个地块。

该工程以 6 号线为界,通过设置分隔墙将场地分为 A1、B1 区 2 个大基坑,以及沿 6 号线两侧及 4 号线北侧大致对称的 A2~A8、B2~B9 区共 15 个小基坑。开挖顺序为：先依次开挖 B1 和 A1 大基坑,再对称开挖两侧的小基坑。各基坑分布位置如图 4-12 所示。

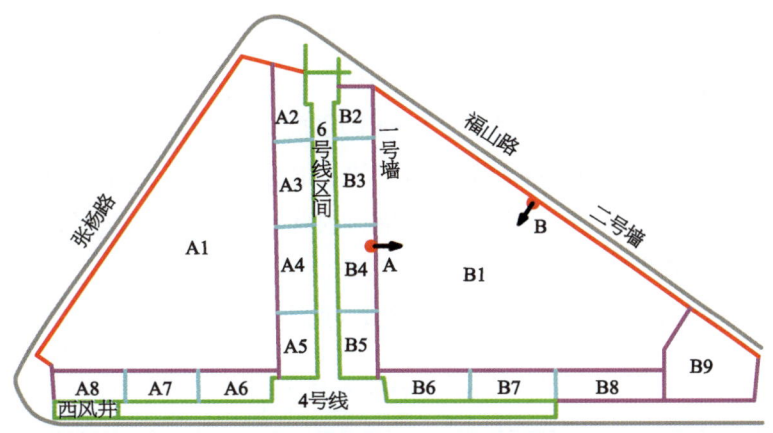

图 4-12 基坑分布位置示意

该工程采用明挖顺筑法施工,大基坑开挖约 22.8 m,地下连续墙宽 1 m,基坑平面内采用整体对撑的形式,竖向共设 5 道 C40 钢筋混凝土支撑(弹性模量 $E=32.5$ GPa),第一道支撑 1 200 mm×1 000 mm,第二~五道支撑 1 400 mm×1 000 mm,水平间距约为 9 m。小基坑 A2~A4、B2~B4 开挖约 19.55 m,布置五道支撑,第一道为钢筋混凝土支撑,其他四道支撑采用 Φ609 钢管($t=16$ mm)。小基坑 A5~A8 和 B5~B8 开挖约 14.75 m,布置四道支撑。第一道为钢筋混凝土支撑,其他三道支撑采用 Φ609 钢管($t=16$ mm)支撑。

该工程紧邻 6 号线地下的大基坑连续墙厚度 1.0 m，深度 40 m，其余大基坑连续墙厚 1.0 m，深度为 50 m，所有小基坑连续墙厚 0.8 m，深度 40 m。

（2）计算模型与参数取值。

数值分析采用 Zsoil 有限元软件，土体结构模型采用程序内置的 HSS 本构模型。HSS 模型的基础是 HS 模型，HS 模型为等向硬化弹塑性模型，模型中引入帽盖屈服面，剪切屈服面采用非相关联的流动法则，HSS 模型进一步考虑土体刚度在小应变范围内的变化特性。计算模型的范围为 1 000 m×500 m×100 m（长×宽×深），模型边界距基坑的距离均大于 5 倍最大开挖深度。整个数值计算模型包含 46 170 个空间六面体 8 节点实体单元（模拟土体）、15 749 个 Beam 单元（模拟围檩和内支撑）、1 680 个 Construct continuum 单元（模拟隧道结构）、1 680 个 Shell 单元（模拟地下连续墙和基坑底地板）、325 个 Pile 单元（模拟立柱桩）。

土体参数取值：

②~⑤层土的参数 c'、φ'、E_{oed}^{ref}、E_{50}^{ref}、E_{ur}^{ref}、R_f、G_0^{ref} 和 $\gamma_{0.7}$ 取试验结果，见表 4-11，其他参数参考表 4-2 取值为 $\psi=0$，$p^{ref}=100$，$m=0.8$，$\nu_{ur}=0.2$，K_0 分别取 0.46、0.50、0.56 和 0.49。

⑥~⑨层土体的基本参数，如 c'、φ'、K_0、重度 γ、泊松比 ν 和压缩模量 E_{s1-2} 取自工程勘察报告，ψ 参考表 4-2 取值。

⑥~⑨层土体其他参数取值：⑥层土为典型的黏土层，其 E_{oed}^{ref}、E_{50}^{ref}、E_{ur}^{ref}、R_f、G_0^{ref} 和 $\gamma_{0.7}$ 等值可以取同为黏土层的②层和⑤层的平均值：$E_{50}^{ref}=1.14E_{oed}^{ref}$，$E_{ur}^{ref}=7.6E_{50}^{ref}$，$G_0^{ref}=E_{ur}^{ref}$，$E_{oed}^{ref}=0.85E_{s1-2}$，$R_f=0.9$，$\gamma_{0.7}=2.8\times10^{-4}$。

⑦~⑨为砂土层，目前还没有对于上海砂土层 E_{oed}^{ref}、E_{50}^{ref} 和 E_{ur}^{ref} 的试验研究报道。王浩然[114]收集了 13 个采用 HSS 或者 HS 模型的数值分析实例，从中发现，砂土的 E_{50}^{ref} 为 E_{oed}^{ref} 的 0.7~1.25 倍，E_{ur}^{ref} 为 E_{50}^{ref} 的 3~5.6 倍。因此对于砂土⑦-⑨层，可取 $E_{50}^{ref}=E_{oed}^{ref}$，$E_{ur}^{ref}=4E_{50}^{ref}$。同时，参照黏土层，取 $G_0^{ref}=E_{ur}^{ref}$，$E_{oed}^{ref}=0.85E_{s1-2}$。

故可得本工程场地⑥~⑨层 HSS 模型参数，见表 4-14。

表 4-14　⑥~⑨层土体 HSS 模型参数

层数	c'	φ'	ψ	p^{ref}/kPa	m	ν_{ur}	G_0^{ref}/MPa	E_{50}^{ref}/MPa	E_{ur}^{ref}/MPa	K_0	R_f	$\gamma_{0.7}/(\times10^{-4})$	$\gamma/(kN/m^3)$
⑥	5	33	0	100	0.8	0.2	52.6	6.1	6.9	52.6	0.46	0.9	2.8	19.7
⑦	0	34.5	4.5	100	0.5	0.2	42.4	10.6	10.6	42.4	0.37	0.9	2.8	18.8
⑧	0	35	5	100	0.5	0.2	51.2	12.8	12.8	51.2	0.34	0.9	2.8	19.0
⑨	0	35.1	5.1	100	0.5	0.2	50.3	12.6	12.6	50.3	0.34	0.9	2.8	19.5

(3) 计算结果分析。

取图 4-13 所示一、二号墙 A、B 两点，分析基坑围护墙体沿深度的变形规律。图中给出了大基坑 B1 开挖期间各墙体变形的实测与数值计算对比图。随着 B1 基坑的开挖，一、二号墙体的水平位移逐渐增大，最大位移位置逐渐下移。B1 开挖到坑底，一号墙体最大变形的计算值为 47.1 mm，约为 0.207%H，实测值为 48.4 mm，约为 0.212%H；二号墙体最大变形计算值为 52.2 mm，约为 0.23%H，实测值为 58.8 mm，约为 0.26%H（H 为基

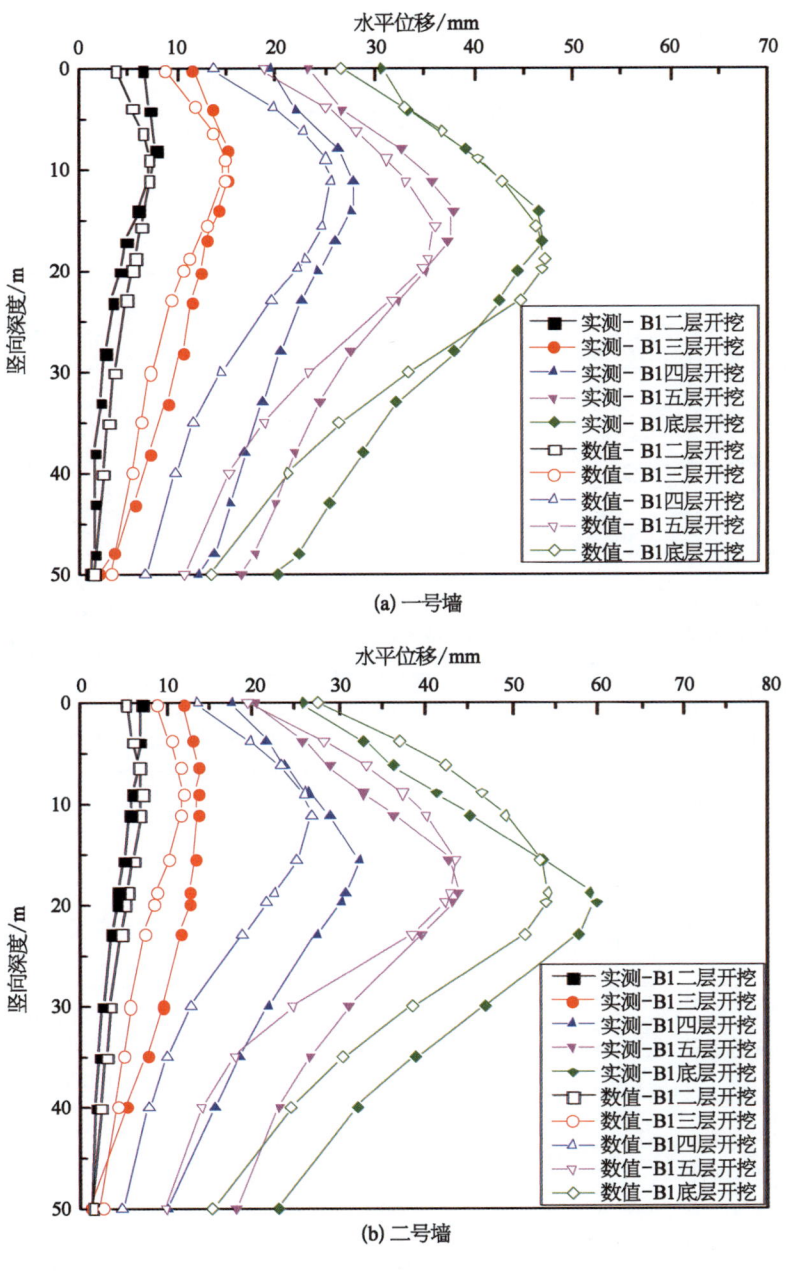

图 4-13 墙体水平位移对比

坑开挖深度）。有限元计算与实测墙体变形规律相同，吻合较好。

4.3 数值计算模型及工况设定

4.3.1 有限元模型

考虑不同基坑规模开挖对下卧隧道的影响，选定有限元模型边界尺寸为 150.0 m×100.0 m。考虑常见的中埋深隧道，即隧道上覆土层厚度取 $H_0=15.0$ m。隧道外径 $D=6.2$ m，内径 $D'=5.5$ m，衬砌壁厚 0.35 m，隧道衬砌结构如图 3-2 所示。土层选用上海古河道沉积区土层，地基土均属于第四纪沉积层，由黏性土、粉性土和砂性土组成。以上海某地铁监护项目地区土层为例，其土层概况见表 4-15。

表 4-15 土层概况一览表

地质时代	土层层号	土层名称	成因类型	层厚/m	层底标高/m	描 述
Q_4^3	①$_1$	杂填土	人工	1.50～4.90 2.50	2.44～−1.08 1.54	上部以建筑垃圾为主，以下以黏性土为主，含混凝土块、砖块等，见较多植物根茎，土质不均
Q_4^2	②	褐黄～灰黄色粉质黏土	滨海～浅海	0.60～2.40 1.42	0.17～−0.46 −0.05	含氧化铁锈斑及铁锰结核，夹少量薄层粉土，土质相对较均
	③	灰色淤泥质粉质黏土	滨海～浅海	3.10～4.80 3.94	−2.55～−5.48 −3.77	含云母、有机质，夹较多薄层粉土，土质不均
Q_4^1	④	灰色淤泥质黏土	滨海、沼泽	5.40～9.10 7.60	−9.54～−13.21 −11.37	含云母、有机质，夹少量薄层粉砂，土质均匀
	⑤$_{1-1}$	灰色黏土	滨海、沼泽	3.00～9.00 5.88	−14.71～−21.12 −17.25	含云母、有机质斑点，夹泥、钙质结核，半腐殖物根茎，土质均匀
	⑤$_{1-2}$	灰色粉质黏土	滨海、沼泽	1.40～12.00 6.39	−17.40～−27.23 −23.79	含云母、有机质斑点，偶见灰白色泥钙质结核，土质相对均匀
	⑤$_{3-1}$	灰色粉质黏土夹黏质粉土	溺谷	5.00～19.60 9.87	−30.08～−36.21 −32.84	含云母，局部以黏质粉土为主，土质不均
	⑤$_{3-2}$	灰色粉质黏土	溺谷	2.10～10.50 5.23	−35.80～−46.71 −38.07	含云母，夹薄层粉土，土质相对较均

续 表

地质时代	土层层号	土层名称	成因类型	层厚/m	层底标高/m	描 述
Q_4^1	⑤₄	灰绿色粉质黏土	溺谷	1.50~6.50 3.32	−38.71~−46.09 −41.33	含氧化铁、有机质斑点,夹少量粉土薄层,土质较均
Q_3^2	⑦₁	灰黄~灰色砂质粉土	河口~滨海	0.90~6.00 3.08	−40.96~−47.18 −44.40	含云母,夹较多薄层黏性土,土质不均
Q_3^2	⑦₂₋₁	草黄~灰色粉砂	河口~滨海	4.00~16.60 12.21	−44.58~−58.31 −55.22	由长石、石英、云母等矿物颗粒组成,夹少量薄层黏性土,砂质较纯
Q_3^1	⑨₁	灰色粉砂	滨海~河口	18.50~22.90 20.19	−81.31~−85.30 −83.30	由长石、石英、云母等矿物颗粒组成,局部为砂质粉土,砂质较纯

计算采用二维平面应变模型,模拟地连墙加水平支撑的基坑开挖支护形式。基坑围护结构采用厚度为 0.8 m 的地下连续墙,插入比为 1∶1.5;首道水平支撑距离地表 1.0 m,其余间距为 4.5~5.0 m。模型上表面为自由边界,侧向边界约束其法向约束,底部约束全位移。计算采用流固耦合分析,开挖前水位降到开挖面以下 1.0 m。

土体单元的模拟采用实体单元进行模拟,网格剖分考虑土层和基坑内支撑,基坑地下连续墙、支撑、底板、钻孔灌注桩以及隧道衬砌等结构体采用梁单元模拟。根据开挖区域及研究问题的需要,设置抗拔桩、土体加固和分块开挖等施工过程。有限元计算模型如图 4-14 所示,隧道衬砌梁单元模型如图 4-15 所示。

由于隧道管片环并非完全等刚度环,是 6 块衬砌由螺栓连接拼装而成,在接头处刚度有所折减。管片的受力表现已不是一个独立的结构问题,而是结构和土体共同作用。管片环中接头的存在影响了管片的整体受力表现,接头位移(张开或旋转)会引发内力重分布,影响管片整体变形;而地层-结构的相互作用同样会影响管片的内力,且管片受地层的影响不容忽视。管片接头受拼装力、纵向推力和止水材料性能等多种因素影响,呈现出非线性特征。因此,对隧道管片的模拟分析需要考虑管片接头的影响。

Janssen 提出一个简单的理论模型来描述管片接头的力学行为[115]。假定接头等效为线弹性混凝土梁,且与衬砌表面完全接触,如图 4-16 所示,在荷载作用下,管片接头可发生旋转和弯曲,且能传递轴向压力($N<0$)。此时,接头未张开,表现出线弹性力学特征,弯矩和弹性刚度可描述为

$$M = k_{el} \Delta \phi \tag{4-29}$$

$$k_{el} = Eb\frac{h^2}{12} \tag{4-30}$$

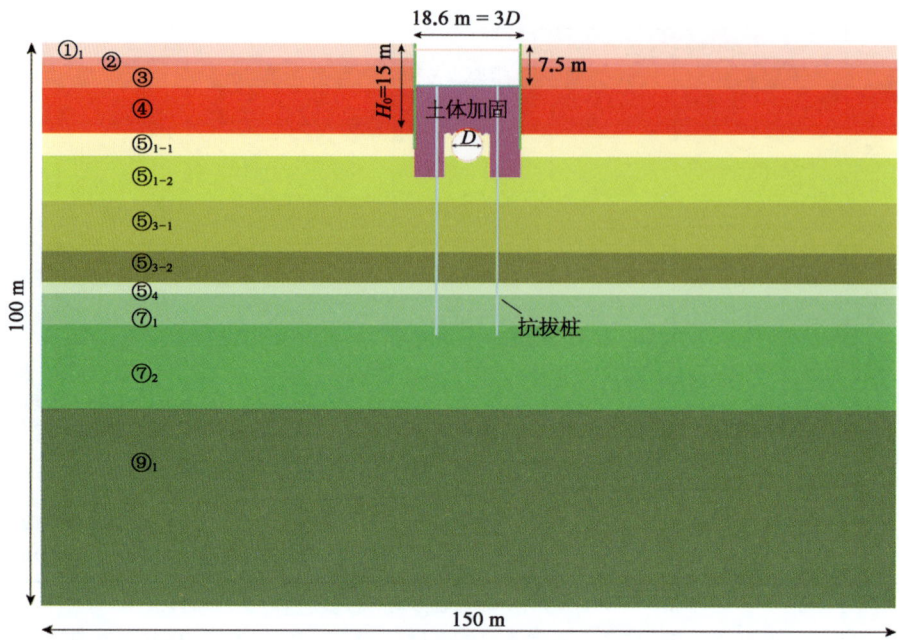

图 4‑14 有限元计算模型

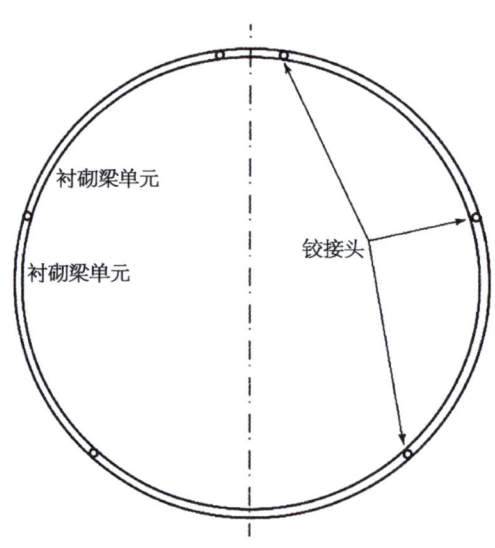

图 4‑15 隧道管片梁单元模型以及铰接头模型(梁—铰接头模型)

式中：$\Delta\phi$ 为接头旋转位移；E 为混凝土管片杨氏弹性模量；h 为接头高度，b 为接头厚度，如图 4‑17 所示。

若接头偏心受压，接头可能张开。即当弯矩 $|M|>|N|\dfrac{h}{6}$ 时，用非线性关系式描述接头的力学行为，表达式如下：

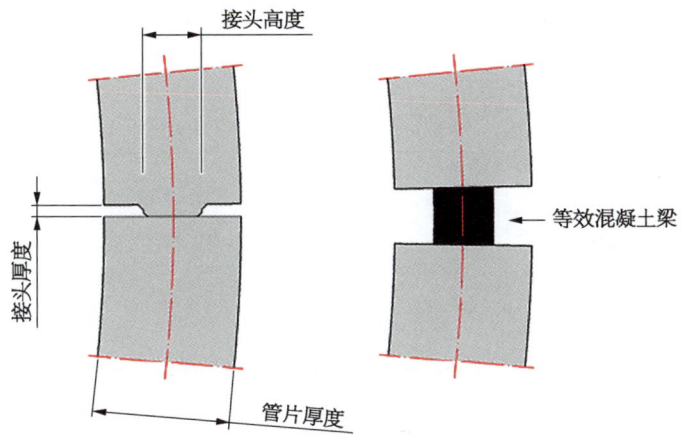

图 4-16　Janssen 等效梁接头模型[116]

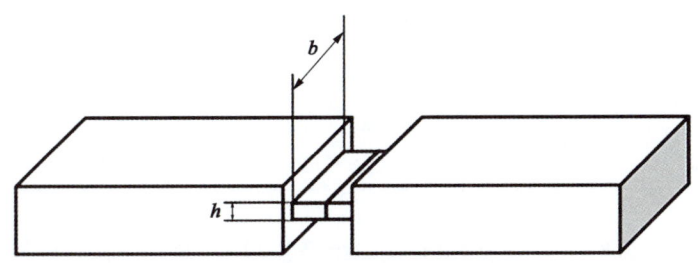

图 4-17　Janssen 简化等效梁接头模型几何参数[117]

$$M = 1/6 \frac{(3 \mid \Delta\phi \mid Ebh - 2\sqrt{2}\sqrt{\mid \Delta\phi \mid Ebh \mid N \mid})\mid N \mid \text{sign}(\Delta\phi)}{\mid \Delta\phi \mid Eb} \quad (4-31)$$

$$k_t = 1/6 \frac{N^2\sqrt{2}h}{\mid \Delta\phi \mid \sqrt{\mid \Delta\phi \mid Ebh \mid N \mid}} \quad (4-32)$$

若接头承受张力,则有 $N \geqslant 0, M = 0$。

显然,接头的刚度 k_{el} 仅与混凝土的弹性模量 E 和接头高度 b 和厚度 h 有关。理论上,接头表现出线性和非线性特性的临界弯矩为 $M = \frac{1}{6}Nh$。

4.3.2　分析计算工况

在隧道正上方开挖基坑属于卸载行为,是一项风险较高的工程活动。工程案例表明,在不采取控制措施的情况下隧道的隆起量很大,必须对其加以控制,以确保隧道结构和运营安全。目前,隧道正上方基坑工程常用的辅助隧道保护措施有土体加固、抗拔桩、控制开挖尺寸、分区跳挖等。本节采用数值模拟手段,针对工程上常用的土体加固等辅助变形控制措施,分析其作用效果,有望为后续工程设计方案提供技术支撑。

计算分析工况考虑基坑开挖尺寸、土体加固以及开挖时间的影响。具体工况设计见表4-16,所有卸载都是它们之间的组合。

表4-16 正上方卸载分析工况设定

开挖尺寸		加固土体无侧限抗压强度 q_u/MPa	开挖时间 t/h	抗拔桩
挖深 h	开挖宽度 W			
$\frac{1}{3}H_0$	$\frac{1}{3}D$	原状土(土体未加固)	0	有/无
$\frac{1}{2}H_0$	$\frac{1}{2}D$	0.8	8	
$\frac{2}{3}H_0$	D	1.0	12	
$\frac{3}{4}H_0$	$2D$	1.2	24	
H_0	$3D$	∞	∞	

注:1. H_0为隧道埋深,取H_0=15.0 m;D为隧道外径,D=6.2 m;
 2. 加固土体无侧限抗压强度q_u=∞,即加固土体强度达到一个较大的数值,考虑取为2.0 MPa;
 3. 开挖时间t=0,即瞬时卸载完毕,计算分析中不考虑时间,时间设置t=1仅表示1个分析步;t=∞,即分析中考虑开挖时间,且时间设置一个较大的数值,比如t=30 d。

4.3.3 计算参数

土体本构模型选用4.2节介绍的HS-Small模型。计算分析软件选用Zsoil岩土工程专用有限元分析软件,软件内嵌硬化土小应变模型。管片衬砌选用梁单元,接头采用弹性非线性铰单元模型,该模型可以在梁单元内设置,铰单元参数参考手册建议值和相关研究,结合计算经验综合确定。土体相关模型计算参数根据4.2节研究确定,土层计算参数见表4-17,梁-铰接头模型参数如表4-18所示。地墙和混凝土支撑弹性模量取30.0 GPa,泊松比取0.2。

表4-17 有限元计算模型参数

土层	c'/kPa	φ'/(°)	E_{oed}^{ref}/MPa	E_{50}^{ref}/MPa	E_{ur}^{ref}/MPa	E_0^{ref}/MPa	m	R_f	$\gamma_{0.7}$/($\times 10^{-4}$)
①$_1$	10.0	30.0	3.41	3.81	23.81	75.2	0.65	0.9	3.2
②	4.0	30.0	3.41	3.81	23.81	75.2	0.65	0.9	3.2

续 表

土层	c'/kPa	φ'/(°)	E_{oed}^{ref}/MPa	E_{50}^{ref}/MPa	E_{ur}^{ref}/MPa	E_0^{ref}/MPa	m	R_f	$\gamma_{0.7}$/($\times 10^{-4}$)
③	2.0	31.4	2.61	2.85	18.52	56.2	0.65	0.9	3.2
④	4.0	24.0	1.92	2.02	13.94	41.2	0.65	0.9	3.2
⑤$_{1-1}$	7.0	25.1	2.82	3.10	21.32	106.7	0.65	0.9	3.2
⑤$_{1-2}$	6.0	30.0	3.33	3.71	30.26	151.3	0.80	0.9	3.2
⑤$_{3-1}$	6.0	32.2	4.78	5.73	34.41	172.0	0.80	0.9	3.2
⑤$_{3-2}$	5.0	32.4	4.34	5.21	31.23	156.0	0.80	0.9	3.2
⑤$_4$	22.0	31.7	6.10	7.32	43.93	219.7	0.80	0.9	3.2
⑦$_1$	4.7	29.0	7.03	8.85	43.67	220.0	0.50	0.9	3.2
⑦$_2$	5.0	29.0	7.03	8.85	43.67	220.0	0.50	0.9	3.2
⑨	5.0	35.0	7.03	8.85	43.67	220.0	0.50	0.9	3.2

注：计算中 p^{ref} 取 100.0 kPa，ν_{ur} 取 0.2。

表 4-18 梁-铰接头模型参数

	E/GPa	ν	h/m	b/m
梁—铰接头	35.5	0.2	0.2	1.0

4.4 影响因素分析

4.4.1 开挖尺寸

为了探讨基坑开挖尺寸与隧道变形的关系，取基坑宽度 $W=\frac{1}{3}D$、$\frac{1}{2}D$、D、$2D$、$3D$，基坑开挖深度 $h=\frac{1}{3}H_0$、$\frac{1}{2}H_0$、$\frac{2}{3}H_0$、$\frac{3}{4}H_0$、H_0 进行分析，开挖尺寸具体见表 4-19。这里定义基坑开挖深度 h 与隧道上覆土厚度 H_0 的比值为基坑卸荷比 n，即 $n=h/H_0$。基坑卸荷比反映了相对于隧道埋深的卸载量，卸载量的大小直接影响下方隧道的隆起变形量。

图 4-18 为基坑开挖尺寸 $W=18.6$ m，$h=7.5$ m 的计算工况示意图，基坑位于隧道上方由（$45°+\varphi/2$）确定的覆土区域内。图中，s 为隧道隆起量，d 为隧道发生变形后的横向直径，l 为隧道变形后的竖向直径；定义隧道横向直径收敛变化量为 $\Delta d=d-D$，隧道竖向直径变化量为 $\Delta l=l-D$，Δd 为负表示隧道横径压缩，Δl 为正表示隧道竖径拉伸。

表 4-19 基坑开挖尺寸

参 数	数 值				
开挖宽度 W/m	2.1	3.1	6.2	12.4	18.6
开挖深度 h/m	5.0	7.5	10.0	11.2	15.0
卸荷比 n	0.33	0.50	0.67	0.75	1.00

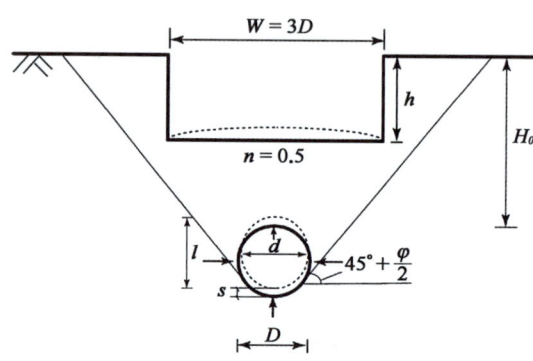

图 4-18 隧道上方基坑开挖计算工况示意图($W=3D, h=\frac{1}{2}H_0$)

分析不同基坑开挖尺寸影响时,坑内土体和隧道周边土体均未采取加固处理,且未针对隧道做隔离保护措施,土体计算选用原状土参数,计算结果如图 4-19 和图 4-20 所示。

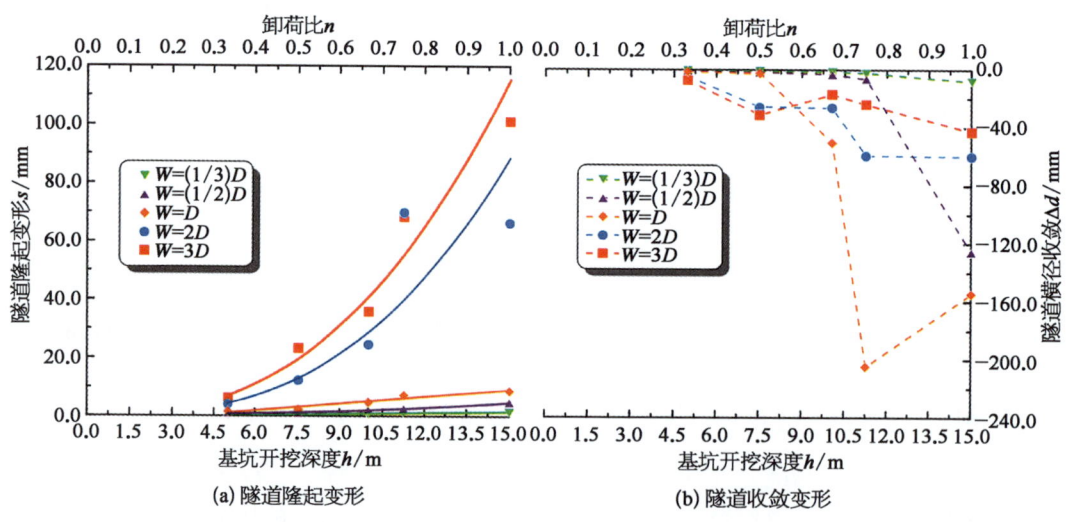

(a) 隧道隆起变形 (b) 隧道收敛变形

图 4-19 隧道变形与基坑开挖尺寸的关系

从图中可以看出,随着基坑开挖深度和宽度增加,隧道隆起变形量增大。$W \leqslant D$ 时,隧道隆起量相对较小;$W > D$ 时,随卸荷比 n 增大,隧道隆起量增加显著。由于采用原状土计算,当基坑开挖宽度三倍于隧道外径($W=3D$),隧道上覆土全部挖除(卸荷比 $n=1$)

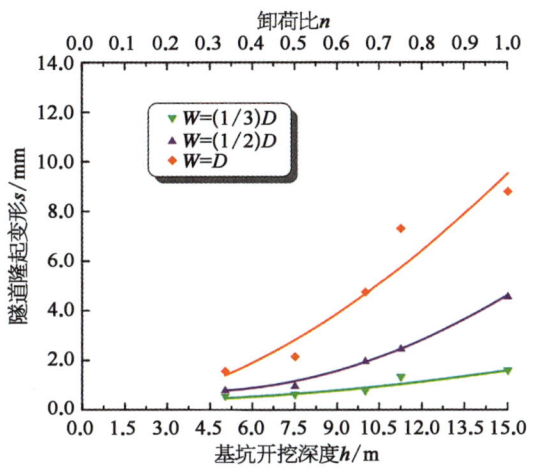

图 4-20 隧道竖向隆起变形（$W \leqslant D$）

时，隧道隆起量将达到 10.0 cm。表 4-20 对比了隧道埋深分别为 15.0 m 和 10.0 m 时基坑开挖引起的坑底回弹量和隧道隆起量。上覆土全部挖掉后，隧道隆起量约占基坑开挖深度的 0.6%~0.7%。

表 4-20 坑底回弹量与隧道隆起量　　　　　　　　　　　　（单位：mm）

卸荷比	有无隧道	$H_0 = 15.0$ m, $W = 3D$		$H_0 = 10.0$ m, $W = 3D$	
		坑底回弹量 δ	隧道隆起量 s	坑底回弹量 δ	隧道隆起量 s
$n=1$	无	155.2	—	70.0	—
	有	143.6	101.1	66.9	63.8

而隧道横径收敛变形规律并未完全类似隧道隆起变形，即未明显表现出随卸载量增大，横径收敛变形增大的规律。如在 $W=D$、$n=0.75$ 时横径收敛变化最大。这与计算工况以及对应设置的支护结构形式有关；另一方面与本研究中采用的隧道管片接头模型有关。横径收敛变形与隧道管片接头刚度有关，本研究中将隧道接头等效为弱化接触界面的混凝土梁，其正确性以及参数合理性有待实际工程的进一步验证。

另外，根据图 4-19 计算结果，当基坑开挖宽度等于隧道外径时（$W=D$），隧道隆起量不大，但相同卸荷比条件下，隧道收敛变形却大于 $W=2D$ 和 $W=3D$ 计算工况。这与计算分析中围护结构的设置有关。若隧道上方基坑开挖宽度 W 较小，不大于隧道外径 D（$W \leqslant D$），基坑围护结构通常采用型钢水泥土墙（SMW 工法）或重力坝作为支护桩（数值计算分析时等效为墙体），由于暂未考虑隧道外土体加固，此时因上方开挖引起的土体位移场会加剧隧道的横向直径收敛变形；单圆隧道管片为拼装结构，对管片自身来说，隧道底部隆起和横向直径内缩是相悖的变形趋势,如图 4-21 所示。因此,此种工况下出现隆起量 s 远小于横向收敛变形 Δd 的隧道变形模式。

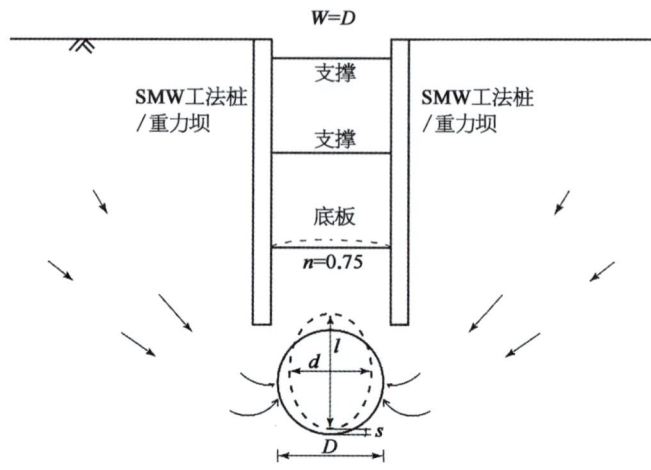

图 4-21　上方基坑围护结构为 SMW 工法桩/重力坝的隧道变形示意($W=D$)

图 4-22 示意基坑围护结构为地下连续墙的隧道变形模式。由于基坑开挖宽度 $W=3D$,考虑地墙插入比为 1∶1.5,对于隧道埋深 $H_0=15.0$ m,卸荷比 $n=0.75$,地墙的插入深度超过隧道底埋深。此时上方基坑开挖,地墙一方面增加了土体的渗流路径,另一方面在隧道两侧有一定的隔断作用,某种程度上限制了隧道横向变形的发展,导致隧道隆起量 s 大于横向收敛变形 Δd。

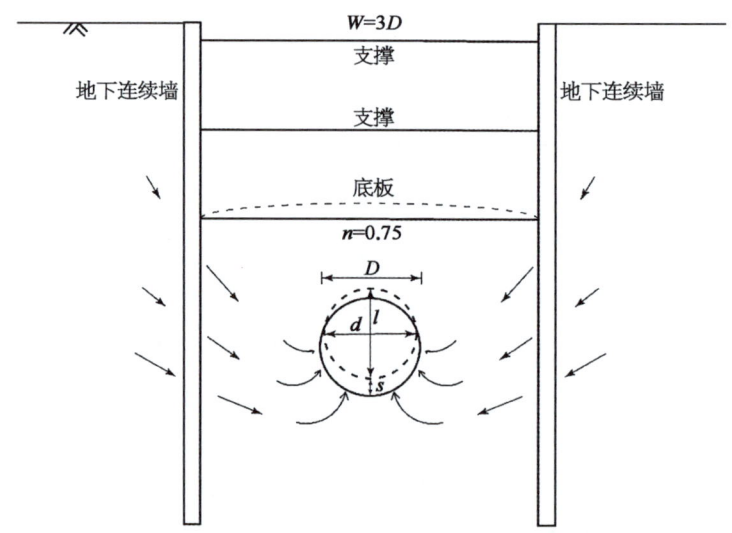

图 4-22　上方基坑围护结构为地下连续墙的隧道变形示意($W=3D$)

上述两种工况卸荷比 n 一样,但 $W=3D$ 的基坑卸载量要远大于 $W=D$ 的基坑,故有隧道隆起量 $s\mid_{W=3D} \gg s\mid_{W=D}$;又由于围护结构形式不同,有隧道横向收敛变形 $\Delta d\mid_{W=3D} <$

$\Delta d\mid_{W=D}$。对比两种工况的隧道竖径变化,发现无论何种基坑宽度 W,均有 $\mid\Delta l\mid\approx\mid\Delta d\mid$,即隧道的横向直径压缩量约等于隧道的竖向直径拉伸量。

图 4-23 为各计算工况下的隧道横径收敛变化量和竖径收敛变化量的比值。显然,图示结果有 $\mid\Delta l/\Delta d\mid\approx 1$。即在隧道正上方基坑开挖,若严格按照分区、分块、对称开挖卸载,且影响在隧道结构可承受范围内(混凝土管片和连接螺栓均未达到强度破坏),隧道管片自身的横竖径变化将是内部均衡协调的,即横径的压缩量约等于竖径的拉伸量。有研究利用隧道结构变形发展过程中的结构几何特征,建立了盾构隧道横、竖径的变化关系为 $\Delta l\approx -0.895\Delta d$[88,118],与本书计算结果较为接近。

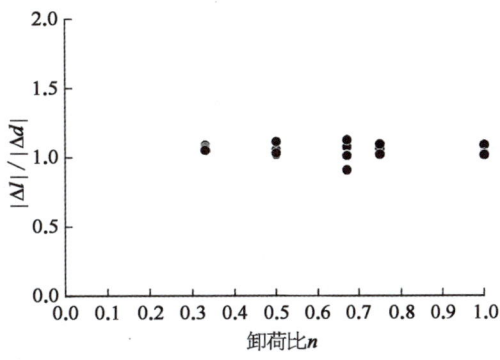

图 4-23 上方基坑开挖隧道横径竖径收敛变化量比值

据此,可以根据隧道底隆起量 s、横向收敛变形 Δd、竖径变化 Δl 来综合考察上方卸载作用下地铁隧道的变形姿态。隧道拼装完成后,在土体中逐渐达到平衡状态。隧道顶部受上覆土压力 $\sigma_v=\gamma H_0$,与隧道埋深 H_0 有关;隧道腰部受侧向土压力 $\sigma_h=K_0\sigma_v=(1-\sin\varphi')\sigma_v$。软土地区侧向土压力系数 $K_0<1$,则隧道顶部受到的上覆土自重应力 σ_v 大于隧道侧向所受的水平向土压力 σ_h。因此,隧道拼装完成后的初始收敛状态应该是竖向压缩、横向拉伸,呈"横鸭蛋"姿态,如图 4-24 所示。

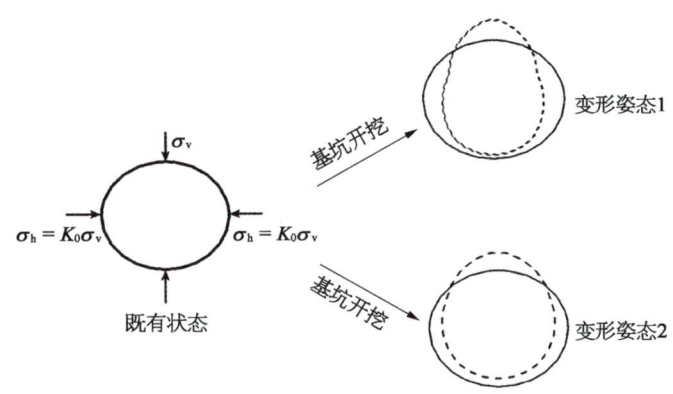

图 4-24 基坑开挖引起地铁隧道变形姿态的演变

若在隧道上方进行基坑开挖,隧道上覆土自重应力 σ_v 减小,隧道穿越土层以及下卧土层因开挖卸载导致应力释放产生土体回弹变形,而隧道一方面随土体回弹产生隆起变形,一方面协调隧道顶底竖向隆起变形而产生水平径向收缩,最终表现出竖向拉伸、横向压缩的"竖鸭蛋"变形姿态,如图 4-24 变形姿态示意图所示。

分析图 4-21 和图 4-22 中所示的两种隧道变形姿态,其变形对比结果见表 4-21。

$W=D$ 工况下，隧道隆起变形较小，但横向收敛变形非常大，其变形后隧道如图 4-24 中变形姿态 1 所示；$W=3D$ 时，隧道隆起变形较大，横向收敛变形也较大，但小于隆起变形，其变形姿态如图 4-24 中变形姿态 2 所示。从隧道椭圆度来看，明显变形姿态 2 的隧道椭圆度较好，受上方土体开挖产生的变形相对均匀，有利于隧道自身结构安全和稳定，这对处于运营期的地铁隧道非常重要。而变形姿态 1 的隧道由于横向局部压缩严重，隧道纵缝易发生渗漏水，对隧道结构安全非常不利，后续实施运营维护治理代价也较大，故此种变形情况是要尽量控制避免出现的。

表 4-21 隧道变形结果对比

计算工况	$n=0.75$	
$W=D$	$s\mid_{W=D}=\Delta d\mid_{W=D}, \Delta d\mid_{W=D}\approx\Delta l\mid_{W=D}$	$s\mid_{W=3D}\gg s\mid_{W=D}$
$W=3D$	$s\mid_{W=3D}>\Delta d\mid_{W=3D}, \Delta d\mid_{W=3D}\approx\Delta l\mid_{W=3D}$	$\Delta d\mid_{W=3D}<\Delta d\mid_{W=D}$

这里考虑 $\delta=|\Delta d|/|s|$，比值 δ 的大小可以反映隧道变形的均匀程度。隧道底竖向变形 s 为正值表示隧道隆起，s 为负值表示隧道沉降。若比值 δ 为一较大数值，表明隧道横向收敛变形相对于隧道隆起要大很多，即隧道横向拉伸或横向压缩较为严重，此变形姿态较为不利。若 $\delta\to 1$，则有 $|\Delta d|\approx|s|$，可直接根据变形量值大小判断隧道变形情况；若 $\delta<1$ 或 $\delta\to 0$，表明隧道横截面收敛变形相对于隧道隆起或沉降量较小，隧道的竖向变形为主要变形，此时 s 值较大，说明隧道隆起或沉降较大，这种变形情况需考察沿隧道纵向的隆沉变形和环片间的差异隆沉变形情况。

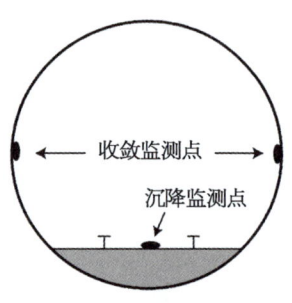

图 4-25 运营地铁隧道管片监测点位布设示意

图 4-25 为运营地铁隧道管片的监测点位布设图。沉降监测点布设在道床上，水平径向收敛监测点布设在隧道横向直径腰部位置。道床浇筑后与隧道形成整体，若运营过程中道床与隧道未脱开，可视道床沉降监测点的隆沉变化情况为隧道的隆沉变形。依据上述隧道变形分析，可根据隧道沉降变形和收敛变形监测数据考量隧道管片的变形姿态，结合现场病害调查，分析其服役状态。

4.4.2 土体加固

按照盾构隧道设计一般要求，隧道拼装成环后在外部作用影响下，允许纵向、环向接缝张开 6 mm 而不发生漏水，直径累计变化量应小于 $0.5\%D$，因此对于隧道外径 $D=6.2$ m 的单圆隧道，拼装完成受力后其变形应控制在 3.1 cm 内。而地铁盾构隧道正常运营的变形保护要求非常严格，按照标准《城市轨道交通结构安全保护技术规范》（CJJ/T 202—2013）

规定,隧道竖向位移和径向收敛不能超过 20 mm。从上节计算结果可知,隧道上方进行基坑开挖,若不进行土体加固或采取其他控制措施,隧道变形将超限不易控制,会严重危及结构运营安全。

(1) 隧道外土体门式加固。

考虑对隧道周围土体进行加固,采用注浆、三轴搅拌桩、旋喷桩或高频振动灌注桩等施工工艺加固土体,加固范围如图 4-26 中阴影部分所示,上方 3.0 m 厚加固土体距离隧道顶 0.5 m,侧方 4.0 m 宽加固土体距离隧道 1.5 m,侧方加固体范围从隧道底部往下延 3.0 m,在隧道周围形成"门"式加固体。

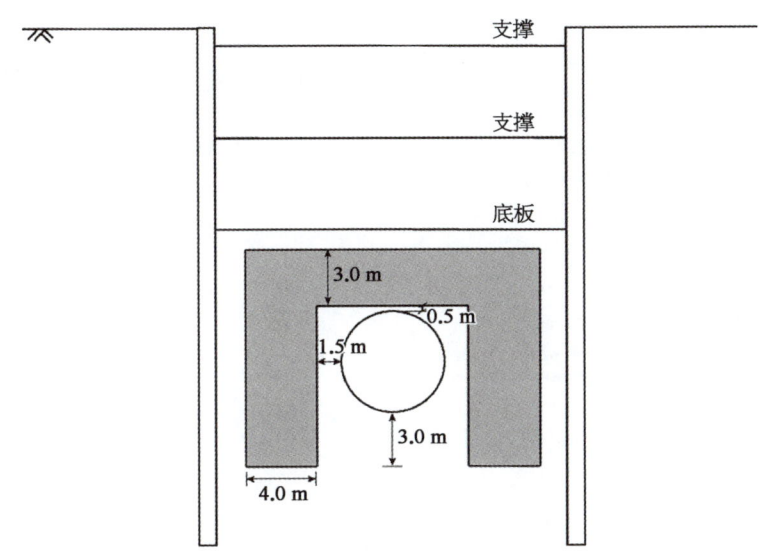

图 4-26 隧道外土体门式加固

考虑土体加固水泥掺量约 15%,加固土体 28 天无侧限抗压强度 $q_u \geqslant 0.8$ MPa,加固范围内土体计算参数见表 4-22。不同开挖开尺寸下隧道变形计算结果如图 4-27 所示。

表 4-22 加固土体模型参数

土层	c' /kPa	φ' /(°)	E_{oed}^{ref} /MPa	E_{50}^{ref} /MPa	E_{ur}^{ref} /MPa	E_0^{ref} /MPa	m	R_f	$\gamma_{0.7}$ /($\times 10^{-3}$)
加固土	60	25	15.00	15.00	80.00	170.0	0.12	0.9	2.0

从图 4-27 计算结果可以看出,针对隧道外土体进行门式加固,上方基坑开挖引起的隧道变形多数表现出竖向隆起量 s 大于横向收敛变形 Δd,这与土体未加固时的隧道变形表现相反。说明对隧道周围土体进行门式加固,影响了因上方基坑开挖引发的隧道变形姿态。图 4-28 对比了加固前后隧道收敛变形 Δd 与隆起量 s 的比值 δ,从图中可以直观看出,对隧道进行门式加固后,$\delta > 1 \rightarrow \delta < 1$,门式加固体有效地抑制了因上

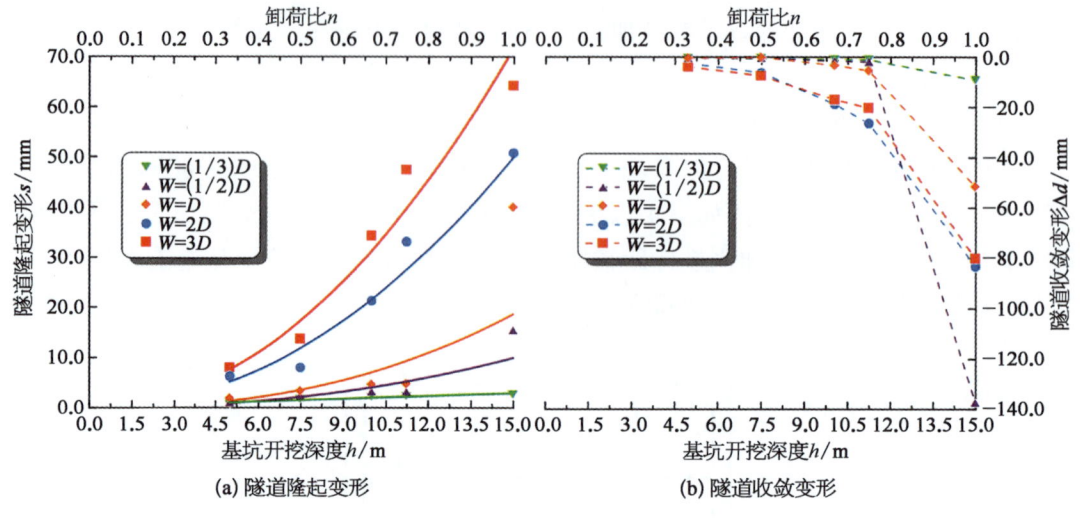

图 4-27　门式加固基坑开挖影响隧道变形

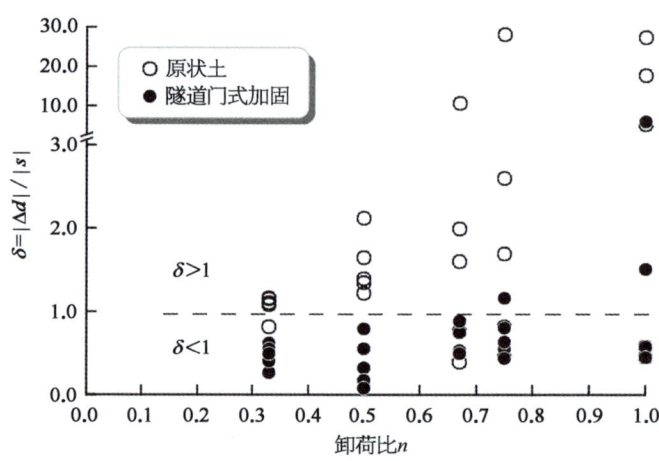

图 4-28　加固前后隧道收敛变形 Δd 与隆起变形 s 的比值 δ

方卸载引发的横向收敛变形,隧道主要表现为竖向隆起。隧道隆起变形可以进一步通过限制基坑开挖的土体回弹变形加以控制。当然,隧道管片的横向收敛和竖向变形并非独立发生发展的,在采取变形控制措施时需要综合考虑,避免隧道向不利的变形姿态发展。

（2）隧道上方基坑满堂加固。

显然,对隧道周围土体进行门式加固,在一定程度上可以控制基坑开挖对隧道的变形影响。但当基坑开挖宽度 W 大于隧道外径 D 时,卸荷比 n 较大时,隧道变形仍然较大,超过 20 mm,不能满足地铁运营维护要求。现考虑对上方基坑内土体进行注浆、搅拌桩等满堂加固,如图 4-29 所示。计算结果见图 4-30 和表 4-23、表 4-24。

第4章 上方卸载作用下盾构隧道变形数值分析

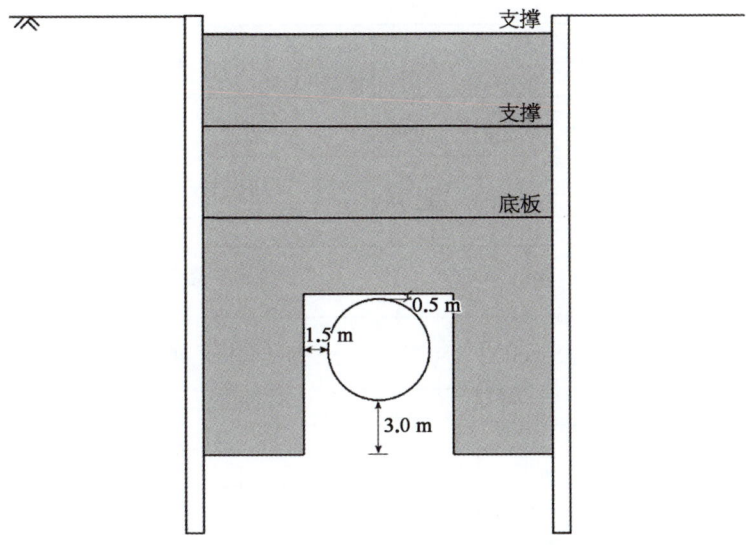

图 4-29 隧道上方坑内土体满堂加固

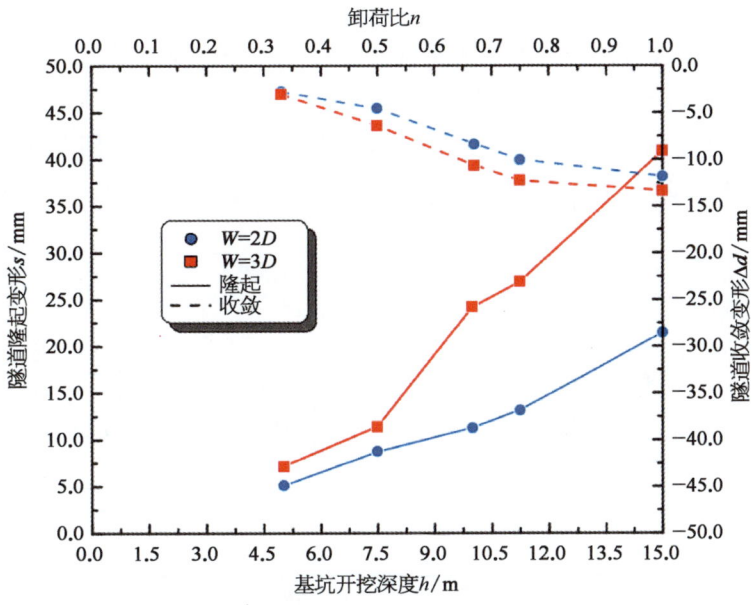

图 4-30 满堂加固基坑开挖影响隧道变形

表 4-23 满堂加固、$W=2D$ 工况下隧道变形

参　数	数　　值				
卸荷比 n	0.33	0.50	0.67	0.75	1.00
竖向隆起 s/mm	5.0	8.7	11.3	13.2	21.4

续　表

参　　数	数　　值				
横径收敛 Δd /mm	−2.8	−4.6	−8.4	−10.1	−11.9
竖径收敛 Δl /mm	3.1	5.0	8.7	10.7	12.4

表 4‑24　满堂加固、$W=3D$ 工况下隧道变形

参　　数	数　　值				
卸荷比 n	0.33	0.50	0.67	0.75	1.00
竖向隆起 s/mm	7.1	11.4	24.2	26.9	40.8
横径收敛 Δd /mm	−3.1	−6.5	−10.7	−12.3	−13.4
竖径收敛 Δl /mm	3.4	6.9	11.2	12.9	14.0

从图 4‑30 中可以看出，坑内土体满堂加固后，隧道的隆起和收敛变形进一步得到有效控制，仍然表现出隆起量 s 大于横向收敛变形 Δd，s 和 Δd 随卸荷比 n 增大递增的规律，隆起量 s 与开挖深度 h 的比值变化范围在 1.00‰～2.72‰。隧道横竖径变化量如图 4‑31 所示，其与前述变形规律一致，符合 $|\Delta l| \approx |\Delta d|$。

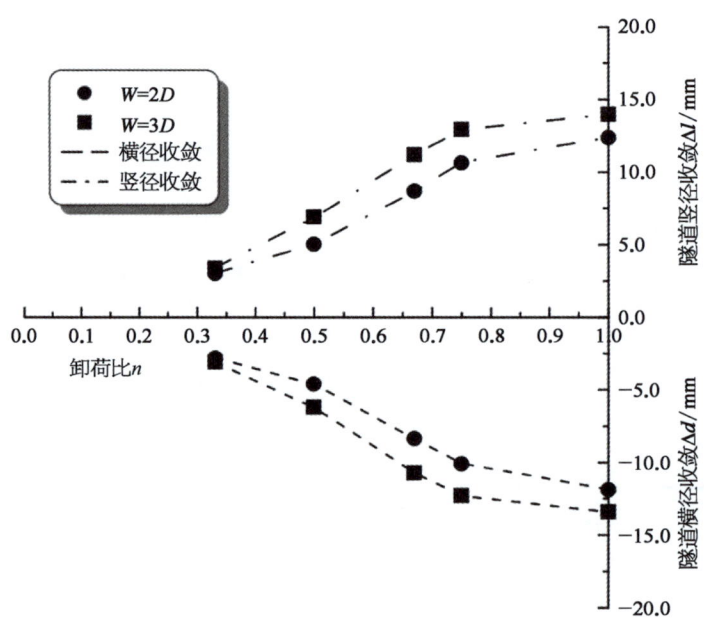

图 4‑31　上方基坑内土体满堂加固后开挖隧道横径竖径收敛变化量

图 4-32 对比了坑内土体满堂加固和仅隧道外土体门式加固下基坑开挖对隧道变形的影响。基坑内土体满堂加固后，卸荷比 $n<1$ 时，隧道的隆起变形平均减小约 35%，收敛变形减小约 40%；卸荷比 $n=1$ 时，变形控制效果更显著。

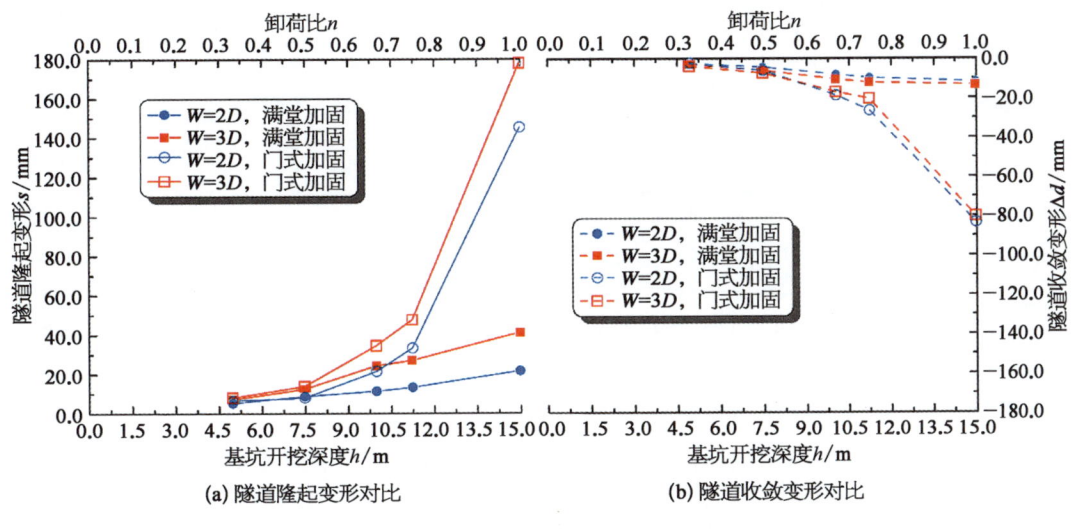

(a) 隧道隆起变形对比　　(b) 隧道收敛变形对比

图 4-32　土体加固条件下基坑开挖对隧道变形的影响

（3）加固体强度。

通常基坑围护结构设计对土体加固有一定要求，如地基加固施工工艺、水泥掺量、加固后土体无侧限抗压强度、水泥标号等。这里考虑几种不同的加固土体强度参数，见表 4-25，计算同时对坑内土体满堂加固和隧道外土体门式加固时，卸荷比 $n=0.5$、开挖宽度 $W=3D$ 工况下的隧道变形，计算结果见表 4-26 所示。

表 4-25　土体加固要求及计算参数

土层名称	水泥掺量	无侧限抗压强度 q_u/MPa	卸载模量 E_{ur}^{ref}/MPa	渗透系数 k/(cm·s^{-1})	施工工艺
水泥加固土	15%	≥0.8	80	≤10^{-7}	注浆、三轴搅拌桩等
	20%	≥1.0	100		
	25%	≥1.2	120		
	40%~50%	≥2.0	200		

由表 4-26 计算结果可知，相较于土体未加固（即原状土体），土体加固后（$q_u \geqslant 0.8$ MPa），上方基坑开挖影响隧道的隆起量 s 减小达 50%，横向收敛变形 Δd 减小也超过 50%。由此可见，按图 4-29 所示范围进行基坑内土体满堂加固和隧道外两侧土体门式加固，且达到加固体强度要求，可有效控制上方基坑开挖引发的隧道隆起变形和收敛变形。

表 4-26　$W=3D, n=0.5$ 工况下隧道变形结果对比

参　　数	数　　值				
无侧限抗压强度 q_u/MPa	原状土	0.8	1.0	1.2	2.0
竖向隆起 s/mm	23.2	11.4	11.2	10.9	10.8
横径收敛 Δd/mm	−31.2	−6.5	−5.8	−4.9	−3.2
竖径收敛 Δl/mm	32.2	6.9	6.2	5.3	3.5

4.4.3　抗拔桩

针对隧道正上方基坑开挖,为了更好地控制隧道产生的不利变形,考虑在隧道两侧设置抗拔桩,与基坑底板形成门式框架,如图 4-33 所示。抗拔桩采用 $\phi 850$ mm@5 000 mm 钻孔灌注桩,桩顶嵌入底板约 0.1 m,桩长控制在其桩基持力层为⑦$_2$层,嵌入深度为 5.0～7.0 m。抗拔桩采用梁单元线弹性模型,弹性模量取 30.0 GPa,泊松比取 0.2。计算结果见图 4-34 和表 4-27、表 4-28。

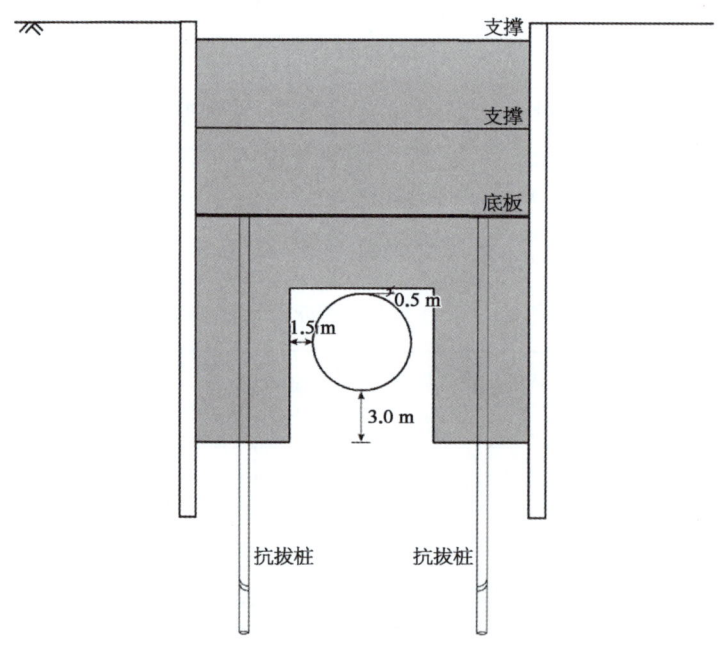

图 4-33　隧道抗拔桩门式加固

有无抗拔桩情况下,不同基坑开挖尺寸的隧道变形情况对比结果如图 4-35 所示。从图中可以看出,抗拔桩与基坑底板形成门式保护箍,对隧道保护作用明显,不仅减小了隧道的隆起变形,也限制了隧道的横向收敛变形。抗拔桩的设置使得隧道隆起和收敛变形均减小约 25%。

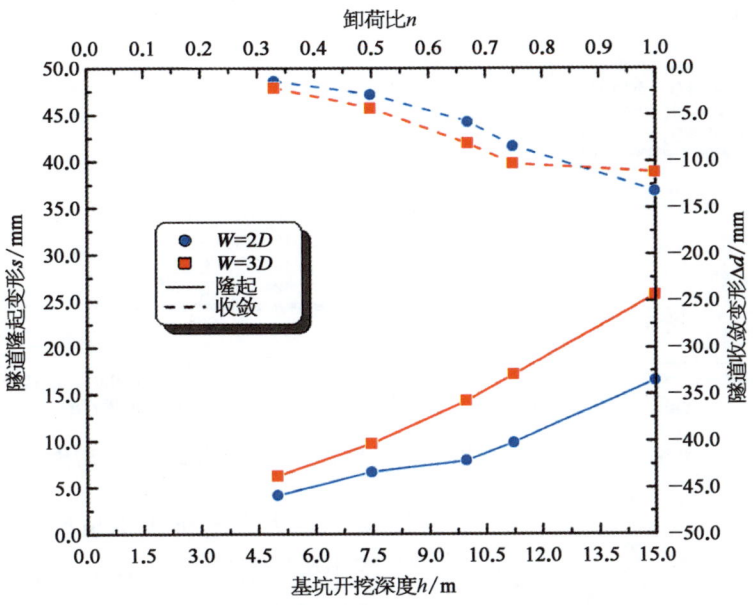

图 4-34 隧道外设置抗拔桩情况下基坑开挖影响隧道变形

表 4-27 满堂加固与抗拔桩、W=2D 工况下隧道变形

参 数	数 值				
卸荷比 n	0.33	0.50	0.67	0.75	1.00
竖向隆起 s/mm	4.1	6.7	7.9	9.8	16.4
横径收敛 Δd/mm	−1.4	−2.9	−5.8	−8.4	−13.2
竖径收敛 Δl/mm	1.6	3.2	6.3	8.9	13.7

表 4-28 满堂加固与抗拔桩、W=3D 工况下隧道变形

参 数	数 值				
卸荷比 n	0.33	0.50	0.67	0.75	1.00
竖向隆起 s/mm	6.2	9.7	14.2	17.0	25.6
横径收敛 Δd/mm	−2.2	−4.3	−8.2	−10.3	−11.2
竖径收敛 Δl/mm	2.4	4.7	8.7	11.0	11.9

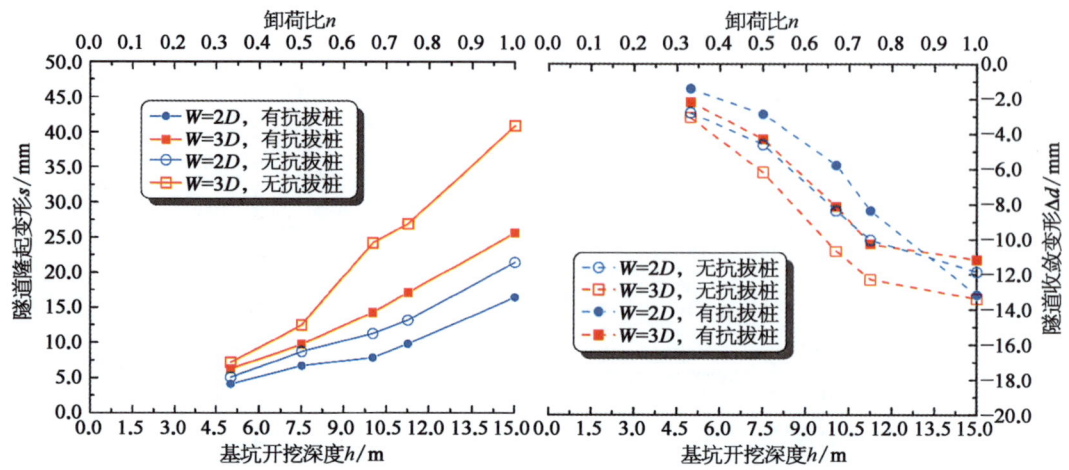

图 4-35 有无抗拔桩情况下基坑开挖影响隧道变形结果对比

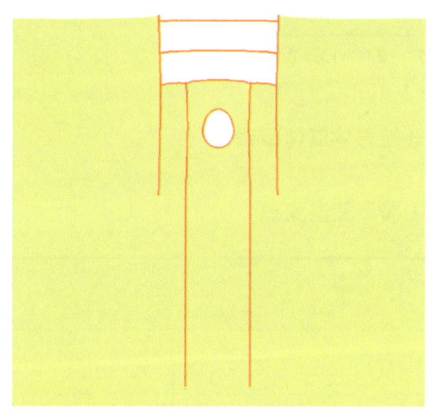

图 4-36 上方基坑开挖作用下的隧道变形姿态(放大 50 倍)

图 4-36 为设置抗拔桩情况下的隧道变形姿态。从图中可以明显看出,在上方基坑开挖作用下,下卧地铁隧道的变形趋势向"竖鸭蛋"形状发展。

图 4-37 给出了 $W=3D$,$n=0.5$ 基坑开挖尺寸下的土体位移变形规律。从图中可以看出,地下墙后地表土体为沉降区,坑底下土体为隆起区;地下墙后约 2 倍基坑开挖深度为主要沉降影响区域[119-120]。根据隧道埋深及土层情况,可确定隧道上方主要覆土影响区[隧道上方约 2 倍的 $\left(45°+\dfrac{\varphi}{2}\right)$ 确定的区域],据此在地铁隧道运营期,可有针对性地开展地铁隧道的运维监护。

综合上述计算结果(图 4-34)可知,在隧道正上方进行基坑开挖,采取如下加固控制措施:隧道外土体门式加固、基坑内土体满堂加固、隧道外两侧设置抗拔桩,可控制隧道隆起量 s 与基坑开挖深度 h 的比值变化范围在 0.78‰~1.71‰,平均值为 1.16‰。已有研究对基坑开挖引起下卧隧道隆起变形的实测数据进行统计分析,得出卸荷比 n 在 0.40~0.90 范围内,软土地区隧道最大隆起量 s_{max} 与基坑挖深 h 的比值变化范围为 0.63‰~3.00‰[121]。

4.4.4 开挖时间

上海地区软土具有非线性流变的特性。工程实践证明,在软土地区开挖基坑,坑底土层的回弹量与时间有关。基坑开挖施工慢,开挖后暴露的时间越长,坑底土层的回弹量越大。若基坑位于隧道正上方,过大的土体回弹量必然拖带引起隧道过大的隆起变形,进而

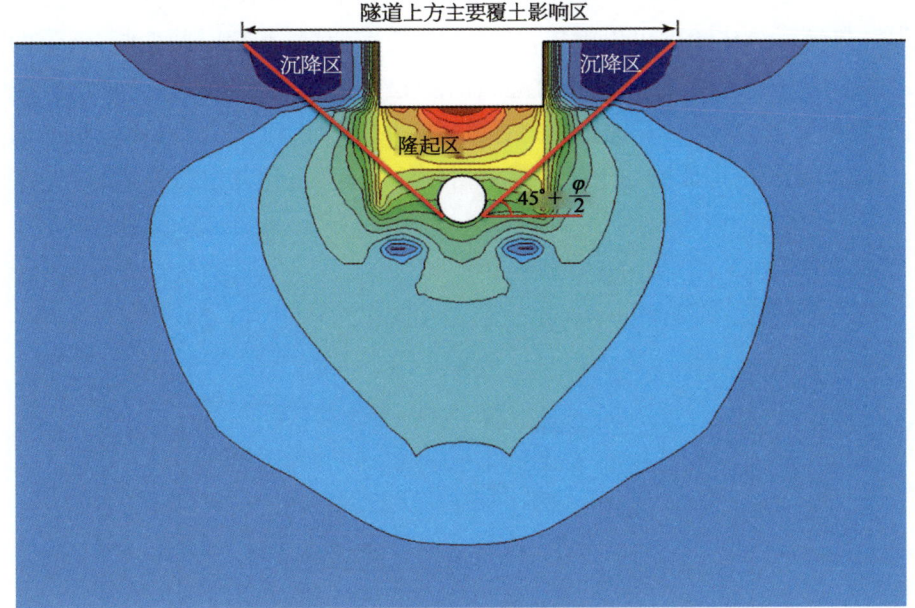

图 4-37　隧道上方主要覆土影响区

引发隧道结构安全病害。现考虑时间因素，分析基坑不同开挖时长下对隧道变形的影响。

为了便于探讨时间因素的影响，针对 $W=3D$、$n=0.5$ 的基坑规模进行分析，设定基坑首道撑位于地表下 1.0 m，第二层土 6.5 m 直接开挖到底，开挖方量约 120 m³，设置 5 个开挖时长，分别为 0（$t=1$ 表示 1 个分析步）8 h、12 h、24 h、∞（$t=30$ d），对比分析开挖结束后隧道的变形情况。其中计算分析中考虑坑内土体满堂加固、隧道门式加固和抗拔桩的设置。图 4-38 中设置开挖时间 $t=1$ 认为不考虑时间因素影响，不同的开挖时长意味着土体的卸荷速率，时间越长，表明开挖速率越慢；时间越短，便相当于瞬时卸载；5 种开挖时长均考虑为均匀卸荷。

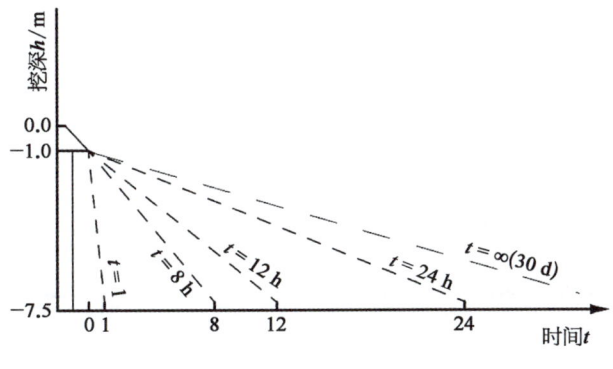

图 4-38　卸载开挖时间

图 4-39 对比了 $W=3D$、$n=0.5$ 工况下,考虑基坑开挖时间因素影响的隧道变形,其中横轴为对数坐标。从图中可以看出,随着开挖速率变慢,开挖时间变长,隧道的隆起变形和收敛变形均有较大幅度发展,且对隧道的隆起变形影响大于收敛变形。开挖时间越长,隧道的隆起量越大,24 h 开挖完成的隧道隆起量将增长约 69%,隆起量将占到开挖深度的 2.17‰;30 d 开挖完成的隧道隆起量将增长约 86%,占比开挖深度约 2.4‰。

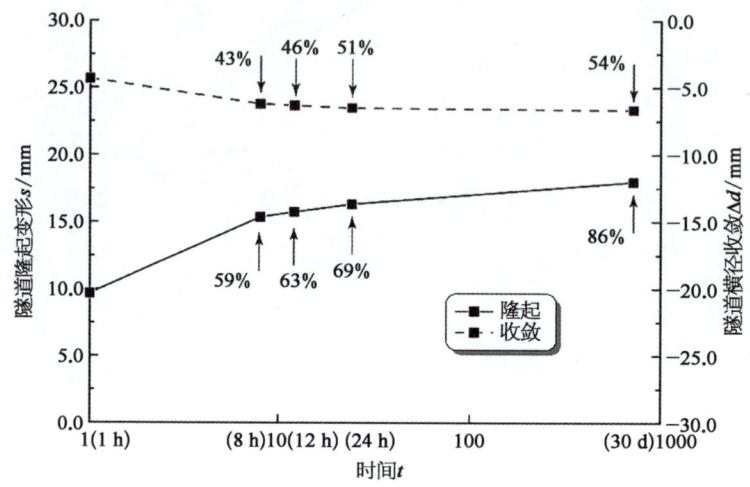

图 4-39 不同开挖时间影响的隧道变形

图 4-40 为不同开挖时长的隧道隆起变形历时曲线。从图中可以看出,从第二层土体开挖开始,随着土体持续卸载,隧道隆起变形持续增大;开挖速率快,最终隆起量相对小;开挖结束底板浇筑完成后,隆起变形的发展被有效遏制。因此,位于隧道正上方的基坑工程应尽可能压缩土体开挖时间,尽可能快地完成底板浇筑施工,可有效限制隧道隆起变形的发展。

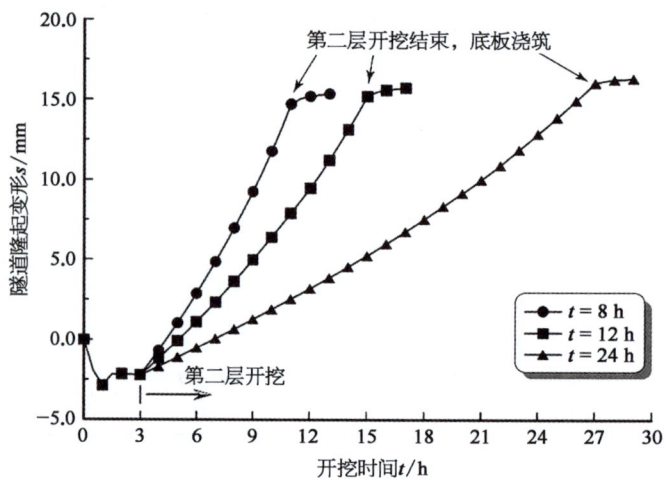

图 4-40 不同开挖时间影响的隧道隆起变形历时曲线

考虑极端开挖时间 $t \to \infty$，从图 4-39 可以看出，随着开挖时间的延长，隧道的隆起量仍有缓慢增长（设置开挖时间 $t=30$ d 时，隧道隆起变形 $s \approx 18.0$ mm），但对比短时间内完成开挖，隧道隆起量增幅较大，故短时间内完成开挖过程有利于控制隧道的变形。因此，隧道正上方基坑开挖，应考虑时间因素对土体回弹量的不利影响，尽可能及时快挖快撑，减少坑底的暴露时间，及时浇筑垫层、底板等地下结构部分。

4.5 小结

本章讲述了上海典型土层 HSS 本构模型及其参数确定方法，以正上方基坑开挖卸载引起隧道的隆起变形和横竖收敛变形为主要分析目的，通过数值计算分析影响隧道变形的主要因素，包括基坑开挖平面尺寸、土体加固形式和范围、抗拔桩的设置以及开挖时间等。利用建立的有限元模型，通过对比分析，初步得出以下结论：

① 隧道管片结构采用多铰接头模型可以较好地模拟出上方卸载作用下的隧道变形姿态。在正上方基坑开挖卸载作用下，隧道的变形呈现出竖向拉伸、横向压缩的"竖鸭蛋"变形姿态，且隧道管片结构在可承受强度范围内，管片自身的横竖径变化是均衡协调的。

② 土体加固后，改变了卸载作用影响下隧道的变形姿态，主要以竖向隆起变形为主。对于隧道管片自身来说，隆起（或沉降）和收敛变形并不是独立发生发展的，两个方向上的直径变化趋势是相悖的，均为适应土体因应力释放产生变形的自身调节。针对正上方卸载，隧道管片隆起变形是引发的主要变形方式，由于拼装结构，管片椭圆度姿态发生变化，伴随有横向收敛变形，即隧道管片的变形是随土体回弹的整体隆起变形和自身管径变化。

③ 随着上方土体卸荷比 n 增大，隧道隆起变形递增，当基坑开挖宽度 W 小于隧道外径 D 时，变形量增长有限；当 $W>D$，$n>0.5$ 时，隆起变形量增幅较大，必须采取控制措施限制隧道变形。隧道外土体门式加固可抑制隧道横向收敛变形的发展，改善隧道的变形姿态；基坑内土体满堂加固后，隧道的隆起变形平均减小约 35%，收敛变形减小约 40%。

④ 隧道上方基坑内土体满堂加固，可有效限制土体的回弹，从而隧道的变形进一步得到控制。相较于土体未加固，即原状土体，土体加固后（$q_u \geqslant 0.8$ MPa），上方基坑开挖影响隧道的隆起量 s 减小达 50%，横向收敛变形 Δd 减小也超过 50%。若严格达到加固体强度要求，对控制上方基坑开挖引发的隧道隆起变形和收敛变形效果非常显著。

⑤ 隧道两侧设置抗拔桩与基坑底板形成门式保护箍，对隧道的保护作用明显，进一步使得隧道隆起和收敛变形均减小约 25%。在隧道正上方进行基坑开挖，采取：隧道外土体门式加固、基坑内土体满堂加固、隧道外两侧设置抗拔桩等加固控制措施后，可控制隧道隆起量 s 与基坑开挖深度 h 的比值变化范围在 0.78‰～1.71‰，平均值为 1.16‰。

⑥ 控制基坑开挖时间有利于控制隧道变形的发展，开挖时间越长，隧道变形将越大，

时间因素对隧道隆起变形的影响大于横向收敛变形。隧道变形随时间因素的收敛趋势与土体扰动后固结完成过程有关。

⑦ 隧道上方基坑开挖，隧道的变形与基坑规模、基坑围护结构形式、土体加固范围及强度、开挖时间等密切相关，变形控制措施并非孤立作用，实施时需根据具体工程环境综合考虑。

第 5 章
隧道上方加/卸载案例与控制治理技术

5.1 引言

近年来,随着城市快速发展,城市轨道交通沿线实施了大量工程作业活动,对邻近地铁隧道结构造成影响的案例时有发生,其中既有由于渣土随意堆弃、河道填埋、堆山造景、建筑加载等工程加载活动引起的隧道沉降、收敛、错台等大变形病害以及渗漏水、管片开裂、螺栓断裂等严重结构病害的案例,也有由于地下空间开发基坑土方开挖卸载引起的下方隧道上浮、环纵缝渗漏、道床开裂等病害案例。这些案例都对隧道结构安全、耐久性以及运营安全构成了严重威胁。

前述章节分别采用理论分析、模型试验以及数值模拟等方法研究了隧道上方加卸载引起下卧地铁隧道结构纵向沉降、横向收敛变形规律,但是由于隧道结构以及土体组合和性质复杂,上述研究方法中都不可避免引入了许多假定条件或进行了模型简化处理。因此,研究成果均需要通过工程案例来进行对比分析。

本章从众多工程中梳理了 5 个工况变形记录较完备的工程案例,其中 2 个隧道上方加载、3 个上方基坑工程开挖卸载案例,分析了加卸载后下方隧道的变形和表观病害特征,提供了实施治理方案和效果评价,结合数值模拟计算,验证了分析方法的可靠性。

5.2 加载案例与控制治理

5.2.1 案例一:某地铁隧道 A 区间上方堆载案例

1) 工程概况

(1) 项目背景。

2010 年 5 月,发现某地铁线路 A 区间上行盾构隧道地表发生大面积堆土,最高堆土高度达到 7 m,引起隧道产生了严重且密集的渗漏水及结构损伤病害,部分衬砌环甚至出现了顶部管片开裂以及螺栓断裂失效等极端病害,严重威胁到结构及运营安全。该区间位于软土地区,隧道于 2008 年 10 月结构贯通,2010 年 6 月投入试运营。

根据盾构区间工程地质资料,第⑤层厚度较厚,第⑦$_2$层层顶埋深较深。对应隧道地层主要为第③、第④、第⑤$_1$层(局部涉及第③$_{夹层}$)。超载区域盾构隧道基本下卧于第⑤$_1$层,顶部为第④层土,如图 5-1 所示。该区间范围内主要土层的基本物理力学参数见表 5-1。

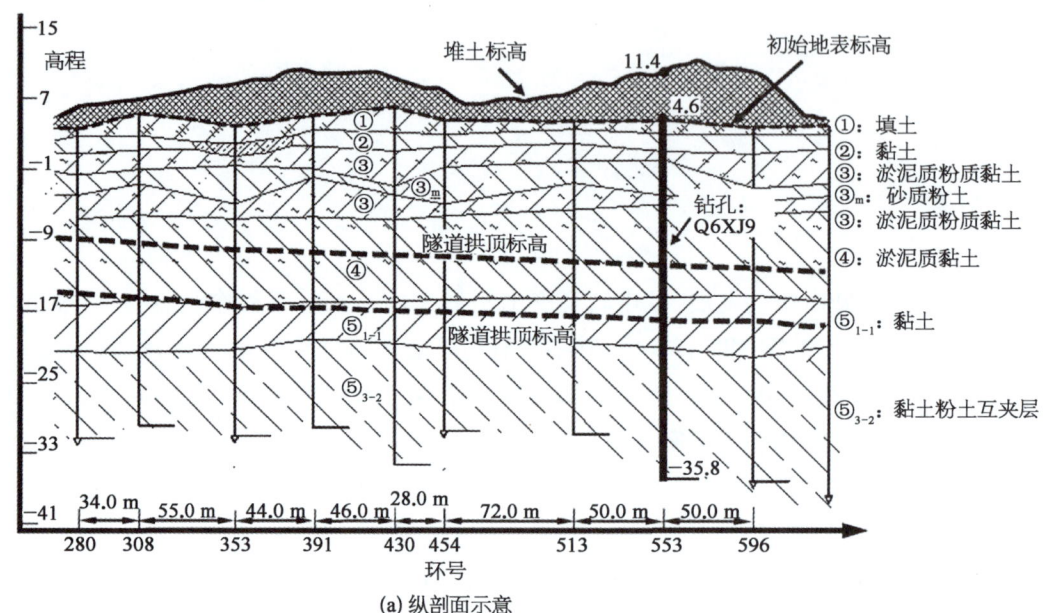

(a) 纵剖面示意

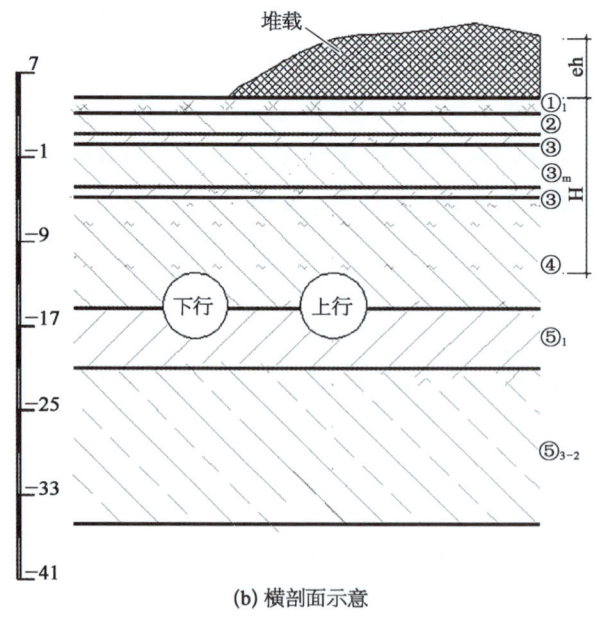

(b) 横剖面示意

图 5-1 隧道地质及堆载纵横剖面示意

表 5-1 土 体 性 质

层序	层 名	重度 /(kN·m⁻³)	含水率 /%	固结快剪 c/kPa	固结快剪 ϕ/(°)	比贯入阻力 /MPa	标贯击数	灵敏度
③	淤泥质粉质黏土	17.5	40.4	12	20	0.55	1.5	4.6
④	淤泥质黏土	16.6	50.1	14	12.5	0.68	1.6	5.7
⑤₁	黏土	17.3	42.3	16	14	0.91	2.7	6.1
⑤₃₋₁	粉质黏土	18	34.2	17	20	1.74	5.9	

对应隧道埋深范围多为④层淤泥质黏土,含水率高,强度低。

(2) 超载概况。

根据相关资料,2008年12月,在上行隧道贯通后,第280环至620环间隧道段正上方堆土平均高度约4 m,570环上方堆高最大达7 m,堆高与超载前顶覆土厚度比值达0.43,超载幅度较大,地面堆载概况见表5-2。超载主要作用于上行隧道,土堆坡脚即位于下行隧道的投影面边,即超载未作用于下行隧道正上方。

表 5-2 现场堆土高度与隧道环号对应关系 （单位：m）

环号	顶覆土	勘察地面标高	堆土顶标高	加载高度	卸载后标高	堆高/原顶埋深
280	12.9	3.7	5.5	1.8	4.8	0.14
320	14.8	5.0	7.4	2.4	5.0	0.16
360	14.3	4.3	8.1	3.8	4.5	0.26
400	16.1	3.9	8.7	4.8	3.9	0.30
440	16.5	3.5	7.4	3.9	3.5	0.24
480	15.9	3.4	5.8	2.4	3.4	0.15
520	16.3	3.6	7.5	3.9	3.6	0.24
560	16.5	3.6	9.7	6.1	3.9	0.37
570	16.4	4.4	11.4	7.0	4.4	0.43
600	16.2	4.5	10.2	5.7	4.5	0.35

2) 堆载对隧道工程结构的影响分析

发现隧道上方堆载现象后,地铁维护部门在现场即刻布设有关监测项目,开展对隧道结构的影响监测。基于监测数据以及隧道结构损伤等病害状况,分析堆载对隧道结构的影响。

(1) 监测方案。

考虑堆载对盾构隧道纵向影响范围(图5-1),第270至630环实施了隧道道床沉降、水平直径变化以及顶部纵缝张开等项目监测,断面测点布置如图5-2所示。顶部接缝张开仅用于观察卸载前纵缝张开幅度,在后续卸载及加固整治期间,主要根据道床沉降以及水平直径变化观察隧道变形,分析卸载及整治效果。

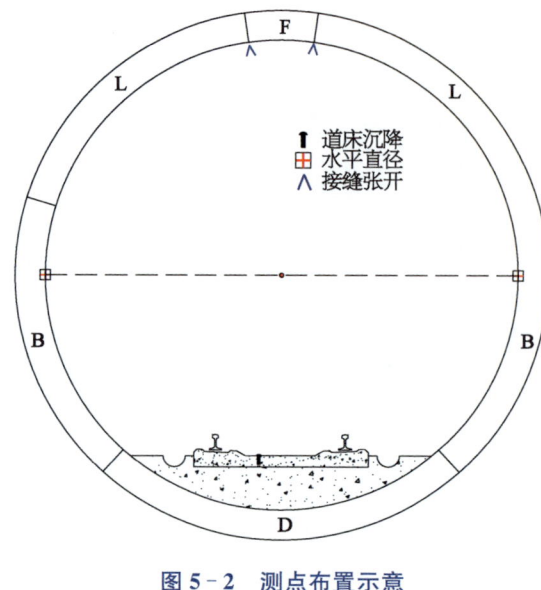

图 5-2 测点布置示意

(2) 隧道变形的监测数据分析。

根据水平直径监测数据,观察堆载区域隧道结构变形分布,并与堆高和顶覆土厚比值进行对比。

在堆载作用下,上行隧道[图5-1(b)中右侧隧道]各环水平直径与设计值之差 ΔD 增加明显,呈现明显"横鸭蛋"变形,形成以407环和576环为中心的收敛变形明显区域,如图5-3所示,超载幅度明显区域,水平直径变化量 ΔD 同样明显,第576环水平直径比设

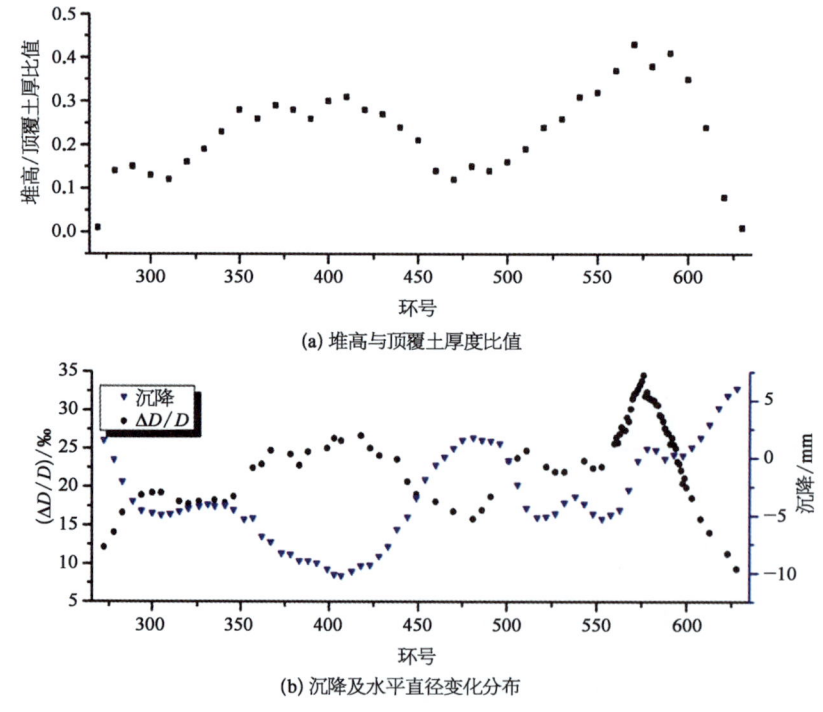

图 5-3 堆高与沉降及水平直径变化对比

计值增加达 21.4 cm,与理论直径比值达 34.6‰;观察沉降分布形态并对比收敛分布,第 407 环附近收敛变形区段沉降明显,且与超载幅度同步。

全线除堆载区域外单圆通缝盾构隧道,2010 年初测得水平直径与设计值比均值仅为 3.2 cm,而堆载区域上行隧道第 280 环至 620 环区段水平直径变化均值达到 14.5 cm,远高于线路均值。需要说明的是,堆载区域所对应的下行隧道水平直径与设计值差均值仅为 3.5 cm,收敛变形属于正常隧道变形范围内,因此后续监测及整治均未将其纳入。

(3) 隧道结构病害。

在突发堆载作用下,隧道明显呈横鸭蛋变形,B 与 D 及 F 与 L 纵缝内侧张开,而 B 与 L 纵缝外侧张开,F 与 L 环向连接螺栓受力较大,而 B 与 L 纵缝内侧混凝土应力集中明显,相对而言,更容易外侧止水条失效导致渗漏水病害发生。根据现场结构状况检查,堆载区段盾构隧道严重的收敛变形导致隧道结构安全及使用状况恶化。

① 管片结构损伤。

图 5-4 为隧道顶部纵缝张开量测量示意图,现场使用游标卡尺测量。根据隧道顶部纵缝张开测量数据,纵缝张开明显,见表 5-3,第 570 环顶部纵缝张开量最大达到 27.1 mm。

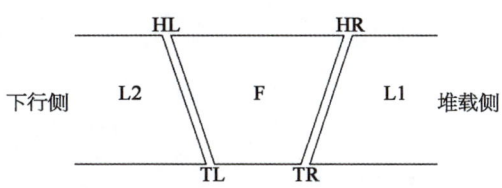

图 5-4 隧道顶部纵缝张开测量示意

表 5-3 顶部纵接缝张开量测量值

环 号	测量值/mm			
	HL	TL	HR	TR
320	12.9	11.8	15.8	14.0
400	15.9	21.4	11.0	20.1
480	14.5	11.0	16	11.0
570	17.7	27.1	17.3	25.5
620	14.3	13.3	13.8	12.9

如图 5-5 所示,堆载区顶部纵缝明显张开,环向螺栓明显受拉,甚至出现螺栓断裂现象,图 5-6 为现场检查所发现第 581 环螺栓破坏现象。在螺栓受拉以及管片横断面变形过程中产生的内力作用下,角部混凝土容易产生裂缝现象,如图 5-7 所示,571 环大块混凝土开裂后脱落,对结构安全构成严重威胁。

横鸭蛋变形情况下,腰部纵缝两侧混凝土作为转动支点,端部易集中受力,使得表层混凝土挤压碎裂脱落,根据现场观察,分析结果与实际吻合,腰部混凝土挤碎、压溃现象普

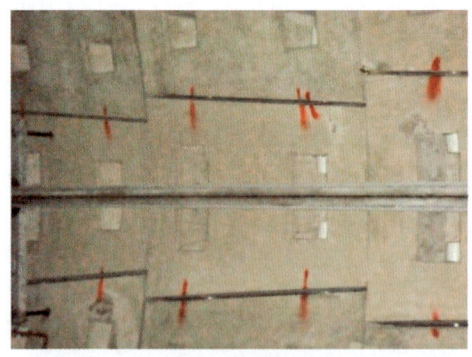 

图 5-5 顶部纵缝张开示意　　　　　图 5-6 螺栓断裂示意

图 5-7 混凝土脱落示意　　　　　图 5-8 混凝土脱落示意

遍且明显,图 5-8 为现场检查所发现第 570 环纵缝两侧混凝土挤碎现象,与纵缝距离约 10 cm 范围发生,深度 1~2 cm。

② 接缝渗漏水。

盾构隧道横鸭蛋变形情况下,腰部 B 与 L 纵缝以内侧为支点,外部张开,弹性密封垫极易松开失效。现场观察表明,堆载区域隧道结构出现了成片渗漏水,尤以腰部纵缝位置最为严重,部分区段甚至渗漏泥砂,如图 5-9 所示。

顶部纵缝以及底部纵缝以外侧为支点,内侧张开,防水构件相对不容易出现松弛失效问题,但由于顶部外侧端部受挤压等原因,端部混凝土受集中力作用,容易出现碎裂现象,如果外侧发生了压碎裂隙,产生渗漏水现象,将是十分严重的问题。

根据上述超载引起的隧道结构病害初步分析,纵缝处病害密集且程度严重,主要病害是渗漏水,发生在纵向接缝处,顶部纵缝张开,以及腰部纵缝两侧混凝土挤碎现象明显,部分环顶部混凝土明显裂缝或掉块,环缝基本未见明显张开或错台现象。这表明环缝纵向螺栓使用状态正常。

3) 隧道整治程序

根据前述结构受损分析,伴随堆载区盾构隧道横向收敛变形产生的渗漏水及结构损

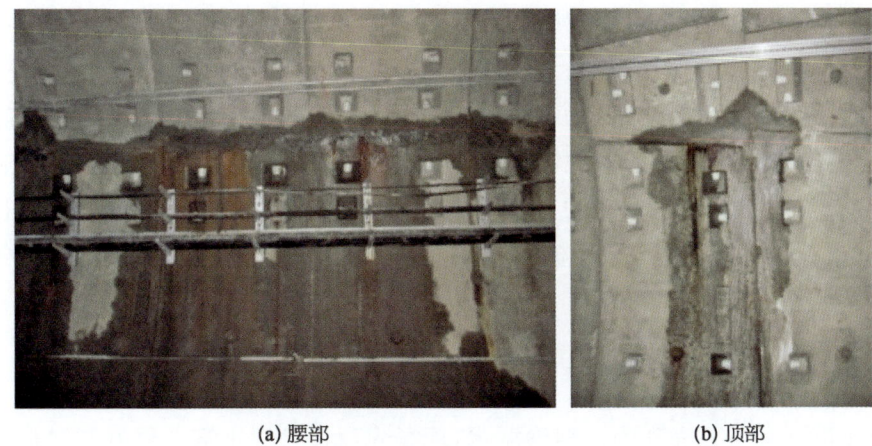

(a) 腰部　　　　　　　　　(b) 顶部

图 5-9　隧道腰部和顶部的渗漏水示意

伤病害,严重威胁到隧道结构及运营安全;同时,相应于盾构隧道纵向沉降的环间错台或接缝张开未导致严重的使用状况病害,远未影响到结构安全,因此,结构整治工作主要围绕横断面收敛变形进行,具体整治流程如图 5-10 所示。

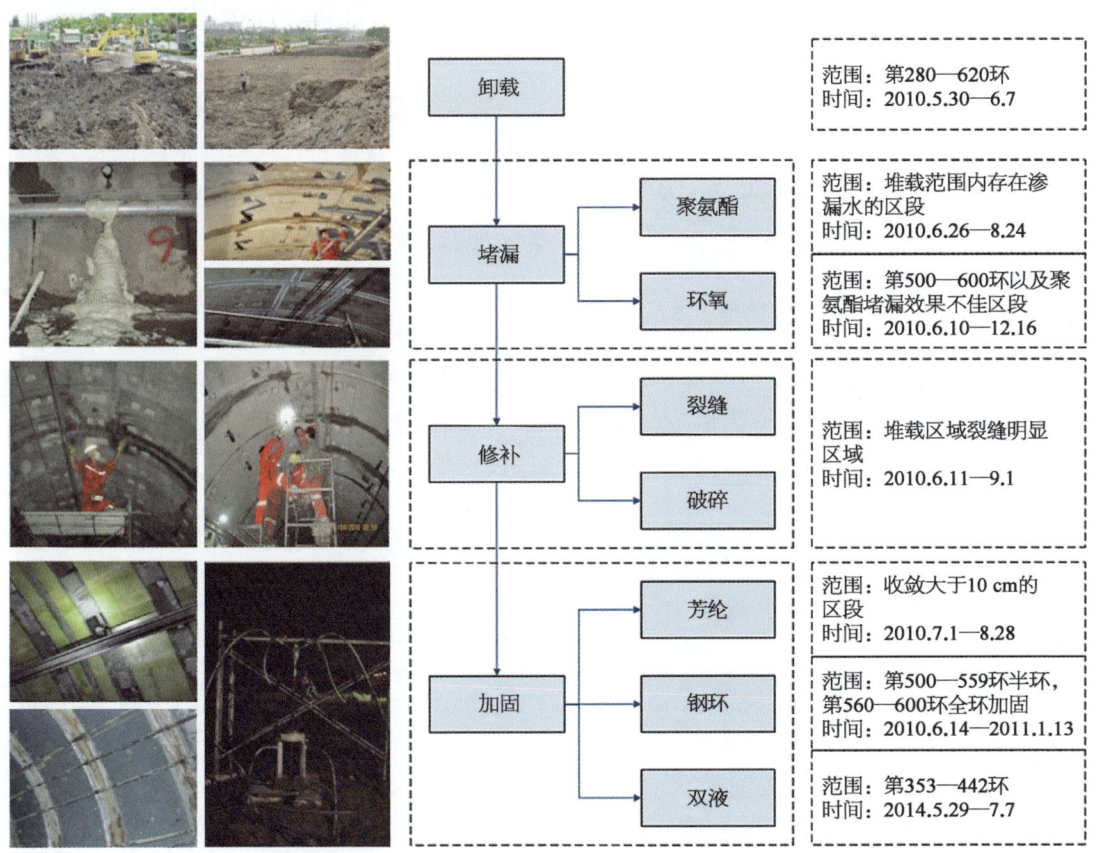

图 5-10　隧道整治流程示意

由于隧道病害状况由上部堆载引起的,第一时间组织对上部堆土进行卸载,尽可能减少超载对隧道结构的作用时间;之后采取聚氨酯和环氧及时对隧道渗漏水进行堵漏,避免结构进一步恶化,加剧侧压力损失,横向变形循环恶性发展;在粘贴芳纶布前,清除破碎混凝土,修补裂缝,对管片结构进行表面处理,维持结构整体性。然后实施隧道结构的加固,补强隧道结构承载能力,先粘贴芳纶布,临时补强隧道结构。针对上行隧道第500—559以及第560—600环横向收敛变形严重区段,分别实施了半环及全环的钢板环加固。

(1)堵漏。

① 聚氨酯堵漏。

现场隧道渗漏主要表现为接缝渗漏水,现场先通过壁后水溶性聚氨酯注浆方式进行堵漏。水溶性聚氨酯遇水膨胀发泡,从而在管片外壁形成隔水膜,阻止水源通过接缝进入隧道,或大幅增加渗漏路径,从而减缓渗漏水病害。如图5-11所示,聚氨酯注浆主要采用两侧标准块B注浆孔进行,少数渗漏面积大且严重区域,另考虑利用邻接块L注浆孔。聚氨酯注浆采用两侧对称压注。

② 环氧堵漏。

针对钢环加固区,为避免钢环拼接完成后,背部渗漏病害再次发生,腐蚀钢板,采用环氧树脂密封接缝。另外渗漏严重且堵漏效果不佳时,同样采用环氧堵漏。

图5-12为采用环氧注浆示意图,选择双环缝或多环缝为单位进行隔断密封注浆,以双环缝为例,封顶块以下以弹性环氧为主,从低到高压注,以此灌满封闭节点所围成的接缝区域;封顶块以上,考虑到顶部整体受力需要,采用刚性环氧从低到高进行压注,最终封闭节点所围成区域,形成接缝隔水帷幕。

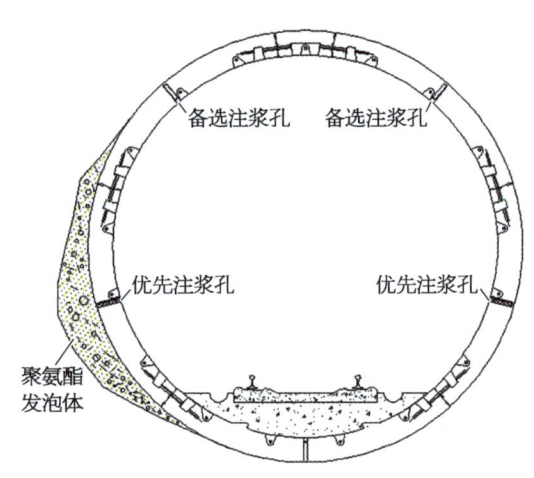

图5-11 聚氨酯注浆效果示意

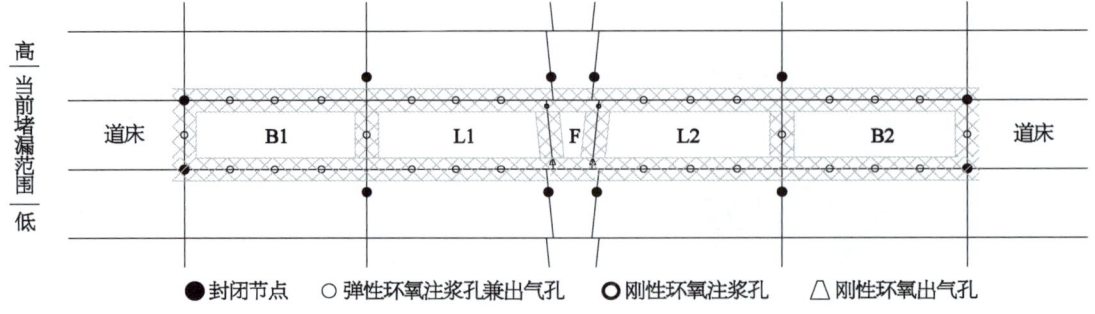

图5-12 环氧注浆孔布置示意

(2) 加固。

① 芳纶布粘贴。

图 5-13 为现场粘贴芳纶布加固顶部结构示意图,具体实施范围为拱顶约 58°范围,加固环向弧长约为 2.8 m,利用刚性环氧高黏结强度,实施芳纶布加固,单环芳纶布分成三部分,中间部分为手孔之间区域,另管片的两侧靠近环缝位置粘贴两条

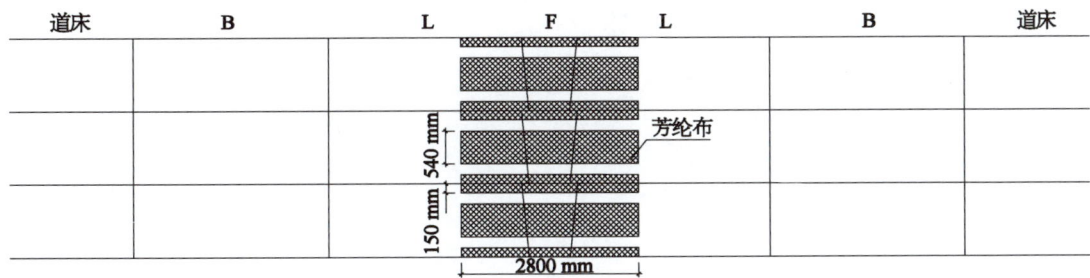

图 5-13 芳纶布张贴示意

② 钢环加固。

图 5-14 为现场采用钢板环加固加固示意图,全环加固通过 3 块钢管片、2 块带牛腿钢管片以及 1 根道床位置钢拉板,形成环形受力体系,提高已变形盾构隧道抗偏载能力。先进行牛腿安装,后拼接上部三块钢管片,最后通过钢板拉接两侧牛腿。半环加固通过 2 块带牛腿钢管片以及 1 根道床位置钢拉板进行。

(3) 双液注浆。

采用水泥浆和水玻璃两种浆液,经混合后注入土体后形成加固体,水玻璃可短时间内凝固水泥浆,在控制使双液注浆对周围土体结构的扰动的同时,使得注浆体短时间内形成强度,满足短期内隧道结构使用要求,综上,双液注浆在控制扰动同时,可实现加固周围土体目的。其中水泥浆水灰比为 0.6~0.7,水玻璃模数为 2.85,玻美度为 35,两者配比为 3∶1。

注浆示意图如图 5-15 所示,加固深度为隧道底以上 5 m 内,上下行隧道间布置 1 排,上行隧道另一侧布置 3 排,注浆孔沿隧道纵向孔距为 1.2 m,横向孔距为 0.6 m。

(4) 整治效果。

整治期间,通过观察隧道水平收敛及沉降历时变化情况,了解整治各阶段效果。由于各类型整治措施存在交叉,根据整治时间,从 2010 年 5 月开始至 2014 年 7 月双液注浆结束,大致可分成 3 个阶段,表 5-4 统计了 407 环各阶段沉降及收敛历时变化情况。

卸载及注浆表现如下现象:卸载期间,上行隧道 407 环最大上抬达到 14.1 mm,累计已呈隆起状态,而收敛仅回缩 6 mm,相比纵向沉降,卸载对于改善隧道结构收敛变形效果并不明显,即径向收敛变形可恢复性相对较差,超载对于隧道结构横断面的变形影响相对较难处理。

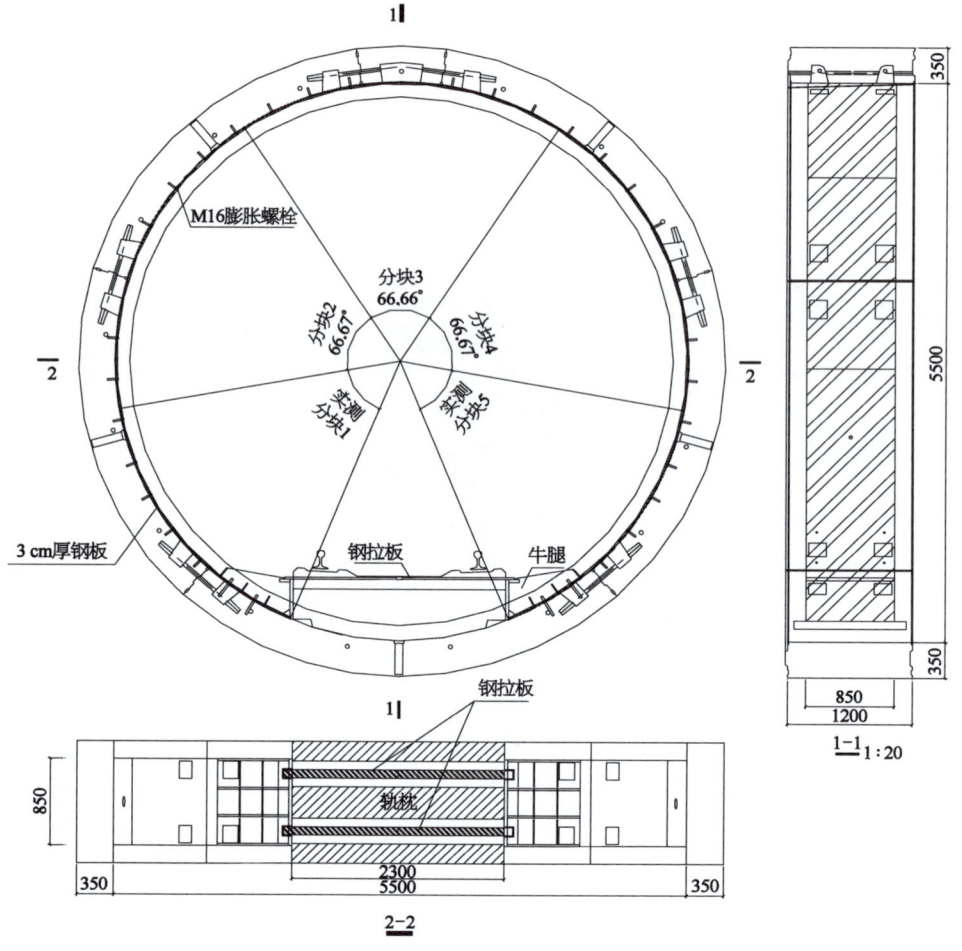

图 5-14 钢板环加固示意(单位：mm)

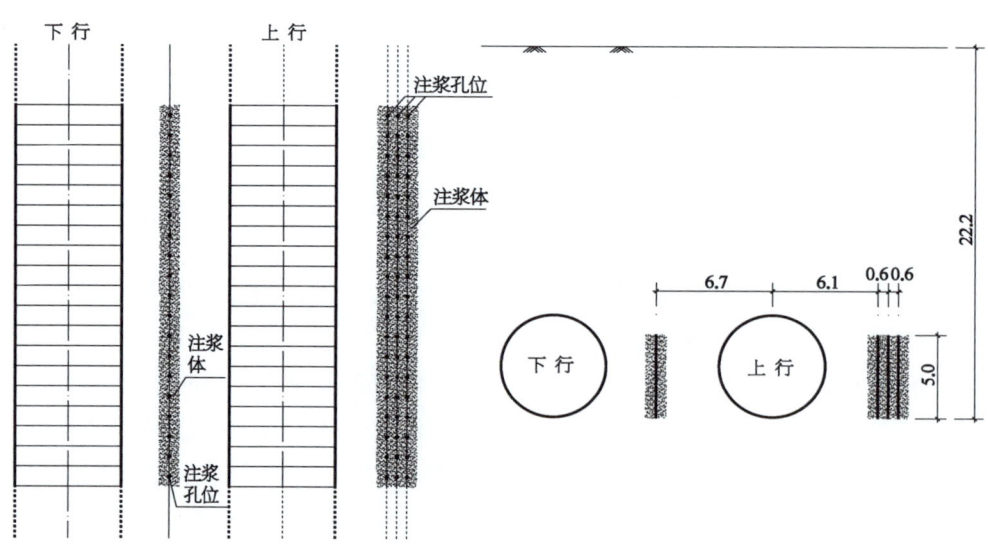

图 5-15 钢板环加固示意(单位：m)

表 5‑4 整治效果统计

整治阶段		时间跨度	沉降变化/mm		收敛变化/cm	
第一阶段	卸载	7 天	14.1	14.1	−0.6	−0.6
第二阶段	堵漏	8 月	8.6	13.6	−0.2	−0.5
	修补		10.9		−0.3	
	芳纶		2.6		−0.2	
	钢环		10.2		−0.5	
第三阶段	注浆	1 月 8 天	7.6	7.6	−3.9	−3.9

注：第 407 环未进行钢环加固，但根据监测数据，钢环加固施工本身对相应位置隧道结构影响较小。

第二阶段，堵漏修补以及芳纶钢环等加固措施，周期长达 8 个多月，其间隧道沉降及收敛分别继续减小 13.6 mm 以及回缩 5 mm，第二阶段各工况自身并不会直接改善纵向沉降及径向收敛降状况，仍是卸载效应继续发挥作用的结果，根据历史沉降数据分析，各指标恢复量主要在第一月内完成。

第三阶段，隧道侧边注浆加固于 2014 年 5 月开始实施，注浆施工明显改善隧道收敛状况，407 环注浆期间水平直径累计回缩近 4 cm，但在注浆结束后两月内，重新增加 7 mm。注浆施工期间，注浆压力以及浆量将引起隧道侧边孔隙水压力短期内明显增加，进而挤压隧道横向变形收缩，而在注浆结束后，由于孔隙水压力逐渐消散，前期挤压效果会部分消失。

4）数值模拟分析

采用第 3 章介绍的上方加载作用下盾构隧道横向变形有限元分析方法，建立 ABAQUS 有限元数值模型用于计算该工程案例。图 5‑16 所示为有限元计算模型，建模中以变形最为严重的第 570 环为对象，隧道埋深与地层条件均参照该环管片实际情况建立，地表加载宽度为 120 m，加载值为 141 kPa（对应堆高与顶覆土厚度比值 0.43）。

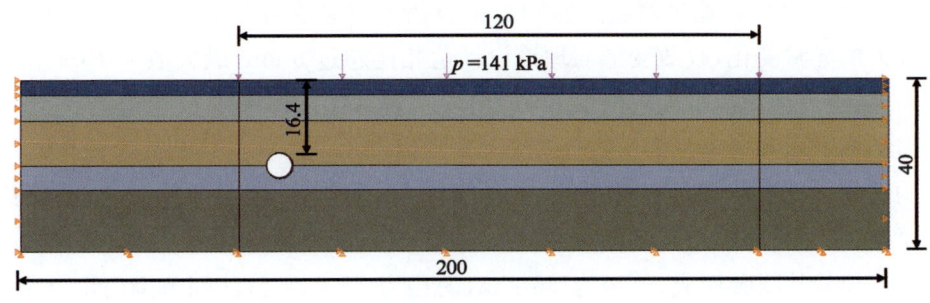

图 5‑16 有限元模型图示（单位：m）

图 5-17 所示为加载前后隧道横向变形图示(为直观表现故变形放大 5 倍),在图示加载作用下,隧道环向左侧发生水平偏移,同时产生较大的收敛变形,各处接头张开明显,隧道变形破坏严重。

据有限元模型计算,在地表加载作用下,隧道左侧拱腰水平位移为 180 mm,右侧拱腰水平位移为 29 mm,相应水平收敛变形为 151 mm(对应 24.4‰D),与实测结果比较吻合。

5) 小结与建议

根据该项目大面积超载对隧道变形影响及修复方法的分析,可得出以下的主要结论及建议。

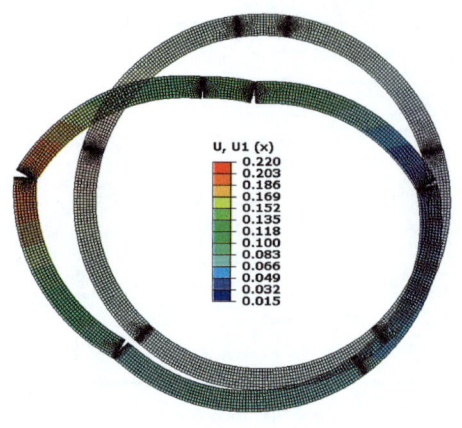

图 5-17 加载前后隧道横向变形图示

(1) 上方大面积超载对隧道影响明显,在局部最高近 7 m 堆土作用下,隧道产生明显收敛变形,最大水平直径变形接近 21 cm,进而产生由收敛变形所导致的各类型病害,严重影响隧道运营及结构安全;同时,限于实测数据分析得到超载所引起的纵向差异沉降未导致隧道使用及结构安全问题。

(2) 卸载对于减缓纵向差异沉降趋势的作用是明显的,卸载完成后,回弹幅度达到 14.1 mm,而收敛回复效果不明显,仅 0.6 cm,不足 1‰D;后续堵漏、修补及芳纶钢环加固工艺本身并不会明显抬升隧道或缓解收敛变形状况,隧道呈抬升趋势为卸载后续影响,但收敛变形状况仍未得到明显改善;侧边双液注浆加固引起隧道收敛变形回缩明显,注浆完成后,407 环收敛累计回缩近 3.9 cm。

(3) 建议在卸载完成后,隧道漏水治理应排在优先位置,避免隧道侧边持续泄压导致横向收敛继续发展,然后抓紧进行隧道侧边双液注浆加固,减小部分收敛变形,提高侧边约束力,改善受力状态,待加固稳定后,实施钢环加固。

5.2.2 案例二:某地铁隧道 B 区间上方道路加载案例

1) 工程概况及超载情况

(1) 工程概况。

2020 年 8 月 22 日,通过对隧道监测数据分析发现某在建地铁线路 B 区间隧道收敛变形有较大的异常变化,收敛变形与理论设计值相比超过 6 cm,最大值为 15.9 cm。现场调查表明,隧道内部渗漏水现象明显,甚至出现了管片接头碎裂的结构损伤现象,严重威胁到隧道结构安全和通车重大节点任务。

盾构区间工程地质资料表明(图 5-18),地铁隧道穿越③淤泥质粉质黏土层和④淤泥质黏土层,下卧⑥粉质黏土层(局部下卧⑤$_{1-1}$黏土层),隧道顶部埋深为 7.5~10 m。盾构隧道通过 6 块管片拼装而成,外径为 ϕ6.2 m,内径为 ϕ5.5 m,该区间范围内主要土层的基本物理力学参数如图 5-19 所示。

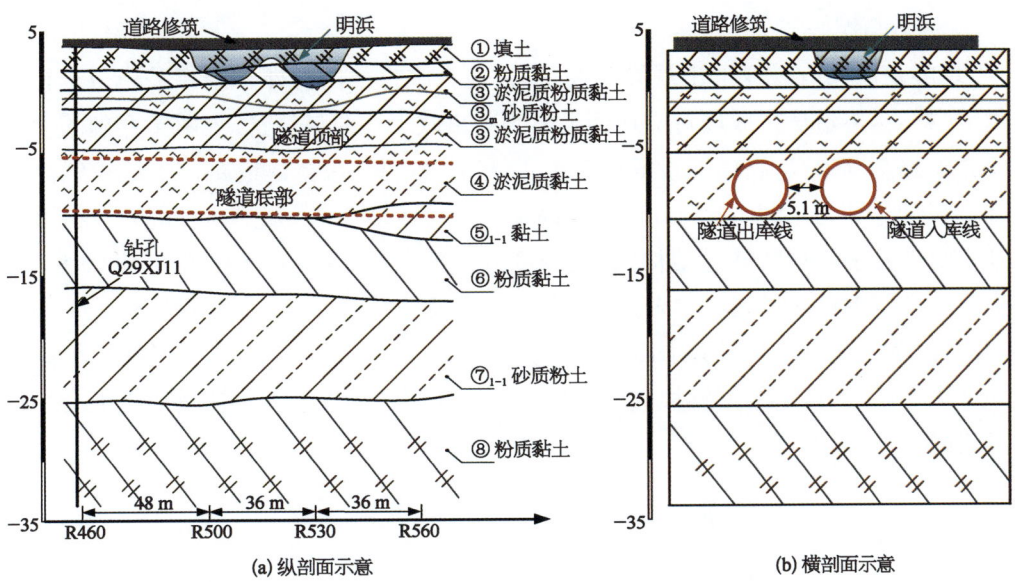

图 5-18 隧道地质及堆载纵横剖面示意

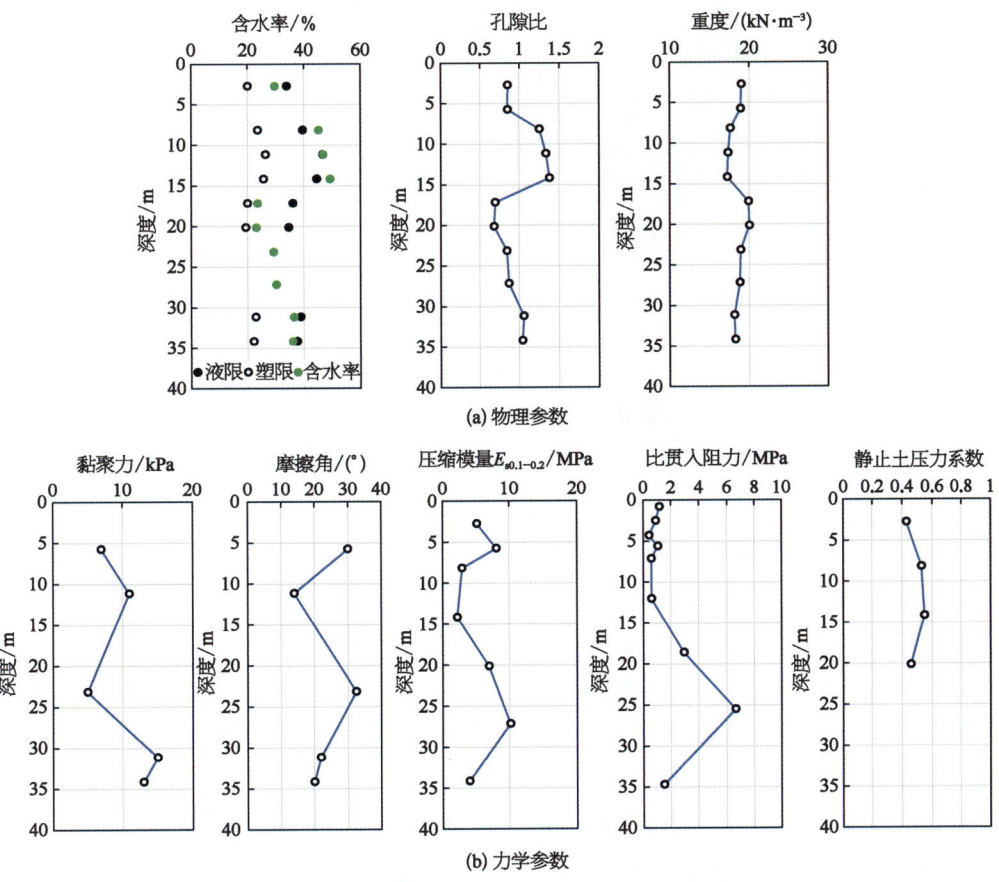

图 5-19 盾构区间主要土层的物理力学参数

(2) 超载概况。

发现隧道区间收敛变形出现异常变化后,地铁维护部门立即连同相关单位进行现场踏勘。经核查,隧道病害区段对应地面上方为某市政工程路口位置,近两年实施了明浜回填、新建道路基础填高、路面铺设等施工。如图 5-20 所示,新建道路位于地铁线路正上方,路面设计标高为 4.63~6.75 m,填土高度为 0.1~2.43 m。此外,该路段存在两条明浜,明浜宽度几乎与地铁隧道结构同宽,长度分布于 R460(K1+080) 和 R560(K1+180) 之间,且走向与地铁隧道几乎重合。2#明浜水面深度约为 0.3 m、淤泥深度约为 1.5 m、淤泥底标高约为 1.5 m,3#明浜水面深度约为 1.7 m、淤泥深度约为 1 m、淤泥底标高约为 0.5 m。大面积、大体量的持续加载施工以及明浜回填是造成下方地铁隧道重大变形病害的直接原因。

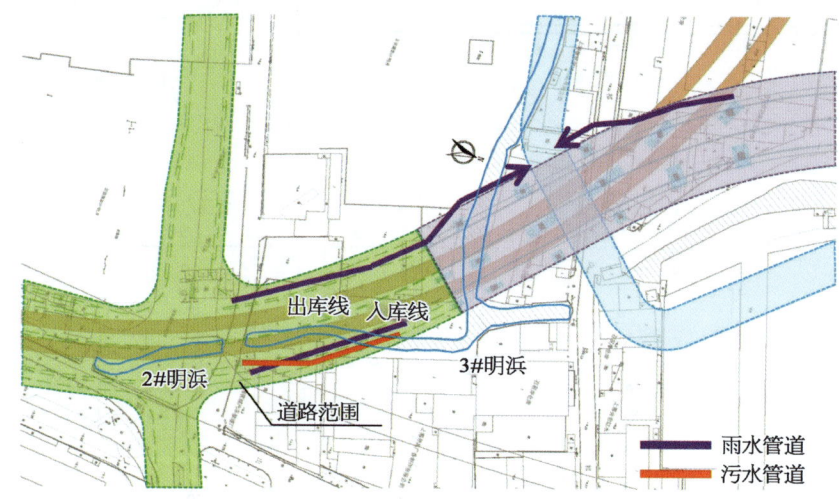

图 5-20 地铁隧道正上方道路分布

2) 地面超载对隧道结构的影响分析

发现隧道收敛大变形后,加密对隧道的监测检查。隧道收敛变形监测点位如图 5-21 所示。为更好地捕捉后续隧道大变形整治过程中的结构变形特征,采用重点截面自动化监测结合人工测量对隧道收敛变形进行监测。

(1) 隧道收敛变形和接头张开。

如图 5-22 所示,地面道路施工影响下,隧道出库线和入库线均出现了不同程度的收敛变形。检查发现顶部管片纵缝明显张开,接头张开量如图 5-23 所示。出库线隧道的收敛变形大小相对入库线而言差别不是很大,并且与入库线远离明浜回填区域隧道结构的收敛变形基本一致(为 6~8 cm),可以认为出库线隧道的收敛变形主要是由正上方道路施工引起的。前期监测数据表明,道路施工前隧道的收敛变形为 3 cm 左右,与出库线隧道收敛变形大小相比,可以得到道路施工引起的隧道收敛变形增量为 3~5 cm。

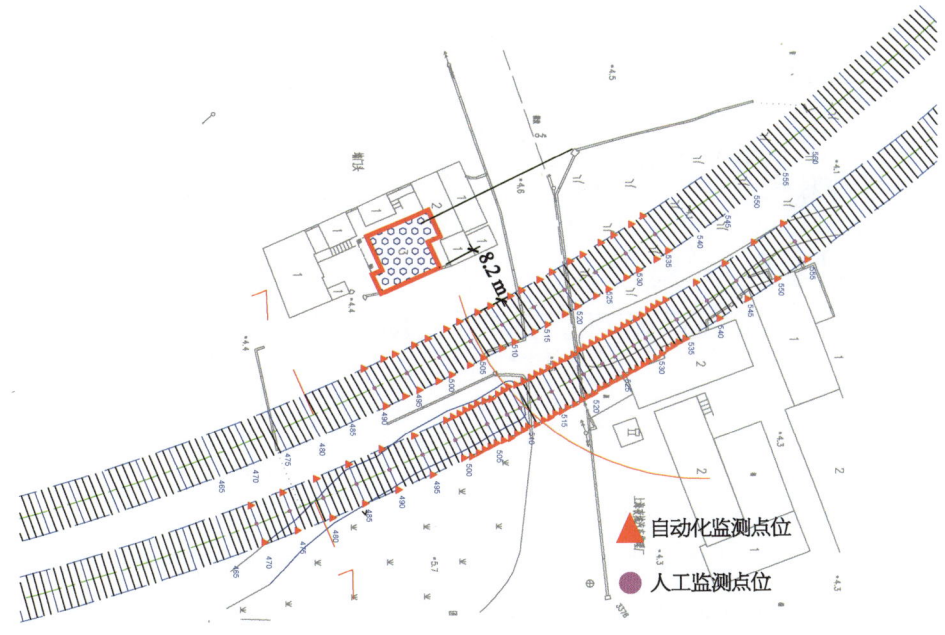

图 5‑21　隧道收敛变形监测点位布置方案

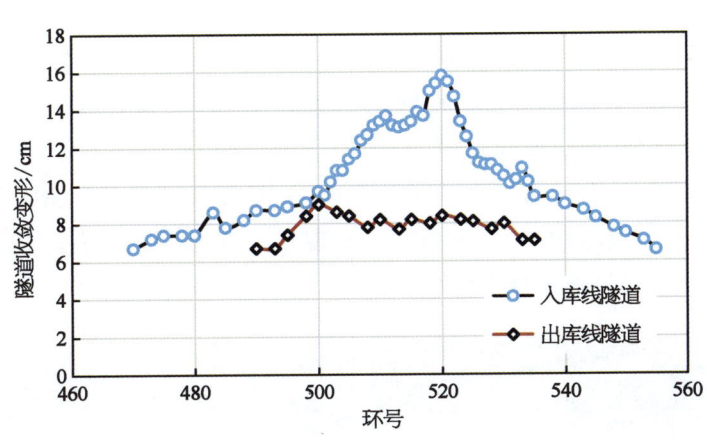

图 5‑22　隧道收敛变形

堆载发生后,为进一步弄清楚隧道结构的变形情况,现场使用游标卡尺测量了封顶块(F)和两个链接块(L1 和 L2)之间的接头张开量,如图 5‑23 所示。就入库线隧道而言,在 R500‑R530 环区间内,F‑L2 之间的接头张开量明显大于 F‑L1 之间的接头张开量;在 R490‑R500 环以及 R530‑R540 环区间内,两个接头的张开量大小基本一致。这主要原因在于入库线隧道上方两条明浜与隧道存在一定的偏差,由此导致入库线隧道出现了一定程度的偏载,隧道横截面出现了非对称的变形模式。与入库线隧道相比,出库线隧道的变形主要是由于道路施工引起的,作用在隧道上的附加荷载基本上对称分布,继而造成隧道横截面变形模式也是对称的,因此两个接头的张开量大小基本一致,平均张开量为 12 mm。

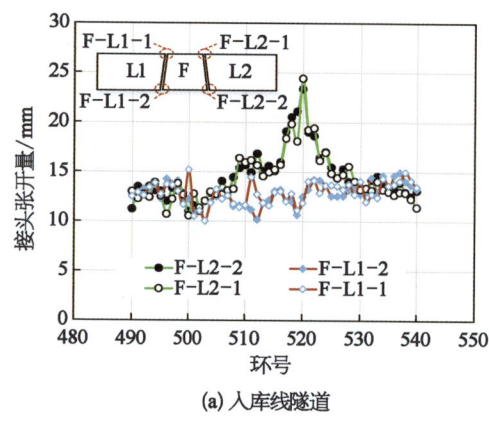
(a) 入库线隧道

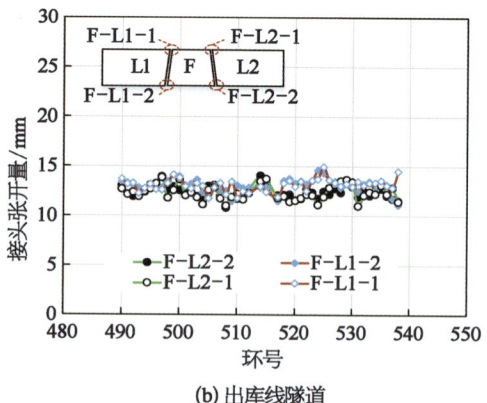
(b) 出库线隧道

图 5-23 接头张开量

(2) 道路回填引发的结构病害。

在加荷载作用下,隧道结构会呈现明显的"横鸭蛋"变形,顶部和底部接头内表面张开、肩部接头外表面张开,由此造成隧道顶部接头螺栓受力较大、肩部接头内表面混凝土应力集中现象明显,肩部接头更容易出现密封垫失效,由此导致漏水漏泥现象发生。

隧道内部渗漏水通常表现为接头渗漏水(图 5-24),表 5-5 为现场统计的管片内部渗漏水现象。从表 5-5 中可以看出,地面道路施工引起入库线隧道在 R475—R550 区域出现明显的渗漏水现象、而出库线 C495—C500 出现湿迹,原因在于明浜回填造成入库线隧道的收敛变形偏大,从而导致接头的张开明显,一旦接头挡水条和密封垫失效,便会形成渗漏通道。结合隧道收敛变形大小和渗漏水现象的规律可以看出,当隧道收敛变形大于 7 cm 后,隧道接头便开始出现渗漏水。

(a) 管片渗漏水

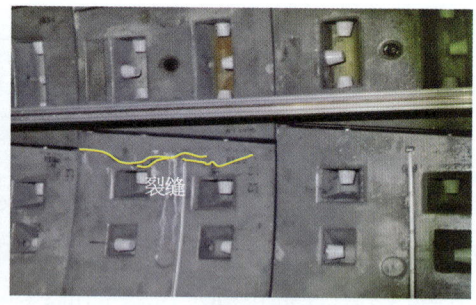
(b) 接头出现裂缝

图 5-24 管片病害

隧道在横向变形发展过程中,接头角部混凝土容易产生裂缝甚至是掉块现象。入库线隧道 R520 环收敛变形达到 15.9 cm,顶部接头出现了高达 25 mm 的张开量,造成接头角部混凝土产生明显的裂缝(图 5-24)。

表 5-5 隧道区间渗漏水情况统计表

环号	收敛值/cm	漏水情况	环号	收敛值/cm	漏水情况
R475	7.3	渗漏水明显	R535	9.6	渗漏水明显
R480	7.3		R540	9	
R485	8		R545	8.1	
R490	8.9		R550	7.4	
R495	8.9		C495	7.1	有湿迹
R500	9.7		C500	8.9	
R505	11.5		C505	8.1	
R510	13.4		C510	8	
R515	13.3		C515	7.9	
R520	15.9		C520	8	
R525	11.7		C525	8	
R530	10.7		C530	7.6	

3) 隧道大变形整治措施

根据上节中隧道结构的收敛变形和病害统计结果可知,压载引起了管片混凝土压碎、渗漏水等一系列的结构病害,严重威胁到隧道结构及运营安全。因此,隧道结构整治工作主要围绕横断面收敛变形进行,具体整治措施包括堵漏、侧向微扰动注浆、地面道路卸载和回填、钢板加固四个方面,堵漏和钢板加固与案例一一致,不再赘述。

注浆示意图如图 5-25 所示,由于出入库线隧道相距 5.1 m,并且入库线隧道的收敛变形大小及范围均大于出库线隧道,故对 C495 - C535 环外侧 4.2 m 以及 3.6 m 位置进行 2 排注浆,对 R455 - R560 环外侧 4.2 m、3.6 m 位置以及内侧 2.4 m、2.7 m 进行 4 排注浆,总计划注浆 506 孔。加固深度为隧道底以上 5.2 m 内,注浆孔沿隧道纵向孔距为 1.2 m,横向孔距为 0.6 m。本次治理工程于 2020 年 8 月 25 日进场,2020 年 8 月 26 日开始注浆,至 12 月 10 日凌晨注浆结束,累计完成注浆 353 孔次。

入库线隧道正上方存在两条明浜,道路施工和明浜大量回填是造成隧道出现收敛大变形的主要原因(图 5-22)。正上方的道路施工属于市政工程,不可能直接卸载到初始地面标高。结合实际工程的需要,采用 EPS 轻质材料对隧道正上方的道路施工区域进行回填处理,从而减小路面荷载、降低作用在隧道顶部的附加荷载,继而减轻道路施工对下卧

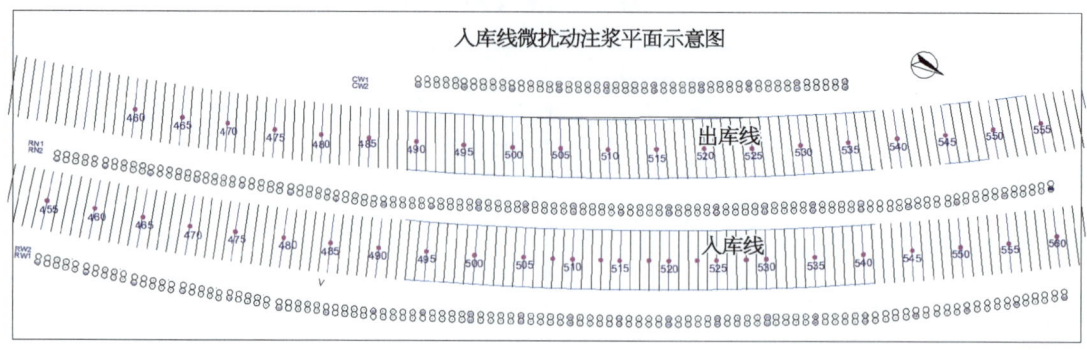

(a) 注浆孔位布置图

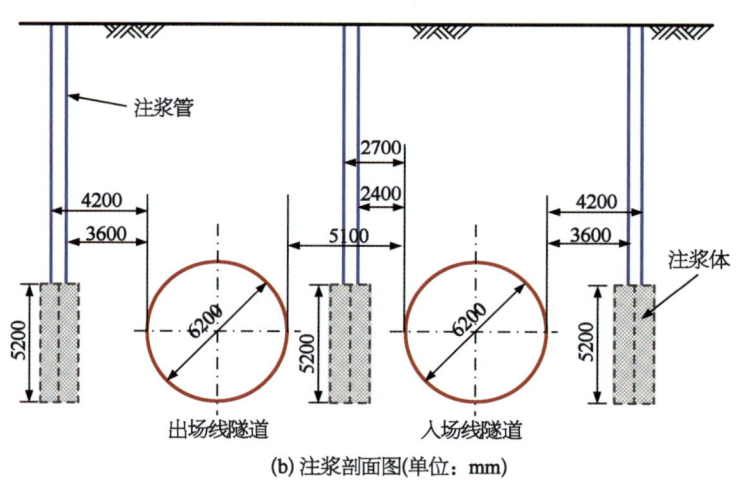

(b) 注浆剖面图(单位：mm)

图 5-25 注浆示意

隧道的变形影响。道路卸载回填的方案图和现场施工图分别如图 5-26 和图 5-27 所示，换填过程中涉及地表超挖，超挖深度确定的主要原则是：① 保证路面设计高度不变；② 道路换填以及明浜回填不会产生新的附加荷载。

4) 隧道大变形整治效果

隧道变形修复过程中，结合人工监测和自动化监测，对入库线 470 环-580 环、490 环-535 环的垂直位移、水平位移、收敛变形以及封顶块接头张开量进行量测，监测点位如图 5-25 所示。

现场实际注浆孔位、注浆时间以及对应的隧道管片环号如图 5-28 所示，对比图 5-28 和图 5-25，实际注浆孔的数量与初始方案相比有所减小。现场注浆过程中，500-530 环的注浆密度明显高于其他管片环，且注浆时间更早，注浆顺序基本为 RW1/RN1→CW2→RW2/RN2。注浆过程中，管片环会出现一定的水平位移，过大的水平位移会导致管片环横向错台变形的产生，从而引发环缝渗漏水问题。为了避免这个问题，纵向采用跳孔注浆的方式，并遵循"均匀、少量、多点、多次"的有序可控注浆原则进行。

第 5 章　隧道上方加/卸载案例与控制治理技术

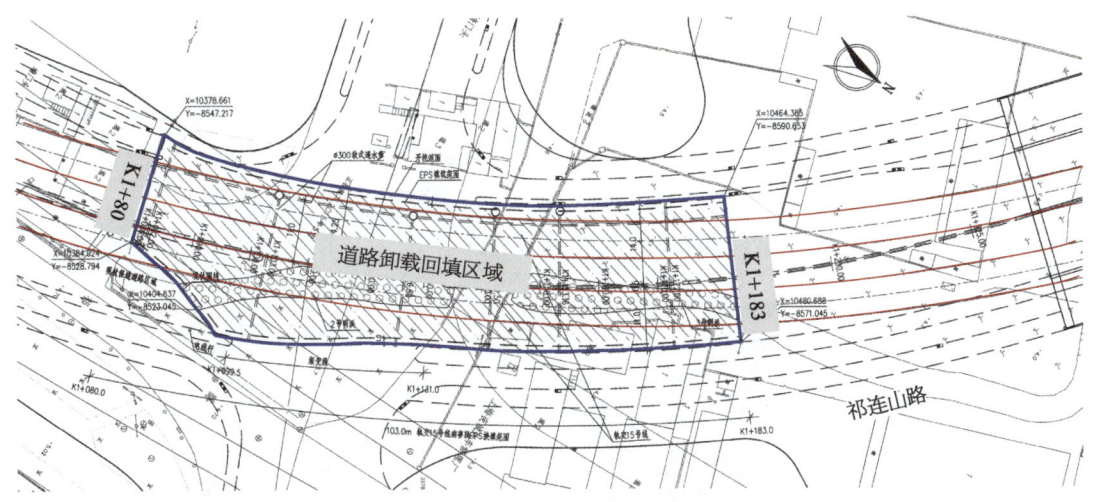

图 5-26　道路卸载回填方案

图 5-27　道路卸载回填现场施工

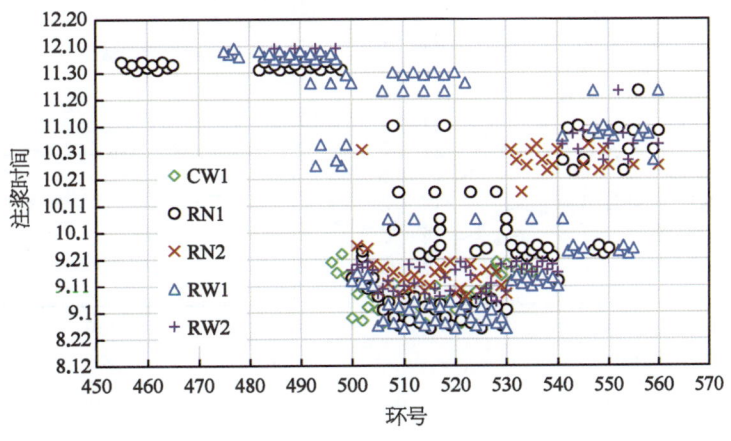

图 5-28　现场注浆方案

注浆过程中隧道的竖向位移和水平位移如图 5-29 所示。从图 5-29(a)中可以看出,隧道发生了一定程度的隆起变形,最大隆起量约为 11 mm,出现在入库线隧道 R510-R520 区间内,由于注浆过程中也伴随着道路卸载,因此隧道的隆起变形是注浆和卸载共同作用的结果。从图 5-29(b)中可以得到,注浆过程中入库线隧道的水平位移量大于出库线隧道,但是平均变形量分别约为 2 mm 和 1 mm,且最大横向错台量小于 2 mm,对隧道横向水平位移影响比较小,说明注浆安排比较合理。

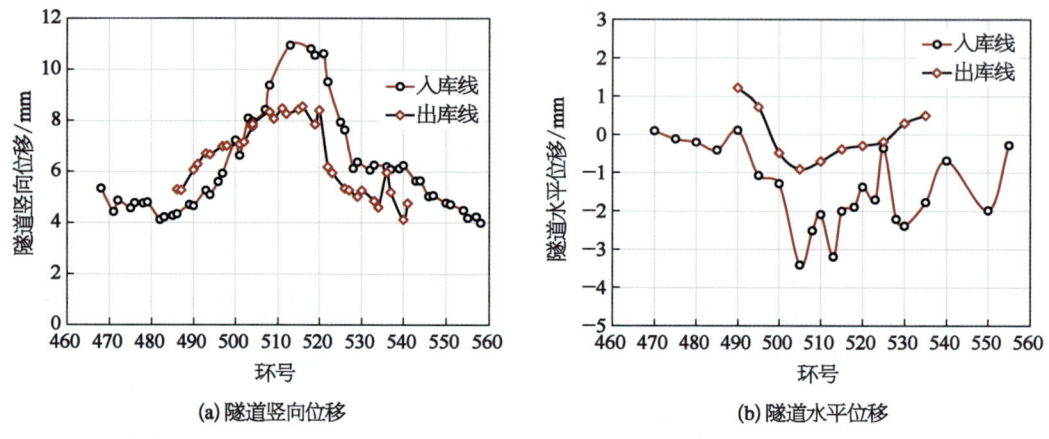

图 5-29 整治过程中隧道发生的位移

注浆前后,隧道收敛变形如图 5-30 所示,图中注浆前后隧道收敛变形改善量指的是注浆前后隧道收敛变形的差值。总体而言,入库线隧道的收敛变形改善量最大值为 7.2 cm,出现在 R525 环;出库线隧道收敛变形改善量最大值为 5.9 cm,出现在 C510 环。由于在 500-530 环区域内注浆孔的密度高,使得该区域内隧道收敛变形改善量明显大于其他区域。

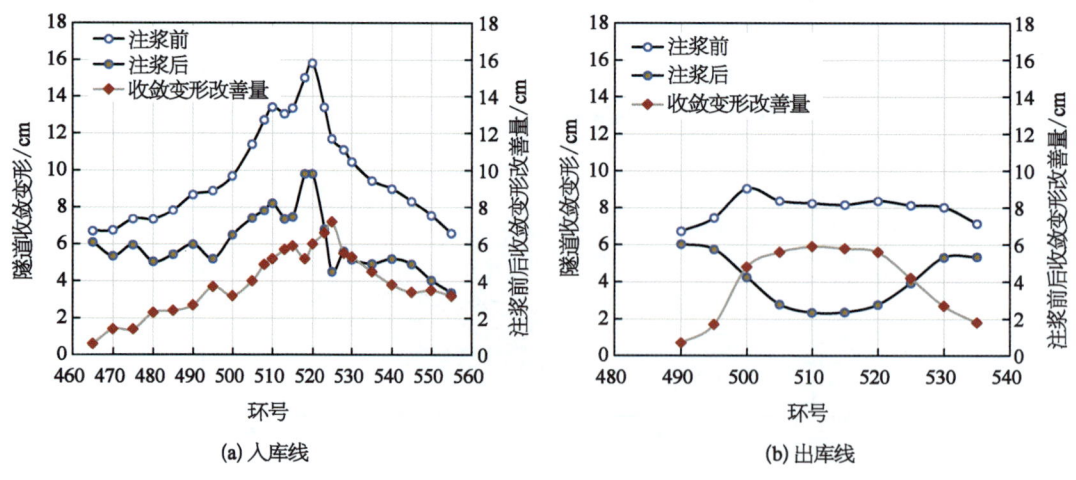

图 5-30 注浆前后隧道的收敛变形

注浆过程中,隧道收敛变形随时间的变化趋势如图5-31所示。在R505-R535环区间内[图5-31(a)],隧道收敛变形变化量整体呈现先增大后减小的趋势。在8月30日—9月2日以及9月26日—10月1日这两个时间段内注浆工作暂时停止,导致收敛变形变化量有所减小;11月29日以后,对若干已完成的注浆孔进行重复注浆,使得收敛变形量有所增加。在R470-R500环以及R540-R555环区间内,由于注浆点位比较少,收敛变形变化量明显小于R505-R535环。对比这两个区间的收敛变形变化量,说明注浆量对收敛变形具有明显的影响。出库线隧道收敛变形的变化趋势与入库线基本一致,不再赘述。

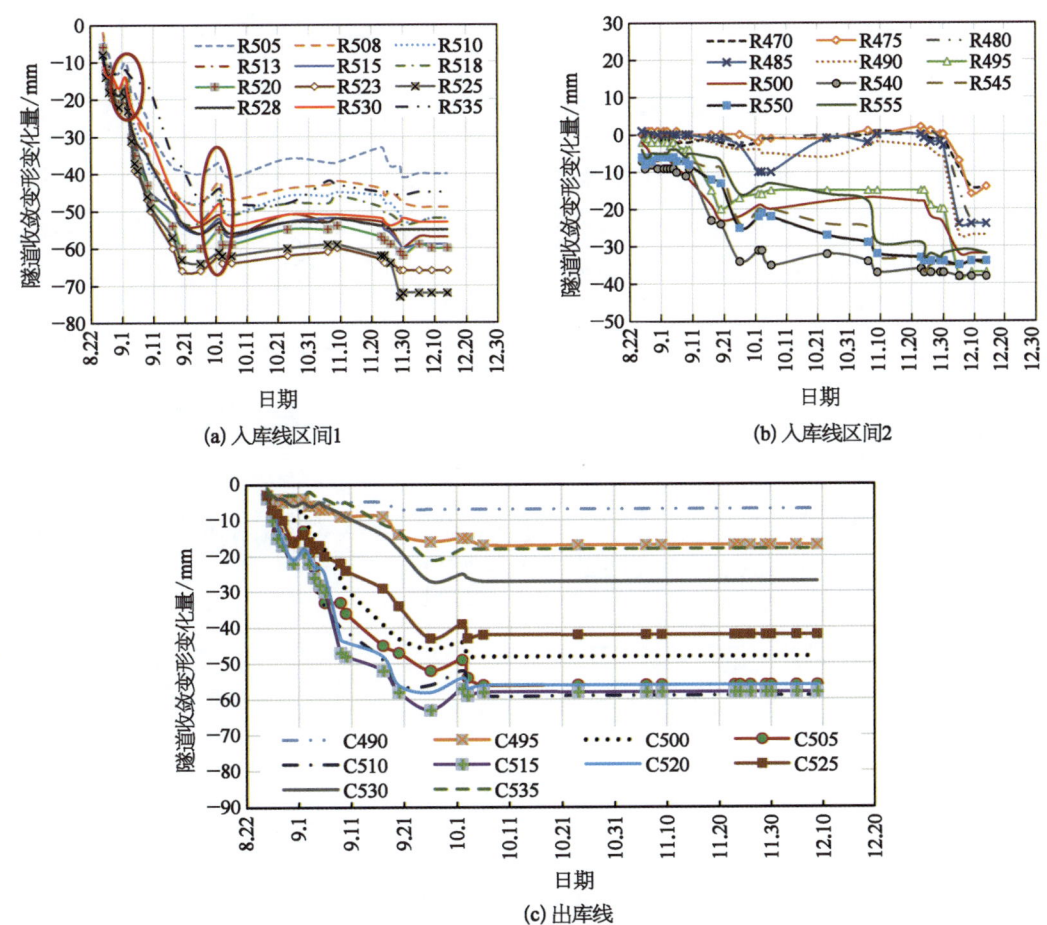

图5-31 注浆过程中隧道收敛变形的变化曲线

图5-32为注浆前后封顶块接头张开量的变化值随管片环号的变化关系,负值表示接头由张开向着闭合的趋势发展。注浆会引起隧道收敛变形的减小,封顶块接头的张开量也在减小,局部区域内入库线隧道接头张开量变化值略大于出库线隧道。整个监测区域而言,接头张开量变化值在−1~−4 mm之间变化。

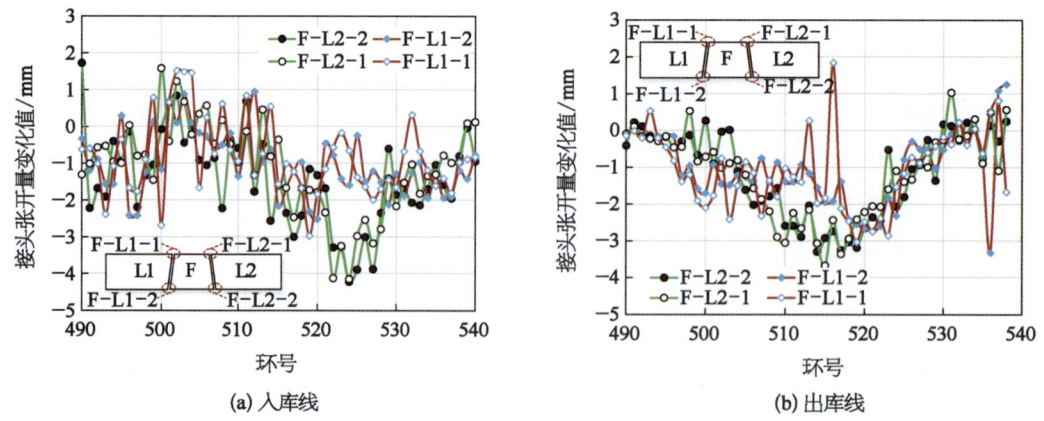

图 5-32　注浆过程中接头张开量

钢板加固后,2021年3月29日重新布置了隧道收敛变形监测点,以2021年3月29日的收敛变形为初值,变形增量如图5-33所示。钢板加固区间内,入库线和出库线隧道收敛变形增量变化不大,说明钢板加固后隧道的变形已经趋于稳定。

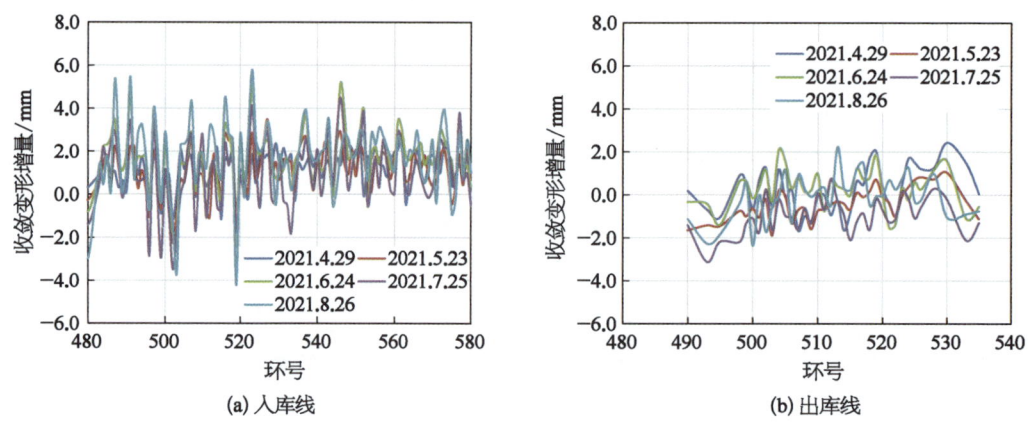

图 5-33　钢板加固后隧道的收敛变形

5）数值模拟分析

采用第3章介绍的堆载作用下盾构隧道变形数值分析方法,利用ABAQUS有限元软件建立数值计算模型,如图5-34所示,为简化数值计算模型,明浜回填直接采用荷载等效的方式进行模拟。土体力学参数采用摩尔-库伦模型进行模拟,相关取值参数参见图5-19,管片采用实体单元,螺栓采用只受拉的非线性弹簧单元进行模拟。

道路施工条件下入库线和出库线隧道的收敛变形如图5-35所示,数值模拟结果表明,入库线隧道收敛变形约为12 cm,出库线隧道收敛变形约为7.8 cm,隧道收敛变形与实测结果比较吻合。

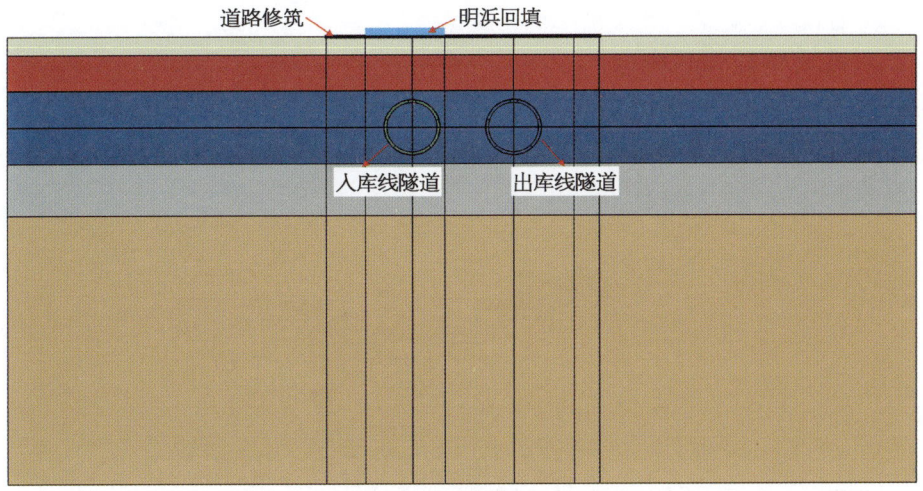

图 5-34 数值计算模型

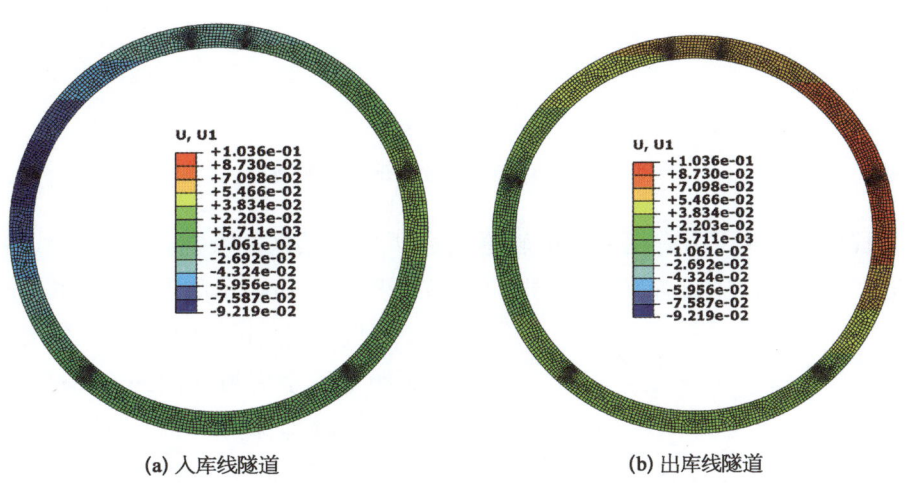

(a) 入库线隧道　　　　　　　　　(b) 出库线隧道

图 5-35 管片横向变形

5.3 卸载案例与控制治理

5.3.1 案例一：中漕路 106 号地块发展项目

1) 工程概况

中漕路 106 号地块发展项目由 1 座 15 层高的办公塔楼和一幢高裙房组成。塔楼部位设 2 层地下室，裙房部分地下 1 层，工程总用地面积 8 907 m²，如图 5-36 所示。基坑工程总面积约 5 500 m²，其中塔楼深坑区域基坑开挖面积约 950 m²，开挖深度约为 10.75 m，裙楼浅坑区域基坑开挖面积约 4 550 m²，开挖深度约为 5.30 m。

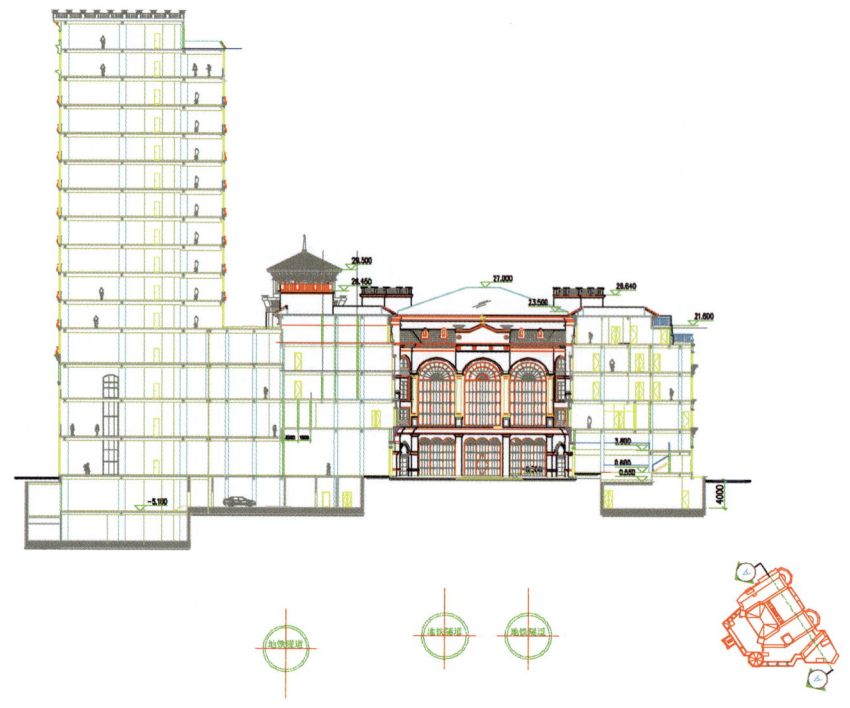

图 5-36 中漕路 106 号地块发展项目

该工程地下室正下方有运营中的轨道交通 4 号线某区间及出入停车场线等 3 条隧道,如图 5-37 所示。位于基坑下方的区间隧道长度为 50~60 m,隧道直径为 6.2 m,其中上下行线区间隧道顶埋深为 14.9~15.4 m,隧顶距地下室底板底面约 9 m;停车场线区间隧道顶埋深为 17.7~19.5 m,隧顶距地下室底板底面约为 12.4 m。

2) 施工难题及相应对策

该场地缺失第⑥层及第⑧层土,微承压水层和承压水层连通,需对微承压水层进行降压处理。深坑采用真空深井泵降水,每 150~200 m² 左右设置一口井。根据开挖工况地下水位降至开挖面 1.0 m 以下,土方开挖前进行两周以上的降水过程。降微承压水滤管采用短滤管,减少基坑降水对周围环境产生的不利影响。

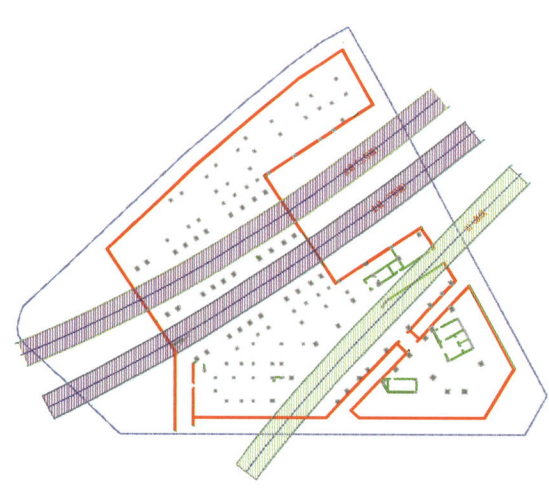

图 5-37 基坑与地铁 4 号线区间隧道平面关系

该工程分为深坑和浅坑两部分,先开挖施工深坑,待深坑部分地下室结构施工全部完成后,再开挖施工浅坑。浅坑与深坑之间的连接通道中隔墙,待浅坑地下室结构施工完成后按建筑需要由上往下分段跳仓凿除。

浅坑位于地铁 4 号线 3 条区间隧道之上，与地铁对应关系复杂，浅坑内土体进行满堂加固，加固示意图如图 5-38 所示。综合考虑浅坑的总体施工顺序、分区的大小以及开挖卸载对地铁隧道的影响，坑分 5 区施工，同时在每分区内分成若干块，限时开挖每分块并浇筑底板，以控制地铁隧道隆起变形。基坑分区如图 5-39 所示。

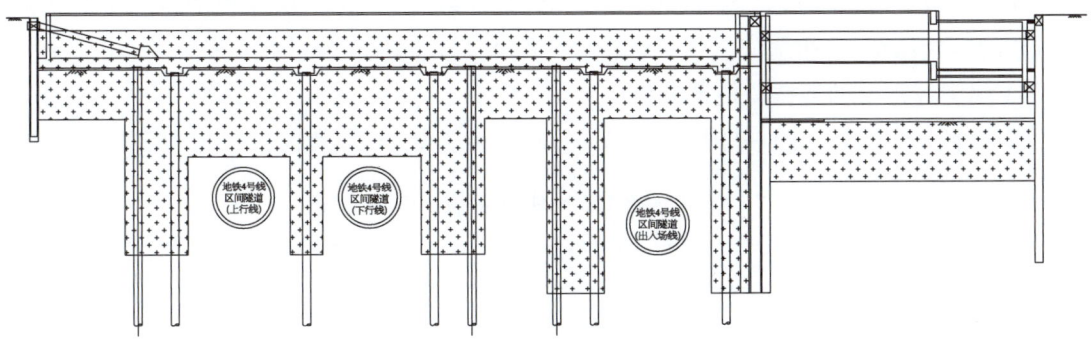

图 5-38 基坑加固示意

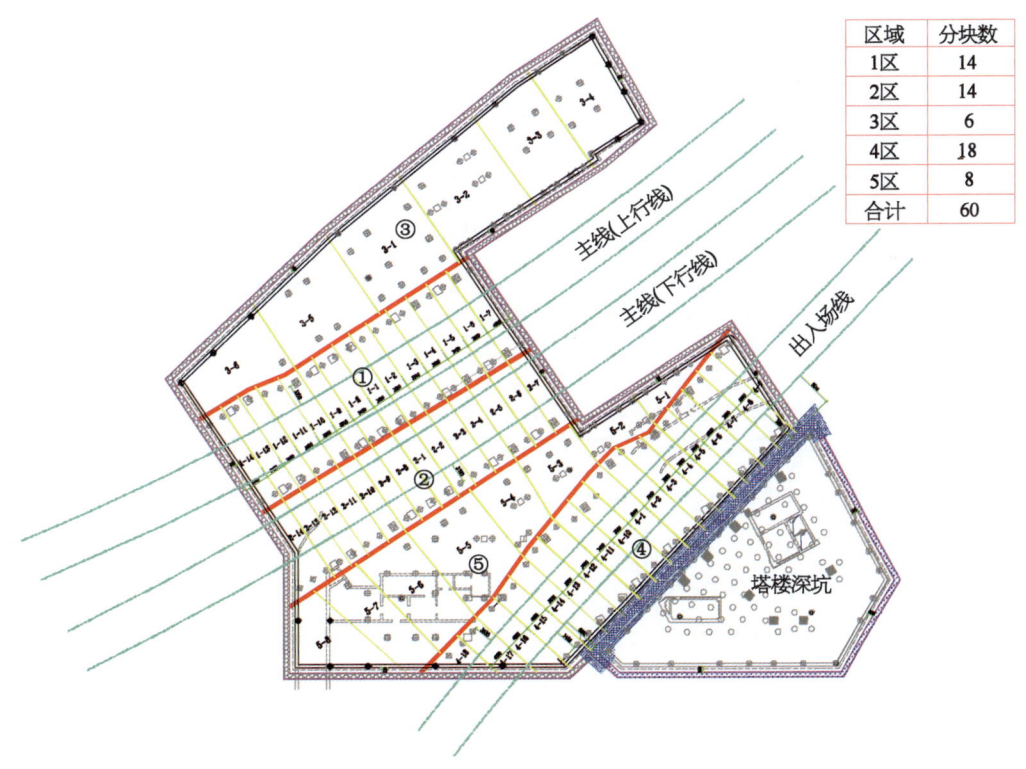

图 5-39 基坑分区施工平面

基坑土方开挖针对上海地区软土的特性应用"时空效应"理论，严格实行分块限时开挖及浇筑支撑要求。开挖、支撑及垫层施工时遵循"分层、分块、留土护壁，对称、限时、开挖支撑"的总原则,利用时空效应原理,减少基坑无支撑的暴露时间,严格控制基坑变形。

浅坑分 5 区施工,先开挖基坑中间部位。中间部位采用开挖一块,浇筑一块垫层和底板,并及时压载后再开挖下一块;开挖至压载总时间应控制在 12 h。待中间部位土方开挖完并浇好垫层和底板砼后,按设计位置在周边土体中掏槽架设钢管支撑(一端设在已浇的底板牛腿上),然后再分块挖除周边留下的土方并及时浇筑垫层和底板砼。

在裙房首层楼板浇筑完毕后卸除 1/3 的沙袋压载,在裙房二层楼板浇筑完毕后再卸除 1/3 的沙袋压载,待裙房三层楼板结构施工结束后方卸除全部沙袋压载。

3) 施工过程中的地铁监控及分析

本项目于 2012 年完成桩基围护后停工,于 2017 年开始复工,其施工节点时间见表 5-6。

表 5-6 中漕路 106 地块项目施工工况一览表

时 间	工 况	时 间	工 况
2017.11.23	深基坑开挖	2018.9.21	浅基坑 4 区开挖
2017.12.31	深基坑底板结束	2018.10.19	浅基坑 4 区大底板完成
2018.1.15	深基坑大底板浇筑完成	2018.10.20	浅基坑 5 区开挖
2018.4.22	深基坑出±0.0	2019.1.6	浅基坑 5 区大底板完成
2020.1.9	深基坑结构封顶	2018.11.16	浅基坑 3 区开挖
2018.7.10	浅基坑 1 区开挖	2019.1.2	浅基坑 3 区大底板完成
2018.9.4	浅基坑 1 区大底板完成	2019.12.1	浅基坑出±0.0
2018.8.10	浅基坑 2 区开挖	2020.11.16	浅基坑结构封顶
2018.9.11	浅基坑 2 区大底板完成	2021.3.10	延续观测完成

图 5-40 为浅坑开挖后地铁隧道的竖向隆起变形。根据工况统计,2018 年 7 月 10 日—9 月 4 日,上行线上方①区基坑开挖,开挖影响上行线最大隆起量约 4.1 mm;2018 年 8 月 10 日—9 月 11 日,下行线上方②区基坑开挖,开挖影响下行线最大隆起量约 2.0 mm;2018 年 9 月 21 日—10 月 19 日,出入库线上方④区基坑开挖,开挖影响出入库线最大隆起量约 1.0 mm。

图 5-41 为浅坑开挖期间地铁隧道的竖向隆起变形历时曲线。从历时曲线中可以看出,随着正上方浅基坑的开挖卸载,隧道发生持续隆起变形。

裙楼浅基坑开挖深度 h 为 5.3 m,隧道隆起量 s 与开挖深度 h 的比值结果见表 5-7。由表 5-7 计算结果可知,隧道上方基坑内土体采取搅拌桩满堂加固,且严格按照分区限时开挖,可控制隧道的隆起量占比开挖深度在 1.00‰以内。

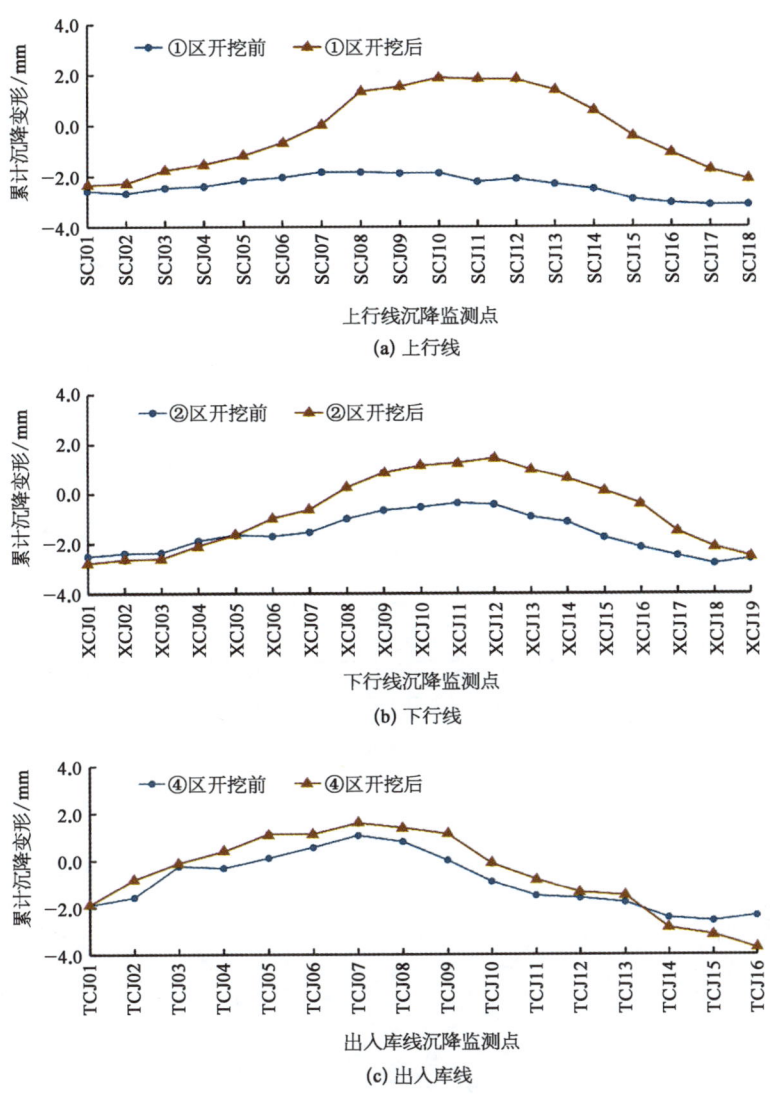

图 5-40 地铁隧道竖向隆起变形

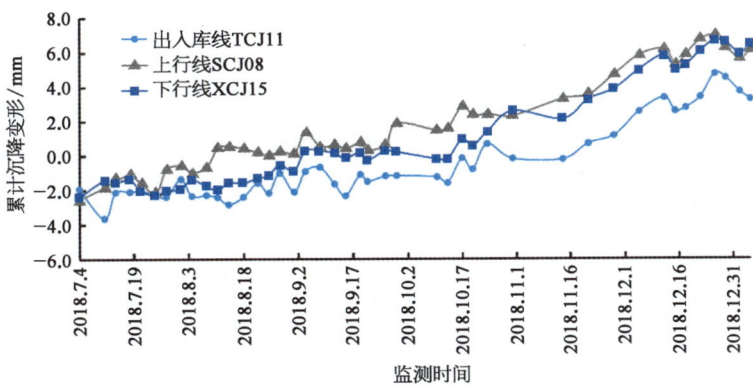

图 5-41 地铁隧道竖向隆起变形历时曲线

表 5-7 隧道隆起量占比

	上行线	下行线	出入库线
最大竖向隆起量 s/mm	+4.1	+2.0	+1.0
(s/h)/‰	0.77	0.38	0.20

图 5-42 为浅坑开挖后地铁隧道的横向收敛变形。从图中可以看出,横向收敛变形较开挖前减小,减小量为 $-1.0\sim-2.0$ mm,表明隧道在正上方卸载作用下有横径内缩的

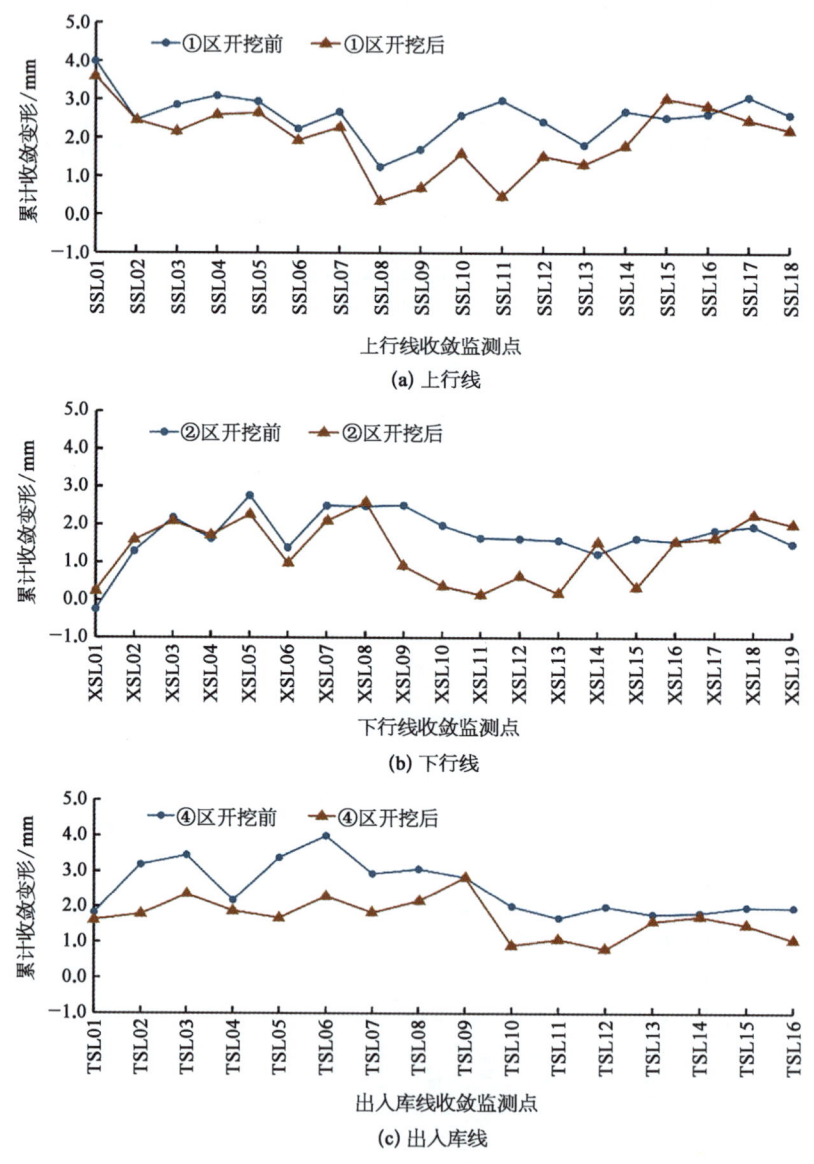

(a) 上行线

(b) 下行线

(c) 出入库线

图 5-42 地铁隧道横向收敛变形

变形趋势。结合隧道底部隆起的变形趋势,说明隧道管片在正上方卸载作用下表现出"竖鸭蛋"的变形姿态。

4) 数值模拟分析

采用第 4 章介绍的上方卸载作用下盾构隧道变形数值分析方法,建立有限元数值模拟计算模型,如图 5-43 所示。计算过程中考虑施工工况的模拟,即先开挖深基坑,再按分区开挖浅基坑;开挖前考虑浅坑土体满堂加固以及隧道两侧土体加固。土层选用 HSS 模型,模型参数依据项目勘察报告确定;隧道管片采用梁—铰接头模型。

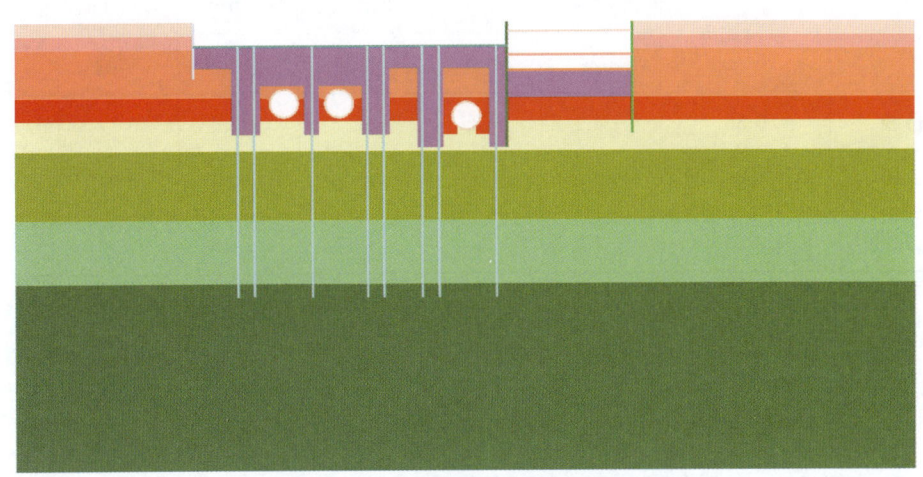

图 5-43 中漕路项目有限元计算模型

图 5-44 为正上方基坑开挖引起的隧道管片变形结果,图中数据标识的是隧道顶底和腰部位置的变形量,正负号代表方向,以管片圆环内法线方向为正方向,正值表示向管片内部位移,负值表示向管片外法线方向位移。从图中可以看出,对应上方分区基坑开挖阶段,上行线隆起量约 2.0 mm,下行线隆起约 2.2 mm,出入库线隆起约 2.3 mm。上行线隆起计算结果略小于实测最大隆起量,从工况记录来看,浅坑①区和浅坑②区存在交叉施

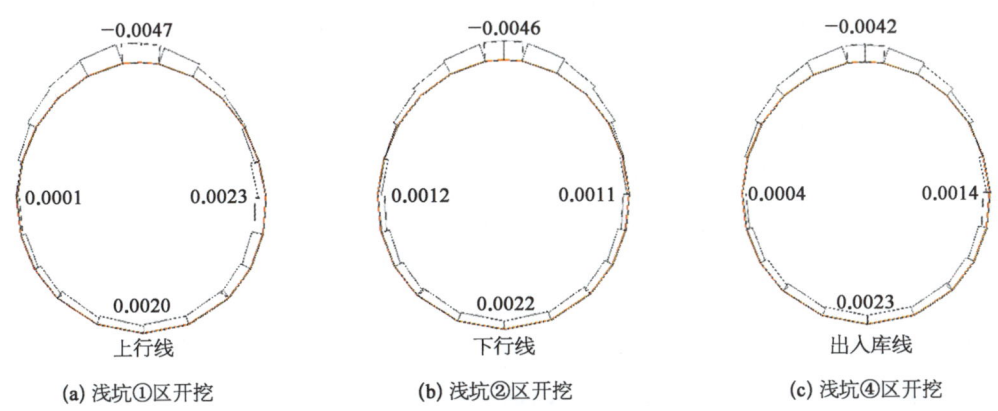

图 5-44 上方卸载引起隧道管片变形(单位:m)

工,对上行线产生影响,而数值计算分析中未考虑。根据计算结果可知,卸荷比在0.3~0.35时,计算隆深比约0.4‰。

隧道腰部位置的相对变形即为隧道的横向收敛变形。根据图5-44,上方开挖卸载作用下引起的横向收敛变形见表5-8,负值表示横向内缩,内缩量约-2.0 mm。上方卸载作用下,隧道整体上竖向拉伸、横向内缩,呈"竖鸭蛋"变形姿态。

表5-8 中漕路项目隧道变形统计

地铁线路	卸荷比 n	竖向隆起量 s/mm		横向收敛 Δd/mm		隆深比/‰	
		实测	计算	实测	计算	实测	计算
上行线	0.35	+4.1	+2.0	-2.5	-2.4	0.77	0.38
下行线	0.35	+2.0	+2.2	-1.6	-2.3	0.38	0.42
出入库线	0.30	+1.0	+2.3	-1.7	-1.8	0.20	0.43

工程案例表明,当隧道埋深很大,卸载比较小 $\left(n<\frac{1}{3}\sim\frac{1}{2}\right)$ 时,通过分块、加固、加桩、限时挖土形成底板等措施,是完全有条件控制隧道隆起量小于1‰。

5.3.2 案例二:大中里地块综合发展项目

1) 工程概况

上海市静安区40号和46号大中里地块综合发展项目位于上海市静安区,基地西临石门一路、北临南京西路、东临青海路、南临威海路。吴江路将本项目地块分为南区(40地块)和北区(46号地块)两个地块,其中南区地块紧邻地铁13号线南京西路站,北区地块范围内有2号线地铁运营隧道从场地东西方向穿越,工程总平面图如图5-45所示。该区间隧道直径为6.2 m,管壁厚度为350 mm,隧道顶埋深约为9.0 m。

南区40号地块(13号线南京东路站)、北区46号地块、13号线盾构(下穿2号线),施工将对轨道交通2号线进行严重影响,其中46号地块风险最大。本案例针对工程北区(46号地块)开挖影响进行分析。如图5-46所示,场地面积约4 300 m²,场地内拟建一层和四层的休闲商业广场。一层建筑为工程分块B区范围,采用天然地基基础,开挖面积约为350 m²,底板底埋深约为1.55 m。A区基坑开挖深度为3.95~4.55 m,由于建筑位于2号线运营地铁隧道上方,四层建筑范围均采用桩基础,基础底板底面距离运营隧道顶约4.45 m,位于基坑下方的区间隧道长度约为102 m,开挖面积约为3 810 m²。

2) 施工难题及相应的对策

围护桩基采用 Φ850SMW工法桩,内插700×300H型钢(隔一插一),桩深分别为7.5 m、11.5 m;隧道中间及两侧的门式加固范围为地面以下17.8 m(超隧底3 m),最近处

第 5 章 隧道上方加／卸载案例与控制治理技术

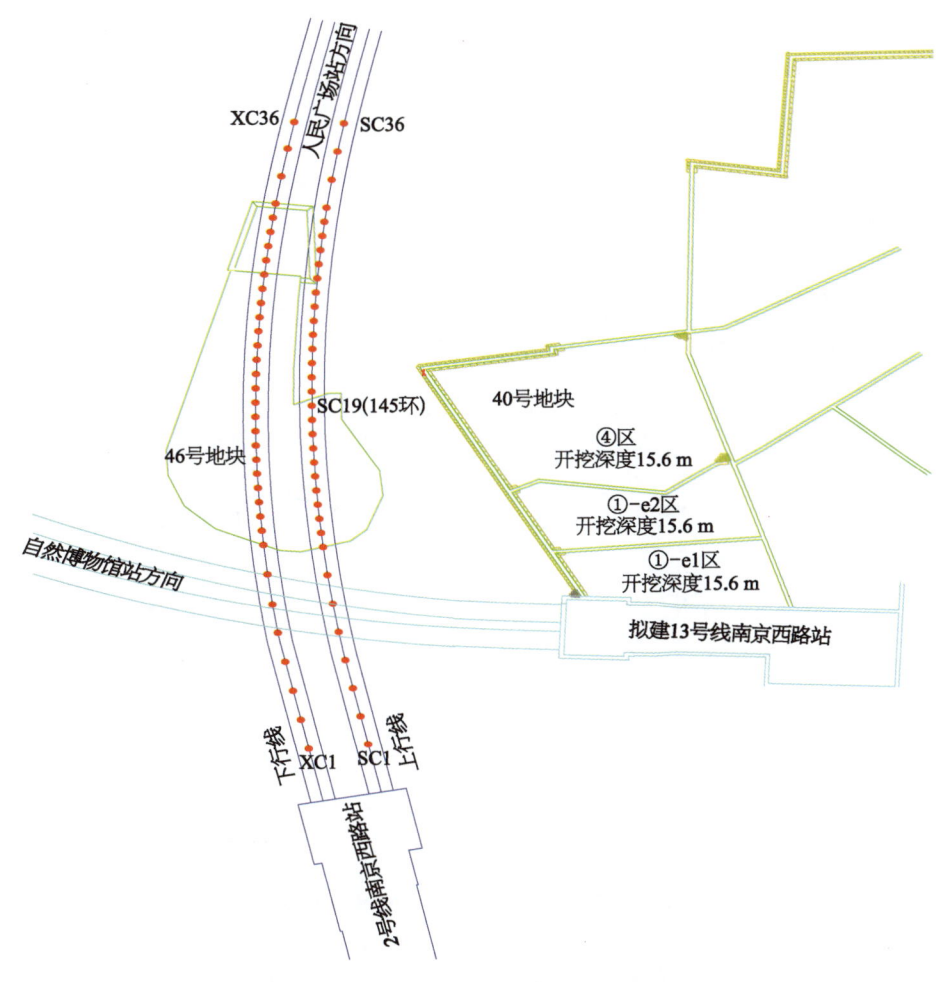

图 5‑45　工程位置总平面

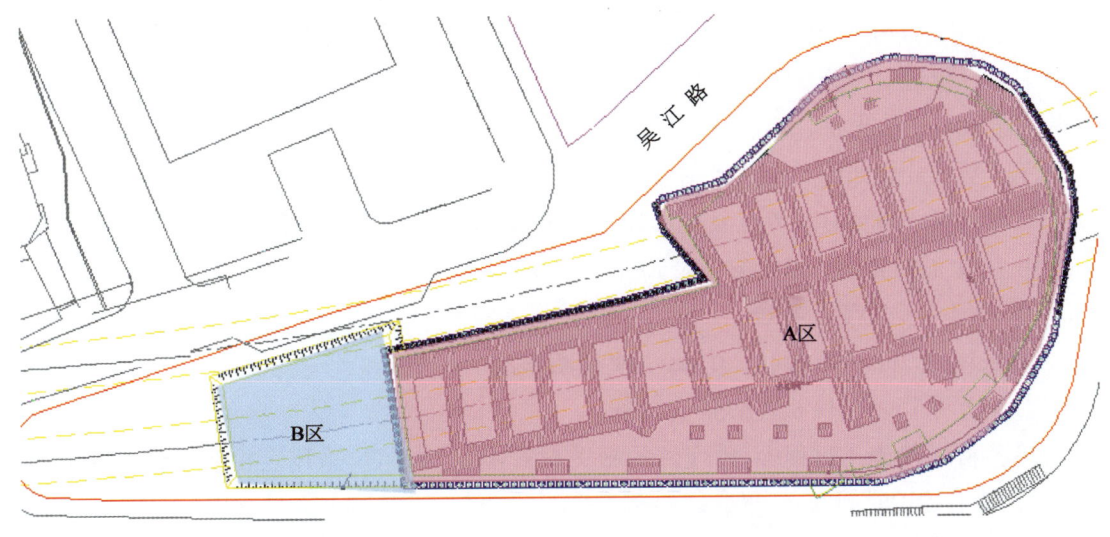

图 5‑46　46♯地块基坑开挖分区平面示意

加固距离隧道1.5 m；143根Φ850 mm钻孔灌注桩，有效桩长71.1 m，桩端采用后注浆处理，分布于隧道两侧；其余区域为满堂加固，深度7.5 m，加固底距离隧道顶1.1 m。桩基与土体加固范围与隧道的剖面关系如图5-47所示。

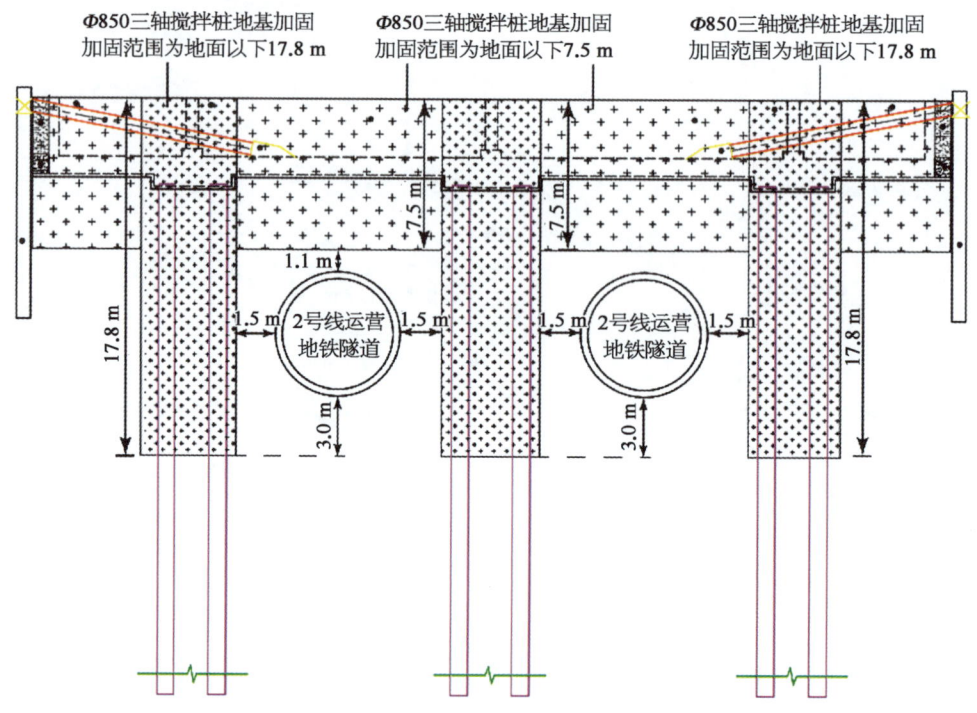

图 5-47　46#地块基坑与2号线工程位置剖面关系

该项目施工场地狭小，周转困难，且场地现场与设计施工流程存在矛盾；须先开挖施工A区基础结构底板，待A区底板完成，再施工B区。为有效控制46号地块开挖施工对2号线的影响，共分59个小块进行施工，每块控制在60 m²内；先施工下行隧道上方分块，再施工上行隧道上方分块，过程穿插施工隧道以外区域分块；每分块宽度约3 m，保证每块两端至少各有1根桩，单块土体开挖至底板完成不得超过7 h，须在地铁停运期施工作业。A区基坑分块如图5-48所示。

为确保单块施工时间节点及变形控制要求，技术方案做了如下精细化改进：

① 优化了钢筋接头搭接方案及归并了钢筋规格。

② 采用平板式筏板基础。

③ 采用10.0 cm PS板和2.0 cm九夹模板垫层。

④ 防水采用每分块放置膨胀止水条。

⑤ 实际首块施工过程中，预埋件的施工对影响工时严重，采用定位板分组固定预埋螺栓，有效节约了时间。

整个过程中也对施工措施进行了优化：

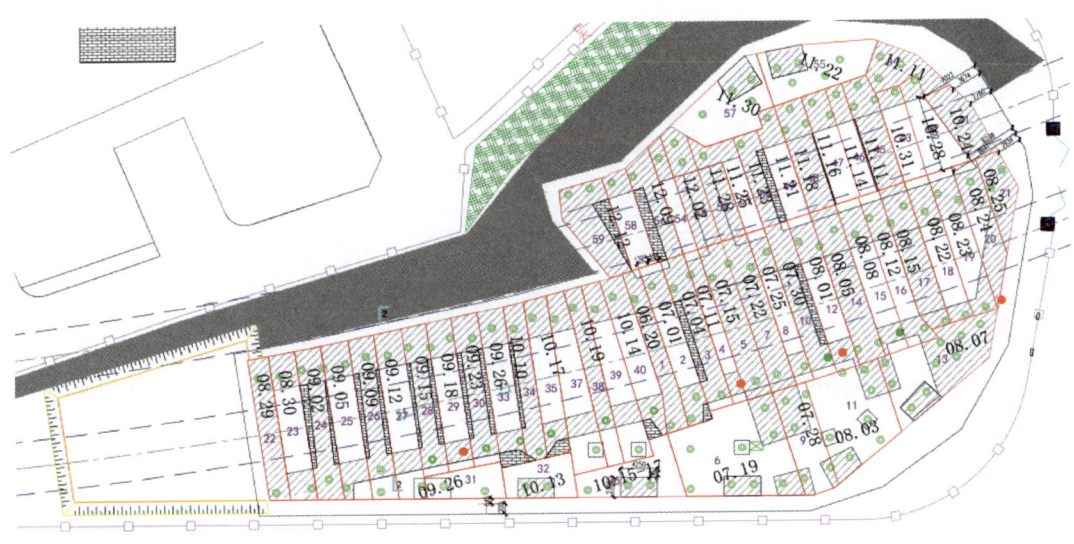

图 5-48 分块区域及施工时间

① 土方开挖:围护加固土体无侧限抗压强度达 2.5 MPa,开挖难度大,采用镐头机、反铲挖土机及人工挖土配合,每分块正式开挖前,将此区域上方土层白天预先打孔破碎,以加快夜间挖土施工速度。

② 底板钢筋预制绑扎,一旦垫层铺设形成,即吊装下放。

③ 凿桩及混凝土浇捣作业安排充足作业工人,根据挖土进度和施工操作面及时安排人工打凿;混凝土提前到位及时混凝土浇捣。

3) 施工过程中的地铁监控及分析

钻孔灌注桩和围护搅拌桩施工后,2013 年 6 月 20 日开始分块施工,2013 年 10 月 19 日下行线合拢,开始施工上行线上方分块;2013 年 12 月 11 日,基坑开挖完成,整体底板形成,历时半年。

就 46 号地块开挖施工,结合上下行分块及分线施工对应时间节点的数据曲线分析,开挖期间 2 号线隧道上方土体受到损失,隧道上部覆土自重减小使邻近土体回弹,其中下行线 6 月 20 日—10 月 19 日正上方土体施工期间累计上抬达 4.0 mm,此期间上行线变化量较小,不到 1.0 mm。上行 10 月 19 日—12 月 11 日正上方土体施工期间累计上抬达 3.0 mm,此期间下行变化较小,持续上抬约 1.0 mm。总体处于安全可控状态。

项目前期由于桩基、加固与围护等施工存在挤土效应,导致隧道开挖前已有隆起,累计至今下行线隧道变化量较大,最大值为 +12.2 mm。隧道直径收敛变化量较为稳定,累计最大值为 +7.0 mm。

图 5-49、图 5-50 所示分别为上、下行线电水平自动沉降监测数据。

4) 数值模拟分析

采用第 4 章介绍的上方卸载作用下盾构隧道变形数值分析方法,建立有限元数值模

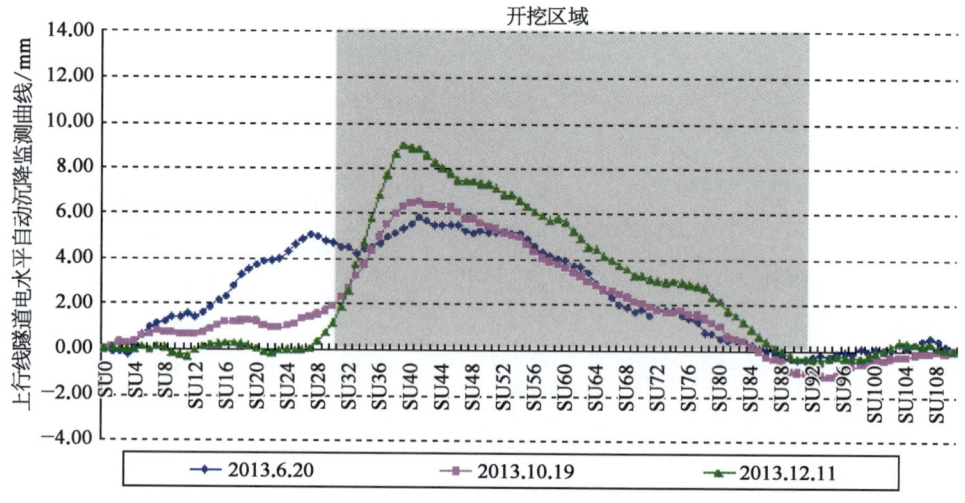

图 5-49　上行线电水平自动沉降监测数据

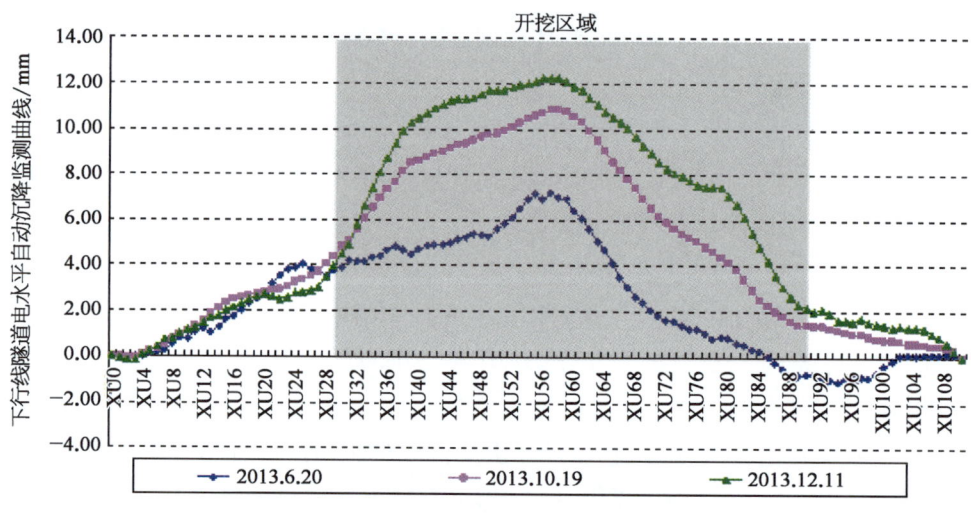

图 5-50　下行线电水平自动沉降监测数据

拟计算模型,如图 5-51 所示。建模考虑土体分层,且计算过程中考虑施工工况的模拟,即先开挖下行线上方基坑土体,再开挖上行线上方土体,穿插开挖隧道两侧土体;且工况设置考虑坑内土体满堂加固和隧道两侧抗拔桩。土层选用 HSS 模型,模型参数依据项目勘察报告确定;隧道管片采用梁-铰接头模型。

图 5-52 和图 5-53 分别为下行线隧道上方土体开挖和上行线隧道上方土体开挖引起的隧道管片变形。从图中可以看出,下行线隧道上方土体开挖时,下行线隧道管片呈现竖向拉伸变形趋势,而邻近上行线变形趋势倾向于朝基坑侧的刚体位移;上行线隧道上方土体开挖时,隧道管片表现出同样的变形趋势。

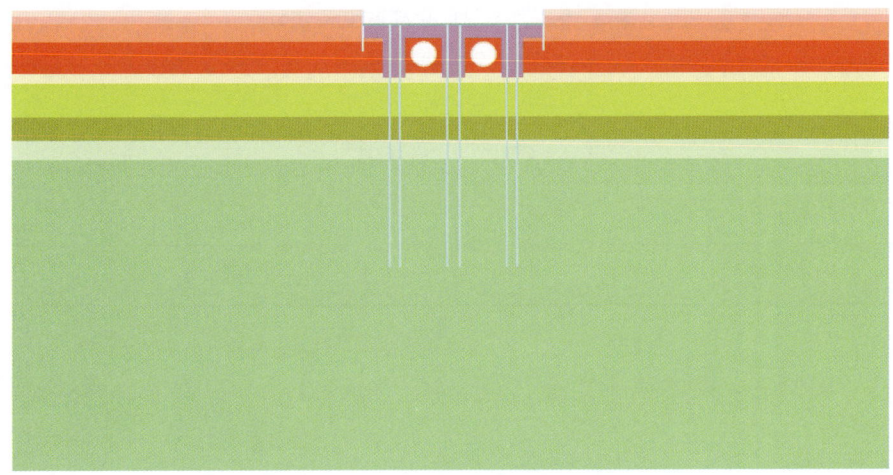

图 5‑51 大中里项目有限元计算模型

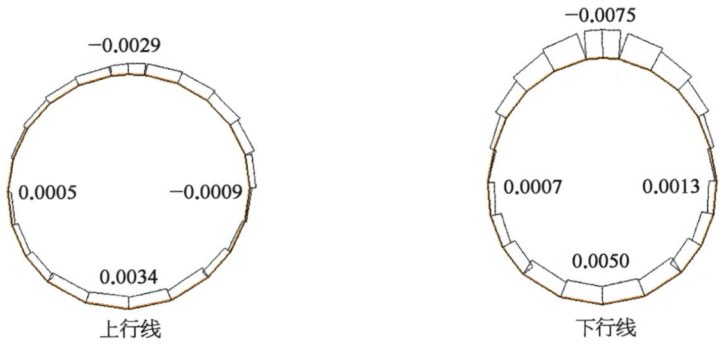

图 5‑52 下行线上方土体开挖引起的隧道管片变形(单位: m)

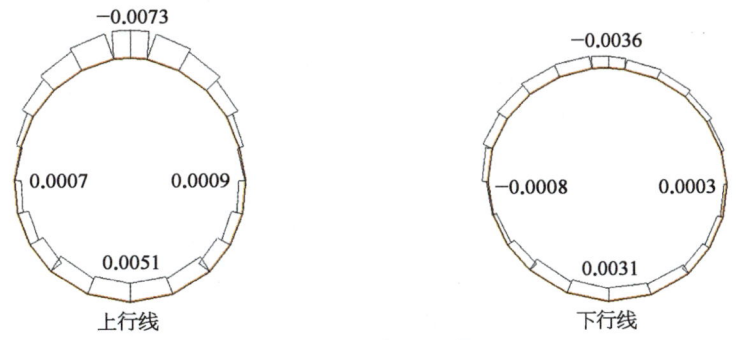

图 5‑53 上行线上方土体开挖引起的隧道管片变形(单位: m)

表 5‑9 列出了大中里项目隧道正上方土体开挖引起的隧道管片的变形。根据计算结果可知,在卸荷比为 0.5 时,隧道隆起量约占挖深的 1.3‰。

需要注意的是合适的加固、桩基、分块、限时挖土等措施,对控制隧道隐患十分有效,但地基加固也是一种扰动,对隧道产生挤压作用,需要在工程施工中加以优化。

表 5-9　大中里项目隧道变形统计

工　况	卸荷比 n	竖向隆起量 s/mm		横向收敛 Δd/mm		隆深比/‰
		上行线	下行线	上行线	下行线	
下行线上方土体开挖	0.47	+3.4	+5.0	+0.4	−2.0	1.25
上行线上方土体开挖	0.47	+5.1	+3.1	−1.6	+0.5	1.28

5.3.3　案例三：东方路下立交工程

1) 工程概况

东方路下立交工程位于浦东世纪大道、张杨路和东方路多条重要路口的交汇处，如图 5-54 所示。工程大体呈南北走向，全长 600 m，与地铁 2 号线相交处位于东方路站西端 100 m 左右，从 2 号线隧道上方斜穿而过。该下立交分为矩形箱型结构和敞开坞式结构两种形式，箱型结构长度为 200 m，位于交叉路口处，南北两端为敞开坞式结构，长度为 270 m。下立交每隔 20～30 m 设置一道沉降缝，按此划分原则，下立交共分为 23 段，分别为 S01～S12，N01～N11，开挖深度 6.3 m。下立交为双向 4 车道，地道两侧设双向 4 车道地面道路。为保证东方路管线穿越，本工程南北两侧各设东西向的管廊一座，其中北管廊平面尺寸 95.2 m×22.0 m(长×宽)，基础底板底标高−5.90 m；南管廊平面尺寸 80.2 m×15.3 m(长×宽)，基础底板底标高最低为−6.30 m。由于整个工程施工范围内有大量的管线通过，地下构筑物众多，既有运营中的地铁 2 号线，又有正在建设中的 4 号线，还有预留站位的 9 号线车站。工程的 N01(南侧)和 N02 段(北侧)从地铁 2 号线隧道上方通过，结构底板距离地铁 2 号线隧道不足 2.6 m。由于基坑开挖卸载较大，开挖过程中基坑坑底的回弹带动土层内的地铁隧道一起向上隆起。开挖施工对正在运营中的地铁 2 号线安全影响极大，施工稍有不慎，极有可能危及地铁安全，如何控制施工卸载引起的隧道沉降和

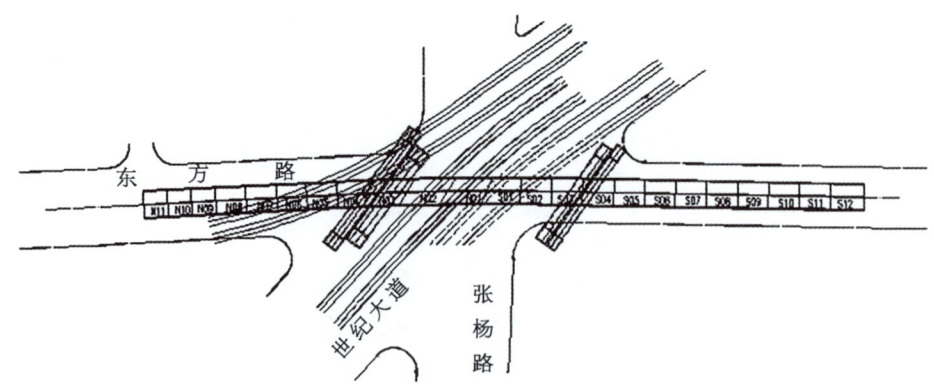

图 5-54　下立交与隧道平面关系

隆起问题是设计施工之关键。

2) 施工难题及相应的对策

由于土体开挖深度达到 6.3 m,坑底以下隧道上方的覆土厚度仅 2.6 m,土体开挖卸载超过 11 吨,大深度开挖卸载会直接引起基坑坑底以下土层带动地铁隧道一起回弹。根据计算,如不采取可靠措施控制隧道的变形,隧道的隆起量将超过隧道变形控制指标,隧道结构变形将不能满足地铁运营安全,必须从设计和施工两方面着手解决这一施工难题。涉及地铁安全运营近距离的施工主要包括两部分内容:从地铁 2 号线隧道上方近距离斜穿段和张杨路北侧管廊的深基坑施工,对地铁隧道影响最大的施工是隧道顶部斜穿越段的施工,也是本工程施工能否成功之关键。

穿越地铁 2 号线隧道部分的基坑围护结构采用 SMW 工法桩施工,该类围护结构具有施工效率高、防水性好、造价相对低廉等优点。但在穿越地铁隧道部位的基坑围护结构的插入比严重不足,不能满足基坑抗滑安全,需对该部位基坑围护结构外侧近 10 m 范围内的土体进行加固,以满足基坑安全要求。为减少和有效控制隧道的隆起,必须对穿越地铁隧道部分的基坑内部土体实施满堂加固,采用旋喷桩和 SMW 工法桩加固,水泥掺入量不少于 20%,为确保加固质量,开挖前须对加固质量进行取样检测。加固体距隧道顶部及隧道两侧的距离严格控制在 0.5~0.7 m。地基加固剖面图如图 5-55 所示。

为有效控制基坑开挖到底部时隧道的隆起,沿隧道两侧的 SMW 桩体内插 H 型钢,使之与加固土体形成一个有效约束系统,以备挖土施工时控制隧道的隆起,型钢插入深度不小于 25 m。穿越隧道部分的土体开挖按照地铁隧道的上下行线分别实施,沿上下行线纵向将土体分成多块分别施工。沿基坑深度共分两层土体开挖,第一层土体开挖深度不超过 2 m,其余为第二层土体,以期控制早期的卸载。在土体开挖施工过程中,严格按照"分层、分块、对称、平衡、限时"开挖支撑和回压进行施工。在开挖顺序上,先开挖中隔墙位置,快速形成中隔墙,而后由中隔墙沿隧道纵向分别向两个方向施工,单块挖土宽度原则上不超过 3~4 m。在进行第二层土体开挖时,单块土体的挖土时间控制在 3 h,为控制单块挖土和浇筑砼的总施工时间,不做垫层。挖土之前要预先加工好底板钢筋,适当提高混凝土标号并具有微膨胀性能,混凝土浇筑一旦完成,及时采用砂袋回压,单块土体施工的总施工时间控制在 7~9 h。对相邻不同块体之间的施工要求与前述相同。由于施工距离地铁隧道非常近,施工稍有不慎极有可能危及地铁安全,每一道工序的施工极具有风险性。在实施旋喷桩和搅拌桩时,需要对其位置精确定位并保持其垂直度,对施工桩深须严格控制,隧道的位置和覆土深度须经地铁运营单位现场复核确认。隧道顶部及附近的施工须在列车停止运行后进行,并先试验施工对隧道的影响情况,再决定是否允许在白天施工还是在夜间施工,并在施工顺序上优化施工。同时要求即时的信息化施工,发现异常及时报警,对隧道的管径收敛采用巴塞特收敛系统进行监测,对隧道的沉降和隆起采用即时的高精度静力水准仪自动监测,做到每 10~20 min 显示一次隧道变形的数据。要求施工单位进一步深化施工组织设计,精心组织施工,对施工过程中可能发生的危及地铁运营的

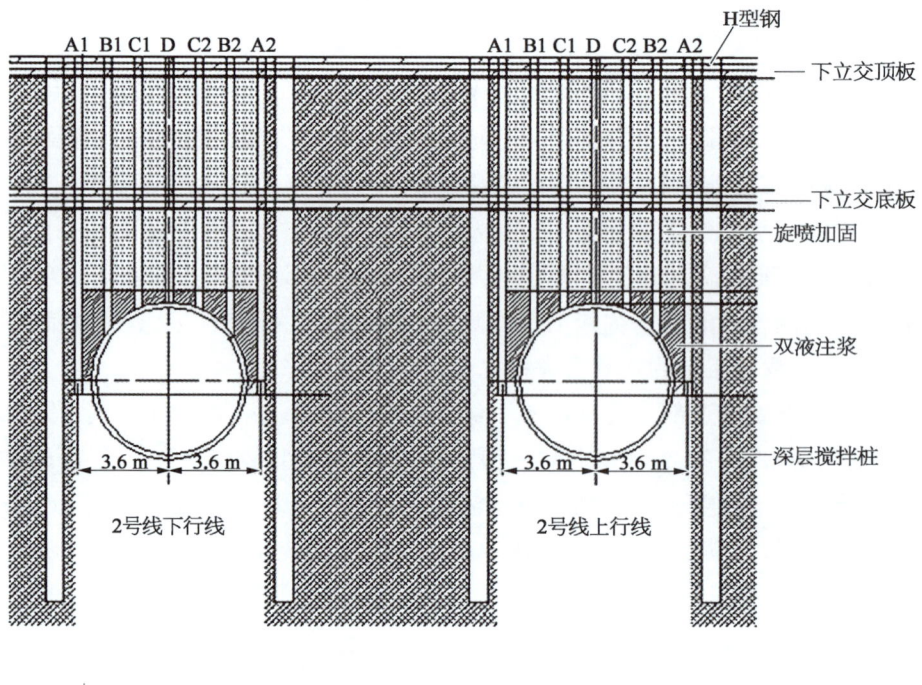

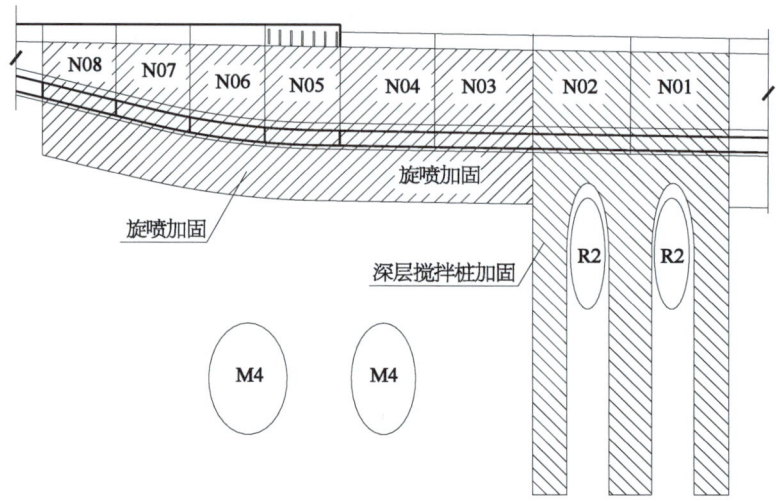

图 5-55 地基加固剖面

各种情况备有预案,使每一个施工环节具有可操作性,最大可能地减少基坑底部暴露时间,有效控制地铁结构的变形,确保地铁运营安全。

3) 施工过程中的地铁监控及分析

(1) 基坑围护结构及地基加固。

2003 年 4 月 25 日夜间开始对下行线隧道顶部实施旋喷桩试验性加固,并进行即时监测。旋喷桩施工时对隧道结构顶部产生向下的瞬时最大位移达到 2.5 mm,顶部两侧 45 度方向达到 1.5～1.7 mm,稳定后最大位移 1.0 mm,隧道腰部的变形 0.5～0.7 mm,旋喷桩施工对运营中的隧道影响明显。因此,要求旋喷桩施工一定在列车停止运行后进行,并对施工参数进行优化和调整,既满足加固要求又对隧道产生的影响要小。与此同时,在不同的隧道断面两侧实施 SMW 工法桩试验性施工,采用 $\Phi 650$ mm 和 $\Phi 850$ mm 的搅拌桩施工,搅拌桩中心距离隧道边缘 1.4 m,桩长 25 m,单根 SMW 工法桩对隧道产生挤压作用,靠近搅拌桩一侧的隧道挤压 2.1 mm,远离一侧产生 0.4 mm 的挤压,隧道顶部产生 3.0 mm 的向上隆起。鉴于搅拌桩施工对隧道影响比较大,要求最靠近隧道的第一排桩在列车停后的这一段时间内施工,并要求跳做,其他各排搅拌桩按照"先近后远"的顺序逐排进行。在围护结构和地基加固的整个施工过程中,全程采用静力水准仪和巴塞特系统对地铁隧道的变形进行监测。基坑加固施工持续到 6 月 30 日,在隧道上方土体开挖前地铁 2 号线上下行线隧道的局部隆起最大量已经达到 6～7 mm。

(2) 隧道上方基坑开挖施工。

由于地下管线众多而且复杂、埋藏深度大,加上工程位于交通繁忙路口,给工程施工带来相当大的难度。为保证按时开通,不但对原定的上下行线施工顺序进行调整,而且对原定 3～4 m 的挖土宽度也进行调整,最小开挖幅宽经过多方论证后适当放宽,以缩短施工工期。先施工 N01 段,后施工 N02 段。调整后的上下行线分块施工顺序如图 5-56 所示。

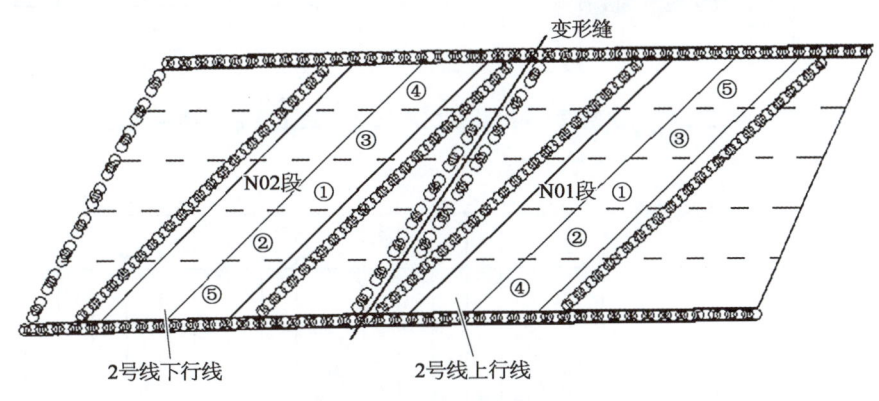

图 5-56 上下行线分块施工

自 2003 年 4 月 27 日进行土体加固到 7 月 15 日开挖,上行线隧道的累计沉降局部已经达到 7 mm。2003 年 7 月 15 日开始施工上行线第一层土体的中隔墙处,上行线隧道回弹 1.5～2 mm。7 月 17 日开挖第二层中隔墙处的土体,先挖除隧道两侧的土体,最后挖除隧道上方的土体,在 22:30 时土体开挖结束,然后绑扎钢筋立模板,18 日 3 时开始浇筑中间隔离墙混凝土,5 时完成,9 时并回压砂袋高度 3 m。整个施工过程中,隧道的持续隆起达到 1～3 mm,隧道累计隆起量达到 12.1 mm。20 日开施工第 2 块土体,21 日开挖第 3 块土体,24 日开挖第 4 块土体,此时隧道的最大隆起量已经达到 16 mm。25 日开挖第 5 块土体,6 时浇筑结束,11 时回压结束,最大累计隆起量 17 mm。在 8 月 2 日在中隔墙和侧墙混凝土浇筑完成后,上行线隧道基本保持稳定在 16～17 mm。自基坑加固开始至开挖及回筑期间2号线上行线隧道隆起历时曲线图如图5-57和图5-58所示,图中sCJ15-18点是位于基坑中部下方隧道的监测点。而在此期间,下行线由于受上行线隧道上部卸载的因素由开挖前的隧道隆起6～7 mm,累计达到10 mm,影响达到3.5 mm以上,如图5-59所示。

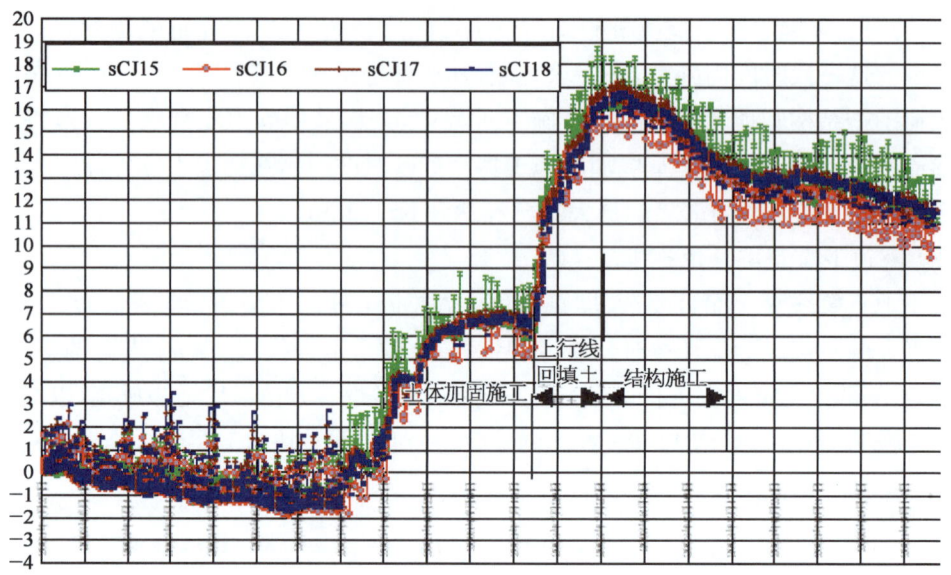

图5-57 隧道上方基坑加固-开挖及回筑期间2号线上行线隧道隆起历时曲线

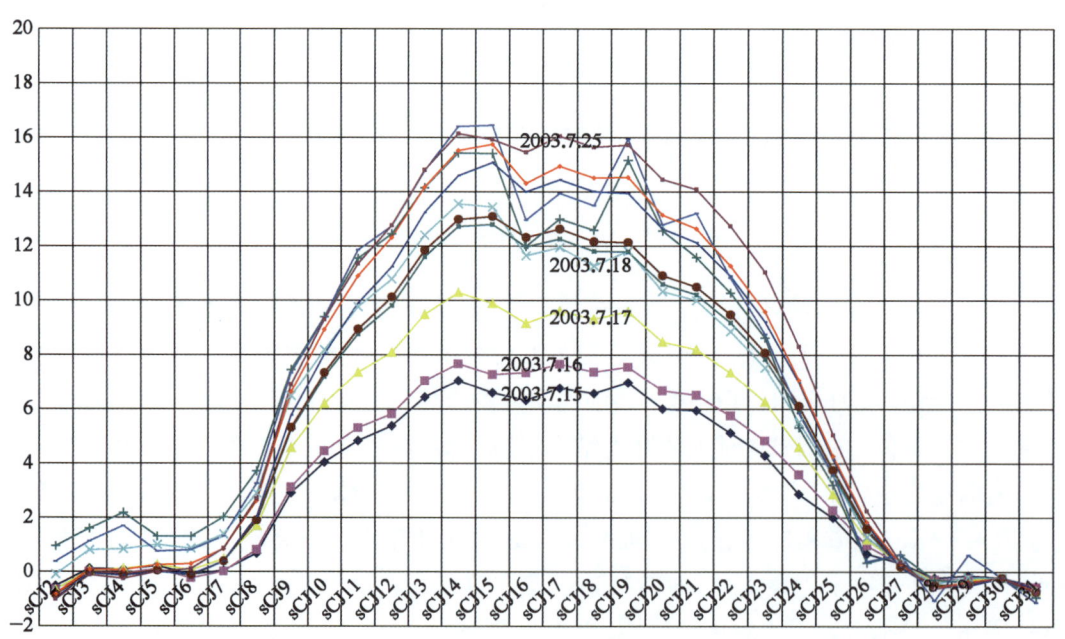

图5-58 隧道上方基坑加固-开挖及回筑期间2号线上行线隧道隆起曲线

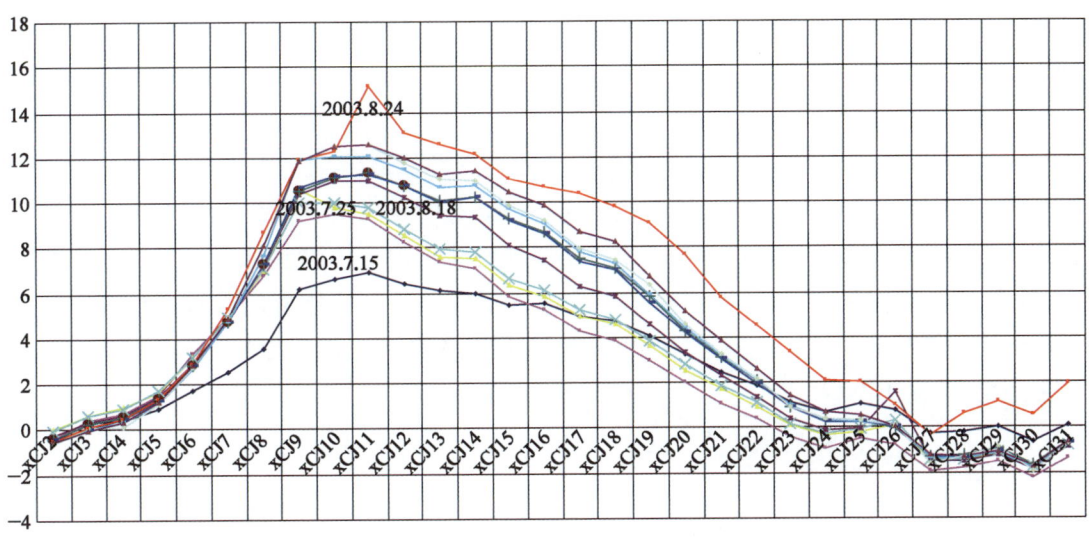

图 5‑59　各种不同施工因素对下行线隧道变形的影响

自2003年4月下旬对2号线下行线隧道上方及两侧土体的加固,8月18日进行开挖地表层1.5～2.0 m,8月19日19时开始挖隧道上方第一块土体,24:00挖土结束,20日4时混凝土浇筑结束,10时回压完毕。其后,每天施工一幅底板,直到8月24日完成最后一块。施工要求与上行线施工要求相同,9月4日完成顶板的混凝土浇筑。其间,上行线隧道的隆起增量达到6 mm,使累计隆起量达到15.24 mm。自基坑加固开始至开挖及回筑期间2号线下行线隧道隆起历时曲线图如图5‑60所示,图中xCJ12‑xCJ17点是位于

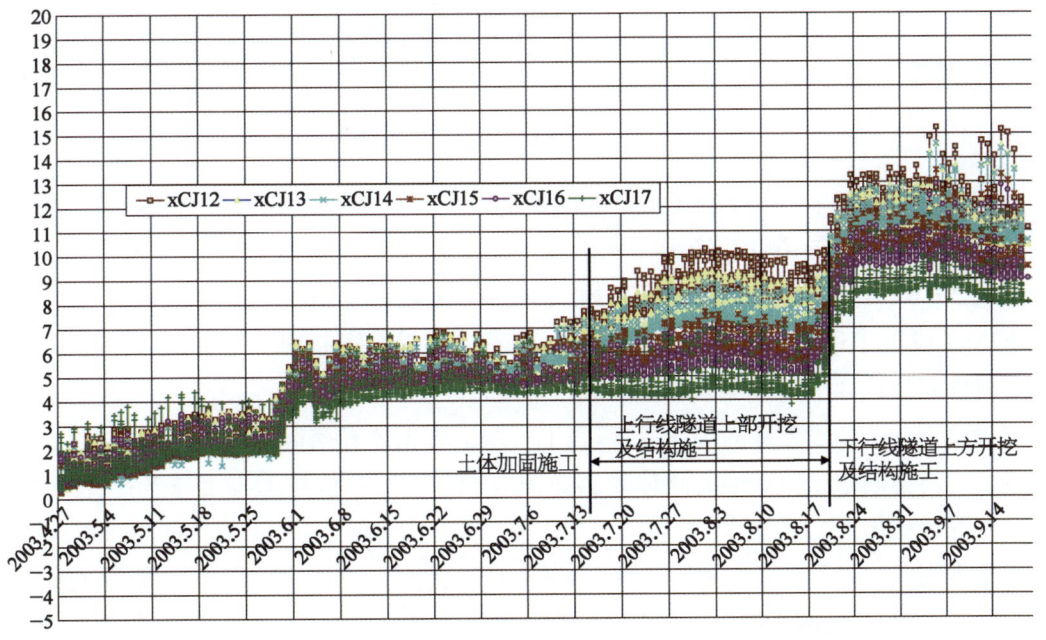

图 5‑60　自基坑加固开始至开挖及回筑期间2号线下行线隧道隆起历时曲线

基坑中部下方隧道的监测点。从图上可以明显表示，上行线隧道上部基坑开挖施工对下行线隧道隆起达到 3 mm。

4）数值模拟分析

采用第 4 章介绍的上方卸载作用下盾构隧道变形数值分析方法，建立有限元数值模拟计算模型，如图 5-61 所示。由于东方路下立交工程与地铁 2 号线斜交约 45°，选取垂直隧道走向的剖面建模。模型考虑土体分层，开挖前坑内土体满堂加固以及隧道上半圆 1 m 范围内土体注浆加固，且根据实际工程考虑了隧道两侧抗拔桩的设置。计算过程中考虑土体分块分层开挖。土层选用 HSS 模型，模型参数依据项目勘察报告确定；隧道管片采用梁-铰接头模型。

图 5-61　东方路下立交有限元计算模型

图 5-62 和图 5-63 分别为上行线隧道上方 N01 段土体开挖和下行线隧道上方 N02 段土体开挖引起的隧道管片变形。从图 5-62 中可以看出，N01 段土体开挖引起上行线隆起约 9.8 mm，其间影响下行线隆起约 5.0 mm。根据图 5-57 所示监测结果，在上行线上方 N01 段土体开挖及回筑期间，2 号线上行线隧道最大隆起约 10.0 mm，其间对下行线的影响隆起量约 3.5 mm，模拟计算结果较为接近。

考察下行线隧道管片的整体变形，在上行线上方土体开挖期间，对下行线隧道管片的影响表现出随周边土体变形的刚体位移。图 5-63 所示下行线上方土体开挖计算结果，上行线亦表现出此变形规律。

根据图 5-60 下行线变形监测结果，在下行线上方 N02 段土体开挖期间，下行线最大隆起约 6.0 mm。此时 N01 段已完成中隔墙和侧墙混凝土浇筑，而计算中未考虑回筑工况，因此下行线上方 N02 段土体开挖计算结果比监测结果略大。

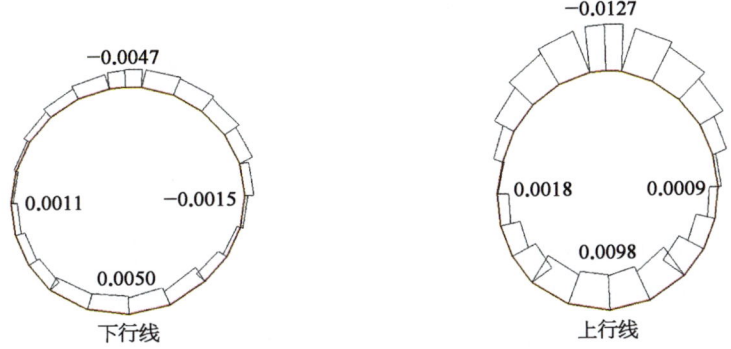

图 5-62 上行线上方 N01 段土体开挖引起的隧道管片变形(单位：m)

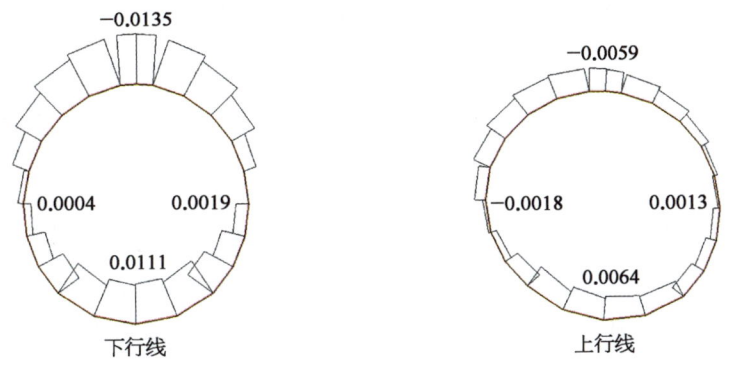

图 5-63 下行线上方 N02 段土体开挖引起的隧道管片变形(单位：m)

表 5-10 列出了东方路下立交项目隧道正上方土体开挖引起的隧道管片的变形。根据计算结果可知,在卸荷比为 0.7 时,隧道隆起量约占挖深的 1.6‰。

表 5-10 东方路下立交项目隧道变形计算统计

线路(工况)	卸荷比 n	竖向隆起量 s/mm		横向收敛 Δd/mm		隆深比/‰	
		实测	计算	实测	计算	实测	计算
上行线(N01 段土体开挖)	0.70	+10.0	+9.8		−2.7	1.59	1.48
下行线(N02 段土体开挖)	0.70	+5.0	+11.1		−2.3	0.80	1.68

从工程案例中同样可以看出,加固过程对隧道影响明显,而纯开挖期间的隧道隆起量仅是开挖深度的 1‰左右,因此,必须控制加固过程中的挤压扰动。

5.4 小结

本章介绍了 5 个隧道上方加卸载的案例,得到了在上方加卸载作用下隧道表现出的

变形规律,给出了案例所采取的控制治理措施。主要变形规律及控制治理措施如下:

(1) 上方堆载作用下,地层组合不同表现出不同变形特征:① 上软下硬地层组合中隧道各环水平直径与设计值之差 ΔD 明显增加,呈现明显"横鸭蛋"变形,封顶块与邻接块以及标准块与拱底块之间的纵缝内侧受拉张开或纵缝附近混凝土开裂,标准块与邻接块纵缝内侧受压闭合或混凝土保护层受压剥落;② 上硬下软地层组合下,隧道下方 2 倍隧道直径范围内为强度很低的淤泥时,相对收敛变形而言,隧道可能以沉降变形为主。

(2) 邻接块与标准块纵缝外侧张开,外侧止水条失效导致渗漏水病害发生,因此,富水地区隧道上方大面积加载后往往出现腰部纵缝连续渗漏。相反,由于隧道顶、底部外壁受压,在堆载早期或堆载影响不严重的情况下,顶底部渗水病害较少。

(3) 出现堆载引起隧道病害后,首先应立即组织上部卸载;其次针对出现的渗漏水病害应及时堵漏,避免因水土流失导致围压失稳进而加剧隧道病害;最后如已经产生较大变形或结构破损,应采取隧道外侧注浆纠偏改善围压以及隧道内粘贴芳纶布或钢内衬等结构补强措施。

(4) 软土地区隧道上方基坑开挖应按照"时空效应"理论,遵循"分层、分块、对称、平衡、限时"原则。利用晚上列车停运期间施工,分块的大小以停运期间完成土方开挖、浇筑底板为标准。如卸载比大引起隧道较大隆起量,底板初凝后可选用压载措施。

(5) 应严格控制地基加固过程对隧道的挤压作用,优选施工工法工艺和施工参数,对整个卸载施工过程中的总的隆起量控制有重要作用。

第 6 章 结语与治理对策

6.1 结语

在地面上进行大规模加卸载对处在稳定状态的地层和隧道都有明显影响。隧道上方荷载的改变导致隧道周围应力场和位移场的改变，加剧既有结构病害或产生新的隧道结构病害，严重时对隧道结构安全构成威胁。

前述章节的理论分析、数值计算、模型试验、工程案例监测等分析手段，对软土地层隧道上部的加卸载进行研究。一方面，分析了地面加载案例中隧道覆土深度、加载量大小、加载范围、地质特性、相对空间关系等因素对隧道变形等病害影响；另一方面，研究以基坑开挖卸载为主的影响因素对隧道变形影响，分析基坑开挖平面尺寸、土体加固改良、抗拔桩的设置以及开挖施工时间等因素影响，提升加载现象对隧道危害性认识，加深了对隧道结构变形的变化规律、安全风险程度评估等了解。经总结归纳，隧道上部压载、卸载对隧道和地层影响规律和影响特点如下。

6.1.1 地面压载对地层和隧道的影响

（1）地面压载对地层影响。

在地面进行大规模的弃土、堆土、河道填埋、造山造景、建造房屋等，实质上形成了对地层的压载。压载对一定范围的土体产生扰动，改变了原有地层应力状态，导致应力场和位移场的重新分布，这已从理论分析、数值计算、现场试验以及大量工程实践中都得到很好诠释。无论是早期的苏州虎丘塔倾斜、意大利比萨斜塔、20 世纪初的加拿大特朗斯康谷仓倾覆，还是 80 年代的日本关西机场大量沉降等，都是因地面压载引起地基不均匀沉降的典型案例。苏州虎丘塔建于宋代 961 年，塔高 47.5 m，塔身向东北方向倾斜，塔顶距离中心线 2.31 m，倾斜 2.78°。意大利比萨塔始建于 1173 年，高 60 m。建成后发生不均匀沉降，平均沉降 2.0 m，最大沉降 4 m，倾斜 5.5°，顶端偏心 5.27 m。1913 年加拿大特朗斯康谷仓当年投用即发生倾覆，谷仓高 31 m，基础为 0.61 m 厚的钢筋混凝土筏板基础。日本关西机场始建于 1986 年，1994 年机场运营，它是通过人工填海建成的，填筑深度 33 m，设计沉降 5.7～7.5 m,预测主固结完成需要 20 年,但在 1990 年沉降就达 8.1 m,比原设计多填了 3 m 的填筑。

从这些建筑发生了的沉降或不均匀沉降可以看出,建筑重量(自身荷载和使用荷载)与地层的承载力不相匹配。对于上海这样的沿江沿海软弱地层来讲,土体强度更低,一经大规模压载引起的变形量将更大。20 世纪 50 年代建成的上海展览馆发生的大量沉降就是很好的案例。不同加载规模、加载量、空间关系对地层的影响是不同,有如下规律:

① 压载面积越大,加载量(或压载高度)越大,对地层的影响越大,影响深度越大,影响持续时间越长。

② 压载面积一定,随着压载量的增加,对地层影响越深,影响越大。

③ 压载高度一定,随着压载面积的增加对地层的影响增大。

④ 压载对地层影响程度距离增加而减小。

⑤ 压载量越大,压载时间越长,地层固结沉降量越大,卸载后地层能恢复的回弹量越小。

因此,大规模、近距离、长时间加载对地层正常固结而言,其影响是巨大的。当压载超过地基承载力时就会破坏土层结构,对应力场、位移场的影响大,这些变化多属于非线性的。压载不仅对地层变形有很大影响,引起地层持续长时间固结,如在一定时期内土体固结未完成就进行盾构穿越施工,其潜在风险无疑是很大的。

(2) 地面压载对隧道结构影响与病害现象。

地面加载对隧道的主要危害表现为衬砌环的横向收敛变形和拱底、拱顶的沉降,前者表现为隧道管片的弯曲变形及管片接头的相对错动、转动、张开或闭合,后者表现为衬砌环在地层内的整体位移。依照不同压载工况(压载规模、压载量、压载距离、压载时间等)和地层情况(土体力学性能)对隧道的影响是不同的,但一般都会发生程度不同的纵向沉降和横向收敛变形,产生新的结构病害或加剧既有病害发展,如引起管片及接头变形、管片接头张开、错台或压损、管片开裂或压损及渗漏水等,严重时会危及隧道结构安全,甚至必须停运对其进行加固,并有如下规律:

① 隧道沉降变形和收敛变形均近似随压载量呈线性增长。地表突发局部加载容易对隧道造成较大损伤,且这些损伤难以在卸载后恢复。

② 隧道沉降和收敛变形与地层的力学性能密切相关。对于埋置在均质地层中的隧道而言,地层越硬,地表大面积加载对隧道收敛值以及沉降值影响越小;反之,则影响越大。

③ 压载面积一定,压载高度(量)越大,对隧道变形影响越大。压载高度(量)一定,压载面积越大,对隧道的变形影响范围越大。当压载面积较大且覆盖隧道范围时,相当于全部压载,即压载对隧道的影响直接取决于压载高度。

(3) 地面压载与空间关系的影响。

压载所分布的位置与隧道空间位置关系十分密切,压载与隧道距离越近,影响越大;

反之,则对隧道的影响越小。当地面压载范围覆盖隧道时或距离隧道轴线越近,此类压载对隧道的沉降和收敛影响越大,造成的危害也就越大。当压载边线距离隧道竖向轴线超过 π/4+φ/2 范围时,对隧道变形影响明显变小。

① 随着加载偏心距增加,附加土压力逐渐减小。

② 随着加载偏心距的增加,隧道收敛变形先迅速下降然后趋于平缓,并且从横椭圆变形逐渐转变为斜椭圆变形。

③ 增加加载偏心距可以减小隧道接头变形量,正上方加载引起隧道变形主要发生在隧道左右肩部与顶部接头,且较为对称。偏压加载引起隧道变形主要发生在荷载对应的肩部与顶部接头。

(4) 地层影响因素。

地层情况对隧道的收敛变形和沉降变形影响巨大,沿江沿海的沉积地层多具有"上软下硬"的特征,对应隧道及其下卧层的地层不同,压载所引起的隧道变形特征也表现出很大差异。如对应隧道断面深度及以下地层都为相同或力学性质相似的地层,隧道变形特征主要以纵向沉降为主;如隧道穿越的地层性能远差于隧道底部的地层力学性能,则隧道变形特征主要以横向收敛变形为主。

① 当隧道全部位于软土地层中,如完全穿越上海软弱的④层地层中,且隧道底部具有较厚的软土层,隧道的变形主要以纵向不均匀沉降为主,同时会发生一定的收敛变形,但数据较小;若隧道底部位于较硬大土层内,当上部加载时隧道收敛变形变得非常明显。

② 隧道穿越地层及下卧地层的软硬对加载敏感。在地表大面积加载作用下,均质软土地层越软收敛越大,均质地层越硬收敛越小。当隧道穿越地层及其下卧软土地层越厚,收敛变形不明显,隧道以沉降变形为主。当隧道穿越地层较软但其下卧地层较硬时,隧道表现为横向收敛变形为主的变形特点。

③ 下卧层的软硬程度对隧道收敛变形产生很大影响。而对于盾构隧道拱底沉降的大小则主要取决于下卧层的软硬程度,下卧层越软沉降越大,下卧层越硬沉降越小,穿越层的软硬程度基本不影响拱底沉降大小。

(5) 加载对收敛变形影响。

在加载作用下,上软下硬地层组合中隧道各环水平直径与设计值之差 ΔD 明显增加,呈现明显"横鸭蛋"变形,封顶块与邻接块以及标准块与拱底块之间的纵缝内侧受拉张开或纵缝附近混凝土开裂,标准块与邻接块纵缝内侧受压闭合或混凝土保护层受压剥落。邻接块与标准块纵缝外侧张开,外侧止水条失效导致渗漏水病害发生,因此,富水地区隧道上方大面积加载后往往出现腰部纵缝连续渗漏。

(6) 压载对纵向变形的影响。

由于隧道纵向构造特性,当发生地面压载时,隧道纵向变形主要由弯曲变形和错台变形构成,理论研究分析和工程监测分析都已很好地反映隧道的纵向变形特性。规律如下:

① 隧道埋深或上部覆土厚度、加载范围与加载大小、地层的土体模量、隧道初始状态

等对隧道纵向变形均有很大的影响,隧道沉降随加载量增加而增大。

② 隧道敷设地层及下卧地层的弹性模量对隧道沉降和受力具有明显影响。增大下卧层土体弹性模量可以显著减小隧道沉降,反之,减小下卧地层的弹性模量可以显著增大沉降量。当隧道下卧软土层时,随着压载的增加,地面加载作用下隧道更容易发生纵向变形;当隧道全部处于较硬的地层中,沉降量较小。因此,为了保证隧道的安全运营,应该禁止在埋设隧道的地面加载。

③ 就上海地区的软土通缝地铁隧道而言,地面加载作用下隧道纵向变形极易超过规范限定值。

④ 随着加载偏心距的增大,地面加载作用下隧道纵向变形越小,当加载偏心距大于2倍的隧道外径时,加载作用的影响很小。

⑤ 与地层相比,隧道自身的纵向和环向刚度要比土体大得多。因此,隧道的沉降变形一般小于相同标高的地层沉降。

6.1.2 地面卸载对地铁隧道的影响

对于处于稳定状态的隧道来讲,卸载同样对隧道隆起变形的影响也是巨大的。卸载影响受施工影响明显,不同的施工对过程中隧道产生的影响不同,工程监测表明,无序的卸载对隧道影响大,有序有控制的卸载对隧道影响小,但最终影响取决于卸载量的大小以及地层改善情况。

通过建立有限元模型进行数值计算分析,调整基坑开挖平面尺寸、土体加固改良、抗拔桩的设置以及开挖施工时间控制因素等,以测试施工参数对隧道变形的影响,并与工程实测数据进行对比验证。得出以下结论:

(1) 卸载对地层影响。

与压载相反,卸载会引起地层回弹,带动地层中隧道一起隆起。在20世纪90年代末期,上地铁2号线进行车站施工中进行了这方面的卸载研究。通过在地层中埋设磁环来监测开挖对地层隆起的影响,对应开挖施工工况,从开挖到底板完成的2个月正常施工周期,底板以下地层因开挖卸载隆起量超过70 mm。

(2) 卸载对隧道的影响。

曾经有案例表明,在隧道上部覆土约9.5 m的隧道上方进行新开河道和减载导致隧道上浮,在挖除了5.5 m的土层后,隧道在一个月内上抬近22 mm,隧道上抬量约为卸载深度的4‰。卸载导致隧道发生隆起、管片接头错台、渗漏水等病害现象。与地层相比,因隧道纵向具有较大刚度,其隆起量要比地层小一些。

(3) 隧道性态变化。

在隧道正上方进行基坑开挖卸载情况下,隧道变形主要是由两部分组成:随土体回弹的整体隆起变形和自身管径变化,管径变化呈现由横向拉伸、竖向压缩的"横鸭蛋"初始收敛状态转变为竖向拉伸、横向压缩的"竖鸭蛋"变形姿态。由于隧道是拼装结构,隆起

(或沉降)和收敛变形并不是独立发生发展的,两个方向上的直径变化趋势均为适应土体因应力释放产生变形的自身调节,其自身的结构变化在一定范围内是可均衡协调的。

(4) 随着上方土体卸荷比增大,隧道隆起变形量递增。

当基坑开挖宽度 W 小于隧道外径 D 时,变形量增长有限;当 $W>D$,$n>0.5$ 时,隆起变形量增幅较大。对隧道周围地层加固可抑制隧道横向收敛变形的发展,改善隧道的变形姿态;不同加固方式对隧道影响不同,加固强度越高、加固范围越大,地层抗隆起的效果越好,隧道变形越小,但同时近距离加固过程也会对隧道产生挤压变形影响。

(5) 隧道上方基坑内土体满堂加固,可有效限制土体的回弹。

土体加固后($q_u \geqslant 0.8$ MPa),相较于土体未加固地层来讲,上方基坑开挖影响隧道的隆起量 s 减小达 50%,横向收敛变形 Δd 减小也超过 50%。因此,地基加固对控制上方基坑开挖引发的隧道隆起变形和收敛变形效果非常显著。

(6) 桩基与底板锚固一体化抗隆起变形体系效果显著。

深桩本身对地基抗隆起有良好效果,使之与底板连接形成抗隆起体系,可进一步使得隧道隆起和收敛变形均减小约 25%。在隧道正上方进行基坑开挖,可控制隧道隆起量 s 与基坑开挖深度 h 的比值变化范围在 0.78‰~1.71‰,平均值为 1.16‰。

(7) 控制基坑开挖时间有利于控制隧道变形的发展。

开挖时间越长,隧道变形将越大,时间因素对隧道隆起变形的影响大于横向收敛变形。隧道变形随时间因素的收敛趋势与土体扰动后固结完成过程有关。

隧道上方基坑开挖,隧道的变形与基坑规模、基坑围护结构形式、土体加固范围及强度、开挖时间等密切相关,变形控制措施并非孤立作用,实施时需根据具体工程环境综合考虑。

6.2 治理对策

(1) 压载处置原则。

① 一旦发现压载,同时快速了解地面堆载情况,并绘制详细地形情况,对比原始地表图。首先应及早组织卸掉压载。卸除地面荷载,降低竖向荷载,可有效改善隧道受力,也可部分恢复隧道变形,对隧道安全非常有利,同时加强对隧道内的病害进行治理。

② 与此同时,加强对隧道的监测检测分析,建立隧道变形与压载、卸载工况的对应分析,为下一步实施加固治理奠定基础。

③ 制定卸载计划,快速组织卸载,一般按照"分层卸载,及时外运"方式,最大程度消除压载带来的地层变化和隧道结构变化。

④ 根据对隧道内部病害(渗漏水、管片开裂、隧道收敛和沉降等)监测、检测、检查,并及时做出安全评估。

⑤ 针对出现的渗漏水病害应及时堵漏,避免因水土流失导致围压失稳进而加剧隧道

病害。

⑥ 快速对受损部位进行标识标志，观测其变化情况和变化趋势。

⑦ 最后，如已经产生较大变形或结构破损，应采取隧道外侧注浆纠偏改善围压以对隧道实施钢内衬等结构补强措施。

(2) 卸载处置原则。

卸载会引起地基回弹，从而带动隧道隆起。在考虑对隧道上方卸载方案时，应从隧道现状、开挖深度、开挖卸载规模、地基加固、围护结构、桩基工程、开挖施工要求等多方面系统考虑设计方案；在开挖施工过程中，应按照"时空效应"理论，遵循"分层、分块、对称、平衡、限时"原则快速挖土、支撑并形成底板，应快速回筑增加荷载以平衡卸除的部分荷载。利用晚上列车停运期间施工，分块的大小以停运期间完成土方开挖、浇筑底板为标准。如卸载比大引起隧道较大隆起量，底板初凝后可选用压载措施。

(3) 隧道大变形治理与控制。

压载带给隧道的病害最常见的就是"横鸭蛋"状。经过深思熟虑的研究分析，制订了整套"外控内治"的处置方案，上海首创的这套"上卸载，侧纠偏，内加固"治理思路，成为隧道变形治理的典范，稳定了隧道结构状态，保障了隧道结构安全。

① 对上部压载的快速卸载。

② 对隧道大变形进行纠偏注浆，改善隧道状态，同时拧紧螺栓。

③ 对产生开裂和渗漏水的区段进行壁后注浆堵漏，同时对大变形的衬砌环实施内张钢圈加固，提高隧道的承载力。

隧道上方卸载同样会对隧道结构安全带来威胁。无论开挖河道或是基坑施工等卸载都会对稳定的地层和隧道带来扰动，导致地层和隧道一起上浮，隧道受力状态的改变使隧道结构发生复杂的变形，施工扰动程度不同隧道的影响也不同。同等开挖规模和施工条件下，在软土地层进行基坑开挖施工带来的影响尤为显著，在坚硬的地层中则影响可能小得多。隧道上方的卸载应有计划、有序进行，但如若控制不好同样亦会给隧道带来严重危害。通过对20余处卸载工程的成功实施，形成控制隧道变形、满足隧道保护标准的约定成俗的做法，在卸载工程案例中极具指导性。一旦发现加卸载对隧道结构带来了危害，就必须立即加以制止和纠正。

参考文献

[1] 林永国,廖少明,刘国彬.地铁隧道纵向变形影响因素的探讨[J].地下空间,2000,20(04):264-267.

[2] 刘庭金,陈思威,叶振威.堆载诱发盾构隧道病害及结构安全分析[J].铁道工程学报,2019,36(11):67-73.

[3] 范垚垚,郭晓航,邓指军,等.正上方加卸载对盾构隧道变形的影响分析[J].施工技术,2014,43(07):107-109.

[4] 邵华,黄宏伟,张东明,等.突发堆载引起软土地铁盾构隧道大变形整治研究[J].岩土工程学报,2016,38(06):1036-1043.

[5] Hwang R, Chen B, Wu T. Damage to a Metro Tunnel Due to Adjacent Excavation [M]. New Delhi: Springer India, 2015, 369-377.

[6] 林平,夏汉庸,郑云文.基坑开挖引起的隧道变形事故处理效果分析[J].西部探矿工程,2014,26(11):159-163.

[7] 陈仁朋,孟凡衍,李忠超,等.邻近深基坑地铁隧道过大位移及保护措施[J].浙江大学学报(工学版),2016,50(05):856-863.

[8] Zhang C, Zhu J, Huang M, etc. Winkler load-transfer analysis for pipelines subjected to surface load[J]. Computers and Geotechnics, 2019, 111(07): 147-156.

[9] Liang F, Yuan Q, Song Z, etc. Longitudinal responses of shield tunnel subjected to surcharge considering dislocation[J]. Proceedings of the Institution of Civil Engineers — Geotechnical Engineering, 2021, 174(4): 342-354.

[10] Liang R, Xia T, Huang M, etc. Simplified analytical method for evaluating the effects of adjacent excavation on shield tunnel considering the shearing effect[J]. Computers and Geotechnics, 2017, 81(01): 167-187.

[11] 魏纲,张鑫海,林心蓓,等.基坑开挖引起的旁侧盾构隧道横向受力变化研究[J].岩土力学,2020,41(02):635-644.

[12] Verruijt A, Booker J. Surface settlements due to deformation of a tunnel in an

elastic half plane[J]. Géotechnique, 1996, 46(4): 753-756.

[13] Loganathan N, Poulos H. Analytical prediction for tunneling-induced ground movements in clays [J]. Journal of Geotechnical and Geoenvironmental Engineering, 1998, 124(9): 846-856.

[14] Cheng H, Chen R, Wu H, etc. A simplified method for estimating the longitudinal and circumferential behaviors of the shield-driven tunnel adjacent to a braced excavation[J]. Computers and Geotechnics, 2020, 123: 103595.

[15] Bufler H. Theory of elasticity of a multilayered medium[J]. Journal of Elasticity, 1971, 1(02): 125-143.

[16] Bahar L. Transfer matrix approach to layered systems.[J]. Eng Mech Div ASCE, 1972, 98(05): 1159-1172.

[17] Booker J, Small A. Finite layer analysis of consolidation[J]. International Journal for Numerical and Analytical Methods in Geomechanics, 1982, 6(02): 151-171.

[18] 王凯.N层弹性连续体系在圆形均布垂直荷载作用下的力学计算[J].土木工程学报,1982,15(02):65-76.

[19] 钟阳,王哲人,郭大智.求解多层弹性半空间轴对称问题的传递矩阵法[J].土木工程学报,1992,25(6):37-42.

[20] 钟阳,王哲人,郭大智.求解多层弹性半空间非轴对称问题的传递矩阵法[J].土木工程学报,1995,28(1):66-72.

[21] 钟阳,张永山.求解多层弹性半空间轴对称问题的精确刚度矩阵法[J].力学季刊,2003,24(3):395-400.

[22] 艾智勇,吴超.三维直角坐标系下分层地基的传递矩阵解[J].重庆建筑大学学报,2008(02):43-46.

[23] 张治国,黄茂松,王卫东.层状地基中隧道开挖对临近既有隧道的影响分析[J].岩土工程学报,2009,31(4):600-608.

[24] 梁发云,袁强,李家平,张少夏.堆载作用下土体分层特性对地铁隧道纵向变形的影响研究[J].岩土工程学报,2020,42(01):63-71.

[25] 姜启元,管攀峰,叶蓉.软土盾构隧道的纵向变形分析[J].地下工程与隧道,1999,4:2-6.

[26] 戴宏伟,陈仁朋,陈云敏.地面新施工荷载对临近地铁隧道纵向变形的影响分析研究[J].岩土工程学报,2006,28(03):312-316.

[27] 王涛,李浩,徐日庆.上方大面积加(卸)载引起盾构隧道的变形分析[J].现代交通技术,2005,5(3):29-31.

[28] 李春良,王国强,赵凯军,朱春凤.地面荷载作用盾构隧道纵向力学行为[J].吉林大学学报(工学报),2011,41:180-184.

- [29] 黄栩,黄宏伟,张冬梅.开挖卸荷引起下卧已建盾构隧道的纵向变形研究[J].岩土工程学报,2012,34(07):1241-1249.
- [30] 璩继立,潘荣,唐瑞东.基于双面弹性地基梁的隧道纵向变形研究[J].水资源与水工程学报,2016,125(01):190-194.
- [31] 高继锦.隧道穿越交叉节点的受力变形特性及简化算法[D].上海:上海交通大学,2017.
- [32] 魏纲,俞国骅,洪文强.地面堆载引起下卧盾构隧道剪切错台变形计算研究[J].中南大学学报(自然科学版),2018,49(07):1775-1783.
- [33] 康成,梅国雄,梁荣柱,等.地表临时堆载诱发下既有盾构隧道纵向变形分析[J].岩土力学,2018,39(12):4605-4616.
- [34] Zhang D, Huang Z, Li Z, etc. Analytical solution for the response of an existing tunnel to a new tunnel excavation underneath[J]. Computers and Geotechnics, 2019, 108(04): 197-211.
- [35] 戚科骏,王旭东,蒋刚,等.临近地铁隧道的深基坑开挖分析[J].岩石力学与工程学报,2005,24(S2):5485-5489.
- [36] 叶耀东.软土地区运营地铁盾构隧道结构变形及健康诊断方法研究[D].上海:同济大学,2007.
- [37] 郑刚,杜一鸣,刁钰,等.基坑开挖引起邻近既有隧道变形的影响区研究[J].岩土工程学报.2016,38(04):599-612.
- [38] 张治国,张孟喜,王卫东.基坑开挖对临近地铁隧道影响的两阶段分析方法[J].岩土力学.2011,32(07):2085-2092.
- [39] 伍尚勇,杨小平,刘庭金.双侧深基坑施工对紧邻地铁隧道变形影响的分析[J].岩石力学与工程学报.2012,31(S1):3452-3458.
- [40] 葛世平,谢东武,丁文其,等.盾构管片接头简化数值模拟方法[J].岩土工程学报,2013,35(09):1600-1605.
- [41] 彭益成,丁文其,朱合华,等.盾构隧道衬砌结构的壳-接头模型研究[J].岩土工程学报,2013,35(10):1823-1829.
- [42] 苏宗贤,何川.盾构隧道纵向变形附加内力的壳-弹簧-接触模型数值分析[J].现代隧道技术,2015,52(06):70-76.
- [43] 卢岱岳,徐国文,王士民.加卸载对盾构隧道材料损伤和结构特性的影响[J].西南交通大学学报,2017,52(06):1104-1112.
- [44] 孙文波.地面堆载对盾构隧道变形影响的有限元分析[J].甘肃科技,2018,34(16):75-76.
- [45] 张冬梅,刘杰,李保军,等.大直径盾构隧道斜螺栓环缝抗剪特性研究[J].中国公路学报,2020,33(12):142-153.

[46] 桑运龙,刘学增,张强.基于螺栓-凹凸榫连接的地铁盾构隧道管片环缝接头刚度分析及应用[J].隧道建设(中英文),2020,40(01):19-27.

[47] 应宏伟,程康,俞建霖,等.考虑地基变形连续的基坑开挖诱发邻近盾构隧道位移预测[J].浙江大学学报(工学版),2021,55(02):318-329.

[48] 张冬梅,邹伟彪,闫静雅.软土盾构隧道横向大变形侧向注浆控制机理研究[J].岩土工程学报,2014,36(12):2203-2212.

[49] 周书扬.钢板加固地铁盾构隧道纵缝接头承载性能的数值研究[D].广州:华南理工大学,2015.

[50] Zhao H, Liu X, Bao Y, etc. Simplified nonlinear simulation of shield tunnel lining reinforced by epoxy bonded steel plates[J]. Tunnelling and Underground Space Technology,2016,51(01):362-371.

[51] 郭健.盾构隧道注浆抬升管片的效率研究[J].铁道建筑技术,2016(09):18-20.

[52] Qiu J, Liu H, Lai J, etc. Investigating the long-term settlement of a tunnel built over improved loessial foundation soil using jet grouting technique[J]. Journal of Performance of Constructed Facilities, 2018,32(05):4018066.

[53] Zhang D, Liu Z, Wang R, etc. Influence of grouting on rehabilitation of an over-deformed operating shield tunnel lining in soft clay[J]. Acta Geotechnica, 2019,14(04):1227-1247.

[54] Zhang D, Zhai W, Huang H, etc. Robust retrofitting design for rehabilitation of segmental tunnel linings: Using the example of steel plates[J]. Tunnelling and Underground Space Technology, 2019, 83:231-242.

[55] Byun G, Kim D, Lee S. Behavior of the ground in rectangularly crossed area due to tunnel excavation under the existing tunnel[J]. Tunnelling and Underground Space Technology. 2006,21(3-4):361.

[56] 吴庆,杜守继.地面堆载对既有盾构隧道结构影响的试验研究[J].地下空间与工程学报,2014,10(01):57-66.

[57] 黄大维,周顺华,冯青松,等.盾构隧道与地层相互作用的模型试验设计[J].铁道学报,2018,40(06):127-135.

[58] 张明告,周顺华,黄大维,等.地表超载对地铁盾构隧道的影响分析[J].岩土力学,2016,37(08):2271-2278.

[59] 李占峰.深基坑开挖对地铁结构的影响研究[D].西安:长安大学,2017.

[60] 高继锦,黄彪,张威,等.地面堆载条件下交叉穿越隧道的竖向位移计算方法研究[J].隧道建设(中英文),2018,38(05):818-823.

[61] 张玉伟,谢永利,翁木生.非对称基坑开挖对下卧地铁隧道影响的离心试验[J].岩土力学,2018,39(07):2555-2562.

[62] 梁发云,方衍其,袁强,等.软、硬地层中局部堆载对隧道横向变形影响的试验研究[J].同济大学学报(自然科学版),2021,49(03):322-331.

[63] 毕湘利,柳献,王秀志,等.内张钢圈加固盾构隧道结构极限承载力的足尺试验研究[J].土木工程学报,2014,47(11):128-137.

[64] 柳献,唐敏,鲁亮,等.内张钢圈加固盾构隧道结构承载能力的试验研究——整环加固法[J].岩石力学与工程学报,2013,32(11):2300-2306.

[65] 刘庭金,黄鸿浩,许饶,等.粘贴钢板加固地铁盾构隧道承载性能研究[J].中国公路学报,2017,30(08):91-99.

[66] 柳献,张晨光,张衍,等.复合腔体加固盾构隧道纵缝接头试验研究[J].铁道科学与工程学报,2015,12(02):376-383.

[67] 任天宇,刘树亚,柳献.波纹钢板加固盾构隧道衬砌管片抗弯性能试验研究[J].隧道建设(中英文),2019,39(02):317-323.

[68] Huang M, Zhang C, Li Z. A simplified analysis method for the influence of tunneling on grouped piles[J]. Tunnelling and Underground Space Technology, 2009, 24(04): 410-422.

[69] Li P, Du S, Shen S, etc. Timoshenko beam solution for the response of existing tunnels because of tunneling underneath[J]. International Journal for Numerical and Analytical Methods in Geomechanics, 2016, 40: 766-784.

[70] Peng W, Zhao M, Zhao H, etc. A two-pile foundation model in sloping ground by finite beam element method[J]. Computers and Geotechnics, 2020, 122(06): 103503.

[71] Kerr A. On the determination of foundation model parameters[J]. Journal of Geotechnical Engineering, 1985, 111(11): 1334-1340.

[72] Klar A, Vorster T, Soga K, etc. Soil-pipe interaction due to tunnelling: comparison between Winkler and elastic continuum solutions[J]. Geotechnique, 2005, 55(06): 461-466.

[73] Vesic A B. Bending of beams resting on isotropic elastic solid[J]. Journal of the Engineering Mechanics Division, 1961, 87(02): 35-54.

[74] 俞剑,张陈蓉,黄茂松.被动状态下地埋管线的地基模量[J].岩石力学与工程学报,2012,31(01):123-132.

[75] Yu J, Zhang C, Huang M. Soil-pipe interaction due to tunnelling: Assessment of Winkler modulus for underground pipelines[J]. Computer and Geotechnics, 2013, 50(05): 17-28.

[76] Liang R, Wu W, Yu F. Simplified method for evaluating shield tunnel deformation due to adjacent excavation[J]. Tunnelling and Underground Space

Technology,2018,71(01):94-105.

[77] Tanahashi H. Formulas for an infinitely long Bernoulli-Euler beam on the Pasternak model[J]. Soils and foundations,2004,44(05):109-118.

[78] 梁发云,李彦初,黄茂松.基于Pasternak双参数地基模型水平桩简化分析方法[J].岩土工程学报,2013,35(z1):300-304.

[79] 徐凌.软土盾构隧道纵向沉降研究[D].上海:同济大学,2005.

[80] 王如路.上海地铁盾构隧道纵向变形分析[J].地下工程与隧道,2009(4):1-7.

[81] Shen S,Wu H,Cui Y,etc. Long-term settlement behaviour of metro tunnels in the soft deposits of Shanghai[J]. Tunnelling and Underground Space Technology,2014,40(02):309-323.

[82] Wu H,Shen S,Liao S,etc. Longitudinal structural modelling of shield tunnels considering shearing dislocation between segmental rings[J]. Tunnelling and Underground Space Technology,2015,50(08):317-323.

[83] 李俊昱,钱建固,茹治敏,等.高填方对分层地基地埋管线影响的三维分析方法[J].岩土工程学报(增2),2015,37(增2):65-69.

[84] 叶飞,何川,朱合华,等.考虑横向性能的盾构隧道纵向等效刚度分析[J].岩土工程学报,2011,33(12):1870-1876.

[85] Shiba Y,Kawashima K,Obinata N,etc. An evaluation method of longitudinal stiffness of shield tunnel linings for application to seismic response analyses[J]. Doboku Gakkai Ronbunshu,1988,398:319-327[in Japanese].

[86] 刘建航,侯学渊.盾构法隧道[M].北京:中国铁道出版社,1991.

[87] Huang H,Shao H,Zhang D,etc. Deformational Responses of Operated Shield Tunnel to Extreme Surcharge:a Case Study[J]. Structure and Infrastructure Engineering,2017,13(03):345-360.

[88] 王如路,张冬梅.超载作用下软土盾构隧道横向变形机理及控制指标研究[J].岩土工程学报,2013,35(06):1092-1101.

[89] Gong C,Ding W,Soga K,etc. Failure mechanism of joint waterproofing in precast segmental tunnel linings[J]. Tunnelling and Underground Space Technology,2019,84(02):334-352.

[90] 黄大维,周顺华,冯青松,等.地表超载对软、硬地层中既有盾构隧道影响的试验研究[J].岩土工程学报,2019,41(05):942-949.

[91] 方衍其.堆载作用下地铁盾构隧道横向变形机理与保护修复技术研究[D].上海:同济大学,2022.

[92] Yuan Y,Yang Y,Zhang S,etc. A benchmark 1 g shaking table test of shallow segmental mini-tunnel in sand[J]. Bulletin of Earthquake Engineering,2020,18

(11): 5383-5412.

[93] 袁勇,包蓁,禹海涛,等.考虑行波效应的盾构隧道多点振动台试验[J].中国公路学报,2017,30(08):174-182.

[94] Yi H, Qi T, Qian W, etc. Influence of long-term dynamic load induced by high-speed trains on the accumulative deformation of shallow buried tunnel linings[J]. Tunnelling and Underground Space Technology, 2019, 84(02): 166-176.

[95] Kondner R L. Hyperbolic stress-strain response: cohesive soils[J]. Journal of the Soil Mechanics and Foundations Division, ASCE, 1963, 89(01): 115-143.

[96] Duncan J M, Chang C Y. Nonlinear analysis of stress and strain in soils[J]. Journal of the Soil Mechanics and Foundations Division, ASCE, 1970, 96(05): 1629-1653.

[97] Drucker D C, Prager W. Soil mechanics and plastic analysis or limit design[J]. Quarterly of Applied Mathematics, 1952, 10(02): 157-165

[98] Drucker D C, Gibson R E, Henkel D J. Soil mechanics and work-harding theories of plasticity[C]. Proc. ASCE Tran. 1957, 122: 338-346

[99] Roscoe K H, Schofield A N, Thurairajah A. Yielding of clay in states wetter than critical[J]. Geotechnique, 1963, 13(03): 211-240

[100] Roscoe K H, Burland J B. On the generalized stress-stain behavior of "wet" clay[C]. Engineering Plasticity, London: Cambridge University Press, 1968: 535-609

[101] Schanz T, Vermeer P A, Bonnier P G. The hardening soil model: formulation and verification[C]. Beyond 2000 in computational geotechnics, 10 Years of PLAXIS International. Proceedings of the international symposium, Amsterdam, 1999: 281-296.

[102] Hardin B O, Drnevich V P. Shear modulus and damping in soils[J]. Journal of the Soil Mechanics and Foundations Division, 1972, 98(07): 667-692.

[103] Benz T. Small strain stiffness of soils and its numerical consequences[D]. Stuttgart: University of Stuttgart, 2006.

[104] 梁发云,贾亚杰,丁钰津,等.上海地区软土HSS模型参数的试验研究[J].岩土工程学报,2017,39(02):269-278.

[105] 王卫东,王浩然,徐中华.基坑开挖数值分析中土体硬化模型参数的试验研究[J].岩土力学,2012,33(08):2283-2290.

[106] 陈峰.无锡地铁基坑典型地层本构模型适应性研究[D].上海:同济大学,2011.

[107] 刘畅.考虑土体不同强度与变形参数及基坑支护空间影响的基坑支护变形与内力研究[D].天津:天津大学,2008.

[108] 周恩平.考虑小应变的硬化土本构模型在基坑变形分析中的应用[D].哈尔滨:哈尔滨工业大学,2010.

[109] 包慧棣,吴俊壁,徐存森.用共振柱法测定上海地区粘性土动力特性参数[J].勘察科学技术,1989(02):18-23.

[110] 江娟.上海软土小应变特性与长期变形规律试验研究[D].上海:同济大学,2009.

[111] Vucetic M, Dobry R. Effect of soil plasticity on cyclic response[J]. Journal of Geotechnical Engineering, 1991, 117(01):89-107.

[112] Stokoe K H, Darendeli M B, Gilbert R B, et al. Development of a new family of normalized modulus reduction and material damping curves[C]//Proc., NSF/PEER Int. Workshop on Uncertainties in Nonlinear Soil Properties and their Impact on Modeling Dynamic Soil Response, Univ. of California at Berkeley. 2004.

[113] 王卫东,王浩然,徐中华.上海地区基坑开挖数值分析中土体 HS-Small 模型参数的研究[J].岩土力学,2013,34(06):1766-1774.

[114] 王浩然.上海软土地区深基坑变形与环境影响预测方法研究[D].上海:同济大学,2012.

[115] Janssen, P. Tragverhalten von Tunnelausbauten mit Gelenktuebbings[R]. University of Braunschweig, Department of civil engineering, Institute for structural analysis, 1983.

[116] Luttikholt, A. Ultimate limit state analysis of a segmented tunnel lining[R]. TuDelft University of Technology, Holand, 1983.

[117] ZSOIL.PC 2018 User manual. Zace Services Ltd, Switzerland, 2018.

[118] 周群,沈玺,李筱旻.软土地区盾构隧道横向变形特征研究[J].浙江水利水电学院学报,2020,32(01):47-51.

[119] 上海市住房和城乡建设管理委员会.基坑工程技术标准 DG/TJ 08-61-2018[S]. 2018.

[120] 刘国彬,王卫东.基坑工程手册(第二版)[M].北京:中国建筑工业出版社,2009.

[121] 郭鹏飞,杨龙才,周顺华,等.基坑开挖引起下卧隧道隆起变形的实测数据分析[J].岩土力学,2016,37(s2):613-621.